# 教師崩壊　先生の数が足りない、質も危ない　目次

# 第1章 クライシス1 教師が足りない

## 担任がいない、授業ができない、優秀な人が来ない

第2章

クライシス2

# 教育の質が危ない

## 読解力の低下、少ない公的資金、受け身の生徒の増加

第3章

# クライシス3 失われる先生の命

## 長時間労働、うつ病の増加、死と隣り合わせの学校現場

## 第4章

# クライシス4 学びを放棄する教師たち

## 理不尽な校則、画一的な指導、考えなくなった先生

第5章

クライシス5

# 信頼されない教師たち

## 多発する不祥事、失敗から学ばない学校、教育行政

# 第6章 教師崩壊を食い止めろ！

## ティーチャーズ・クライシスの打開策

図版作成——桜井勝志

第1章

クライシス1

# 教師が足りない

## 担任がいない、授業ができない、優秀な人が来ない

## 教師不足で「担任がいない」「授業ができない」

2019年4月、富山市の数十校の校長、教頭は頭を抱えていました。

産休や育休を取得した教員の代替となる講師が見つからなかったからです。

授業が始まる何か月も前から、方々に電話をかけまくって探していました。年齢なんて気にしていられません。とにかく教員免許を持ってさえいてくれればいい。

何年も前に定年退職したOBにも声をかけましたが、もう激務の現場には戻れないとの返事。出産を機に退職した元同僚にも電話しましたが、いまは免許を更新していないし、急に言われても復帰できないと言います。

実際、4月1日の段階で、富山市内では35人の講師が不足していました。**始業式に学級担任を発表できない学校もありました。** 講師が見つからない場合、激務である教務主任や教頭が担任を務めるしかなく、さらに忙しくなるのは目に見えています。このような状態で、子どもたちへのケアは大丈夫でしょうか。授業準備は十分にできるのでしょうか。

これは実話をもとにした話です（朝日新聞2019年4月23日の記事を参考に作成）。

しかも、こうした教員不足の問題は、富山市だけで起きていることではありません。

・産休に入る先生の代替の講師が見つからなくて、「いまいる職員で頑張るしかない」と校長が職員会議で話した数日後に、別の先生が学校に来なくなりました。うつ病で病休に入るそうです。

・新年度からの採用だけでも人手不足なのに、年度の途中から働いてくれる〝都合のいい人〟なんて、そういないですよ。「すでに民間企業に就職しました」と、もう何十回言われたことか。

・学校現場は、猫の手も借りたいのが実情です。子どもに関わる仕事ですから、ほんとは誰でもいいわけじゃないですよ、もちろん。でも、学級担任も配置できないようでは、質がどうのこうのと言っていられる状況ではありません。

こうした悲鳴を、私は全国あちこちで聞いています。

事実としても、NHKが、都道府県と政令指定都市、合わせて67の教育委員会に取材したところ、2017年4月の始業式時点で、半数近い32の自治体で、定数（国の示す標準として配置されるべき数）に対して、少なくとも717人もの教員が不足していたことが明らかになりました。[5]

共同通信が２０１８年に取材したところ、全国47都道府県と20政令指定都市のうち、26都道府県と９市で、公立の小中高の教員が、定数に対し少なくとも計６００人不足していたことがわかりました（共同通信２０１８年７月１日）。しかも、「不足しているが人数を非公表とした」６つの県と市があったので、実際の不足数はさらに多いです。

## パズルの穴を、合わないピースで埋めている

直近では、**２０１９年５月１日時点で、全国の公立小中学校で１２４１件の「教員の未配置」があった**ことが、朝日新聞の取材で明らかになっています（朝日新聞２０１９年８月５日）。未配置とは、教育委員会が配置する予定だったにもかかわらず置けなかったという意味です。

ただし、学級担任が１０００人前後も不足しているという意味ではありません。日本の制度では通常は40人学級（小１の場合は35人）を標準としています。たとえば、１学年41人になると２クラスになります。

ですが、これはあくまでも法律で示す基準であり、算数・数学の授業は少人数クラスに

するなど、自治体の裁量、判断で、標準よりも多めに教員を配置することができます。

しかし、教員が不足しているために、こうした「本来は少人数クラスにしたいけど、あきらめている」例などが多く起きています。たとえば、算数は3クラスにする予定だったが、2クラスにしているといった例です。

あるいは、国の標準より多くは配置していないが、急に病気休職者が出たことで、学級担任ではなかった教務主任や教頭が担任を代行するということがあちこちで起きています（代わりの講師が見つからないため）。こうした事態が「未配置」です。

また、中学校や高校は教科担任制ですが、その教科の先生が見つからない事態も起きています。ある中学校では、国語の教員が見つからないために、やむなく保健体育の講師にお願いしました。臨時免許状を出すという半ば裏の手を使うことで制度上は可能なのですが、専門の先生のようにはいきません。[6] 前掲の朝日新聞は以下の声を紹介しています。

5　NHKおはよう日本「小中学校で『先生が足りない』理由」2017年7月4日
6　臨時免許状とは普通免許を持つ人を採用できないときに例外的に授与するもので、有効期限は3年間です。小学校教員については毎年約3～4000件、中学校、高校でもそれぞれ約2000件授与されています（平成26～30年度、文部科学省「教員免許状授与件数等調査結果について」）。

授業では副教材の問題を生徒にひたすら解かせ、教師用の指導書を片手に内容を説明したが、生徒の質問に答えられない場面もあった。「自分もしんどかったが、専門でない教師に当たった子どもたちがかわいそう。**パズルの穴を、合わないピースでともかく埋めている状態だ**」と明かす。

担任が配置できる、できないも大きな問題ですが、教員の頭数を揃えたらよいという話でも当然ありません。教師不足の問題は、教育の質、子どもたちの学びにも直結する問題なのです。

東京新聞の取材によると、関東1都6県の公立小中学校について、2019年度当初時点で、配置すべき教員が少なくとも503人不足しています（東京新聞2019年10月20日）。うち、小学校では学級担任13人が、中学校では教科担任23人が不足していました。

教員確保が難しい理由として「若手教員が増えて産休・育休取得者が増加しているため」（千葉県）という回答も多く寄せられたそうです。「病気休職が日々発生している」（東京都八王子市）との回答もありました。

さらに衝撃的な事実もあります。2018年4月から5月中旬のあいだ、松江市のある中学校では、**3年生全員が約1か月間、英語の授業を受けることができませんでした。**[7] 英語の先生が見つからなかったからです。同じ年、呉市の中学校でも、講師不足のため、2年生の理科と1年生の国語で4月の授業が実施できませんでした。[8]

子どもたち、それも受験を控えた学年で「授業ができない」というのは、最悪の状況のひとつです。これほどの事態は相当例外的なことではありますが、どうしても講師が見つからず、こういう事態になる学校もあるのです。

## いまや「誰でも先生になれてしまう」時代？

教師の人手不足、人材の枯渇。まさに「ティーチャーズ・クライシス」と言うべき状況ですが、これと密接に関わるのが、**教員採用試験の倍率低下**です。最近、小学校の教員採用試験の倍率が下がっているというニュースをよくご覧になった方もいるのではないでしょうか。

まず、データを確認します。図1－1、図1－2、図1－3は、ここ40年ほどの公立学校の倍率などの推移です（なお、たとえば令和元年度とあるのは、２０１９年度に採用された

7 朝日新聞「教員不足、英語授業1カ月受けられず　松江市の中学校」２０１８年５月11日
8 佐久間亜紀「先生が足りない！　教育現場の悲鳴」論座　２０１９年５月８日

**図1－1　公立小学校 受験者数・採用者数・競争率（採用倍率）の推移**

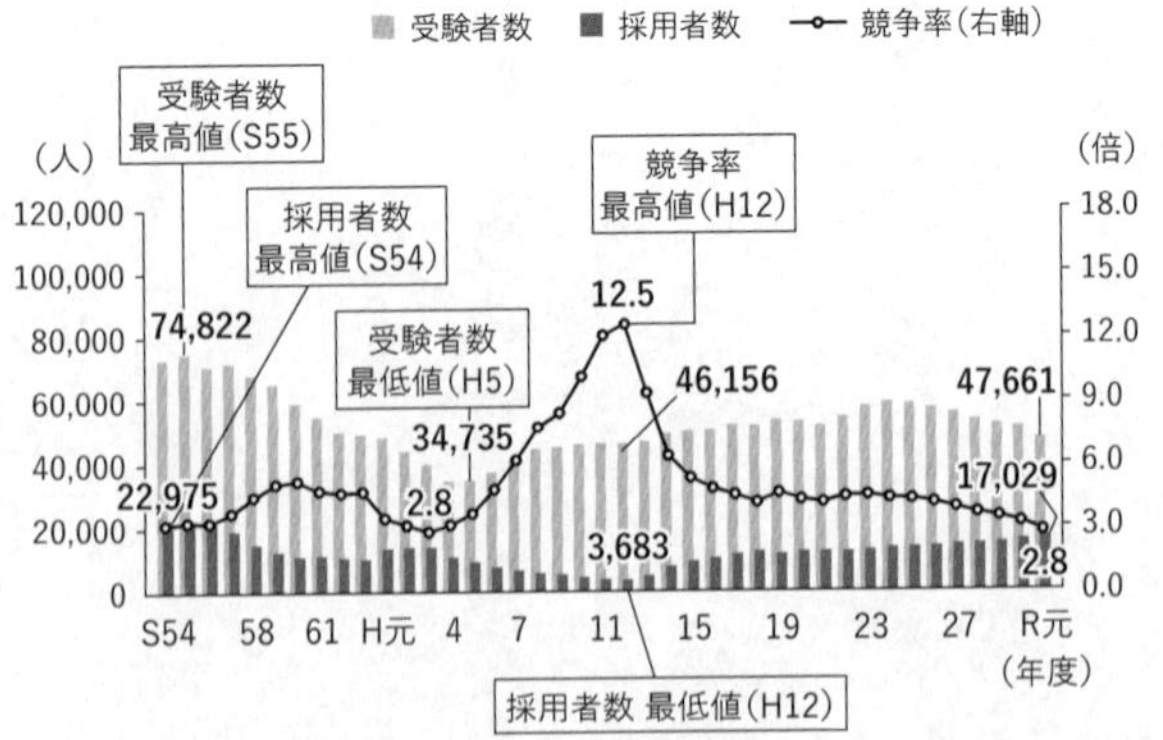


出所）文部科学省「令和元年度（平成30年度実施）公立学校教員採用選考試験の実施状況のポイント」

という意味であり、試験は２０１８年度実施です）。折れ線グラフは採用倍率（受験者数÷採用者数）を表しています。

ご覧になればおわかりのように、倍率が乱高下するグラフになっています。教員についても「就職氷河期」とそうではない時期があるのです。

小学校についていえば、ちょうど２０００年度（平成12年度）頃の倍率は10倍前後あります。しかし、その後は下降傾向で、ここ３年ほどは3倍前後です。

中学校、高校も変動があり、最近はかつてより狭き門ではなくなってきており、6～7倍となっています。グラフは省きましたが、特別支援学校では直近3年ほど、4倍弱で推移しています。

## 図1－2　公立中学校 受験者数・採用者数・競争率（採用倍率）の推移

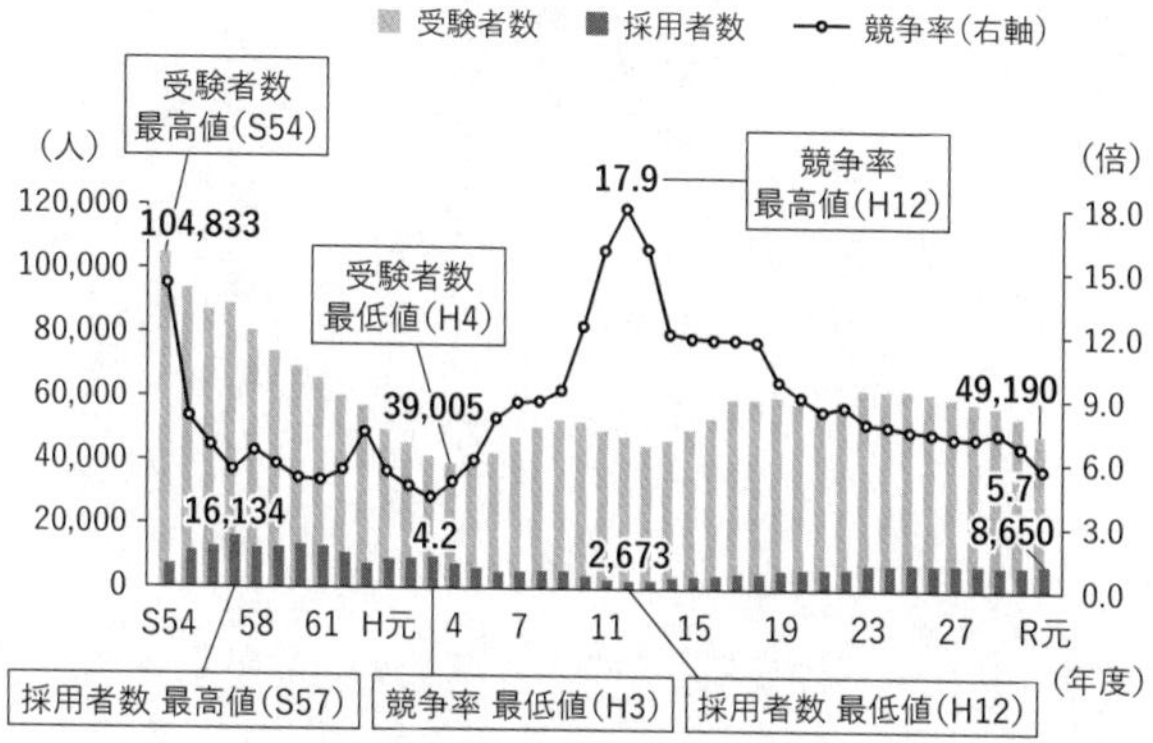


出所）文部科学省「令和元年度（平成30年度実施）公立学校教員採用選考試験の実施状況のポイント」

## 図1－3　公立高等学校 受験者数・採用者数・競争率（採用倍率）の推移

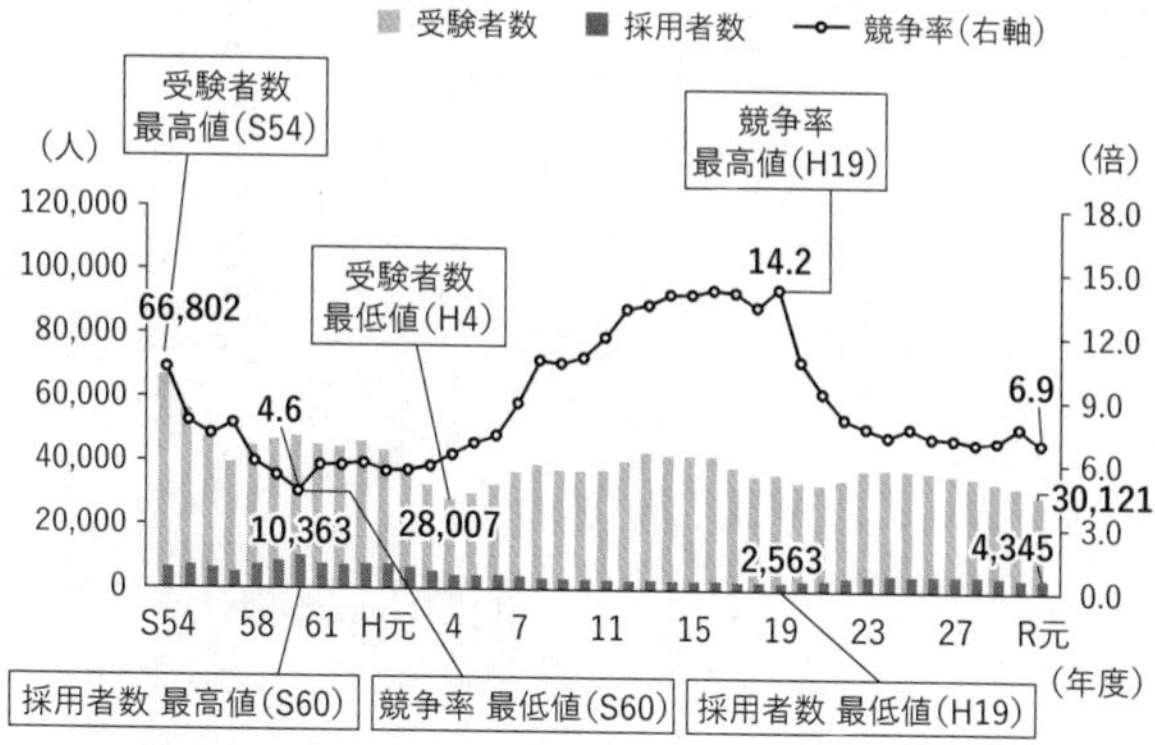


出所）文部科学省「令和元年度（平成30年度実施）公立学校教員採用選考試験の実施状況のポイント」

２０１９年度採用の小学校教員の場合、低いところでは、新潟県では１・２倍、福岡県では１・３倍、佐賀県では１・６倍でした（政令市を除く）。しかも、採用試験に合格した人には併願している人もいますから、実際の競争倍率はもっと低い可能性があります。**「うちの県は応募者のほとんどは合格してしまう〝全入時代〟だ」**と言う関係者もいます。

これでは、「倍率の低い地域の教員の質は大丈夫だろうか」と不安になりますよね。仮に**「本当は教師としての資質・能力に不安が残るが、担任が発表できないよりはマシなので合格させている」**のだとすれば、学校も子どもたちも保護者も大変です。まさにクライシスです。

もちろん、倍率は、地域差や校種による差、あるいは中高になると教科ごとの差も大きく、もう少し細かく見ていく必要があります。さらに理屈上は、たとえ１００人の採用枠に１００人しか応募せず、倍率が１・０倍であったとしても、ほしい人材、つまり「優秀」な人材が１００人来ているのであれば、何も問題はないわけです。

しかし、現実はおそらくそうはなっていません。この点はもう少しあとで解説します。

## 「教師を目指さなくなった」若者たち

どうしてこれほどまでに倍率は低下したのでしょうか。

教員人気が下がったからでしょうか。

実は、一番シンプルで強力な答えは、**採用数が急増しているから**です。

もう一度、図1－1、図1－2、図1－3をご覧ください。小学校を例にとると、倍率が高かった時代、2000年度前後は全国で小学校の採用者数は年に3600～5000人前後でした。これが、ここ最近は1万7000人前後まで採用枠が拡大しています。実に約4～5倍です。中学校や高校についても、小学校ほど急激ではないものの、採用数が増えています。

図1－4は、平成12年度（2000年度）の数を100としたときの経年変化を示したグラフです。まるで高度経済成長期のようなグラフになっています。小学校、中学校における採用枠の拡大が大きいことがよくわかる一方、受験者数はそれほど増えていません。むしろ、ここ7、8年は減少傾向にあります。

つまり、**採用者数が急増しているのに受験者数が減少しているから、倍率の低下が顕著**

**図1−4　公立小・中・高における教員採用者数、受験者数の推移（H12年度を100とした場合）**

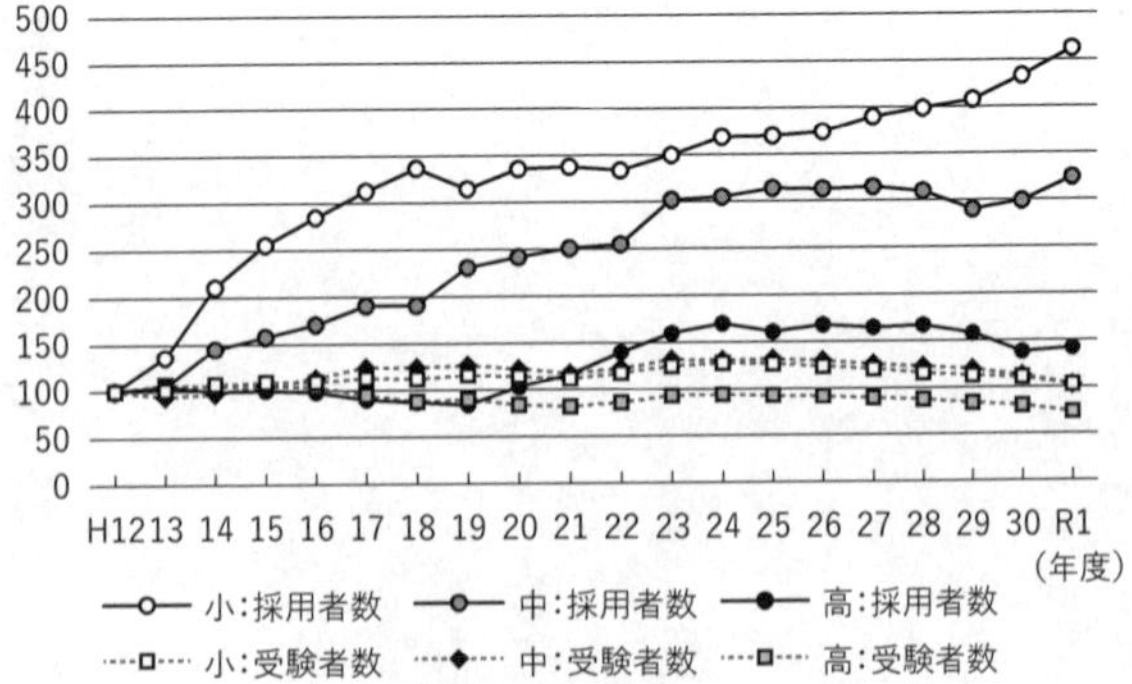


出所）文部科学省「公立学校教員採用選考試験の実施状況について」をもとに作成

**に表れているのです。**

問題は、「どうしてこんなことになったのか」です。[9]

まず採用者数が急増した理由は、第2次ベビーブームの子どもたちを教えるために大量採用された時代の教員が、このところ定年退職の時期を迎えているからです。そのため、どうしても大量に採用しなければならない事情があるのは確かです。

しかし、定年退職が何年ごろには多くなりそうだということは、その何年も前からわかっていたことです。したがって、**計画性に欠ける採用をしていた地域も相当数あるのではないか**、との見方もあります。[10]

次に受験者数の減少について。先ほども述

べたとおり、直近の小中学校の教員採用試験の受験者数は、倍率が最も高かった平成12年度(2000年度)と同じくらいの数ですが、ここ数年はダウントレンドにあります。しかも、2019年に実施した教員採用試験(令和2年度採用)では、小学校の受験者数はさらに減っています(前年比約6・4%減)[11]。高校教員についてはこの約20年のあいだ、ずっとダウントレンドが続いています。

受験者は、2タイプに分類できます。ひとつは新規学卒者、つまり大学等の卒業見込みの学生、新卒採用です。もうひとつは既卒者で、民間企業等に勤めていた人もいますが、多くは前年までの採用試験で不合格だった方で、学校に講師として勤めている人です。

それを踏まえたうえで、受験者数を5年前と比べてみます(平成27年度採用と令和元年度採用)。小学校教員については、新規学卒者は5・9%減少、既卒者は19・0%減少していて、既卒者の減少の影響が大きいことがわかります。ここ数年大量採用してきたので、不合格者が少なく、そのため講師になる人が減っています。その影響で、既卒者が少なく

9 なお、ここで紹介したデータは全国の合計値であり、教員の倍率の問題については、地域差が相当にあるということを念頭に置いたうえでの話になります。公立の場合、採用するのは全国区ではなく、基本、各都道府県と政令市です。

10 文科省の見解としても、地域によっては、採用が計画的ではなかったというニュアンスの強い資料を出しています。文部科学省「令和元年度公立学校教員採用選考試験の実施状況のポイント」2019年12月23日

11 教育新聞社の速報値(2019年11月14日記事)をもとに、筆者において推計。

なるのは当たり前の話です。

一方、中学校教員採用については、新規学卒者は20・6%減少、既卒者は17・5%減少しています。既卒者の減少は小学校の場合と同じように説明できますが、新規学卒者の減少は、少子化の影響を差し引いたとしても、**教員を目指さなくなった若者が多くなったこと**を意味しています。民間企業や他の公務員に流れたと言ってよいでしょう。先ほど見た小学校教員は中学校ほどではないとはいえ、一部にそういう影響もあると推測できます。

## 「教師は過酷」が共通認識になってしまった

学校の先生になるには、教員採用試験を突破する必要がありますが、それ以前に大学等で教員免許を取得する（あるいは取得見込みである）必要があります。教員免許を取るためには、教育実習などを経験する必要があります。

実は、免許を持っている人は数多くいます。公表されている直近のデータ（2018年度）を見ると、小学校教員免許は約3万人（2万8786件）、中学校教員免許は約5万人（4万8226件）、高校は約6万人（5万8435件）が取得しています。[12] 小中の両方とも取得しているなど、校種をまたいで取得している人も一部にいます。

ただし、「とりあえず教員免許だけはとっておいた」という人も一定数いるので、免許を取得した人がみんな教員採用試験を受けるわけではありません。２０１８年度の「受験者数（新規学卒者数）÷免許取得者数」の割合を計算すると、小学校は63・2％、中学校は34・0％、高校は16・3％でした。つまり、小学校では4割近く、中学校では6割以上、高校では8割以上が、教員免許を取得しても採用試験を受けないのです。

このような人は昔から一定数いますが、教員採用試験の倍率をもっと上げたいのであれば、この「採用試験を受けない」ボリューム層にどうアプローチするかも重要です。

これまで見てきたように、近年の受験者数の減少、あるいは採用試験を受けない層がかなりいることは、教員の人気、魅力が必ずしも高いとは言えないことの現れと考えられます。朝日新聞は学生の声を次のように紹介しています。

> 教員養成学部や大学院に通いながらも、教員になることをためらう計21人にインタビューした。全員が理由として挙げたのは、労働環境だった。

12　文部科学省「平成30年度教員免許状授与件数等調査結果について」。本文中の数字は普通免許状のみで、特別免許状、臨時免許状は含んでいません。

ある国立大4年の学生（21）は「教材研究も、いじめ指導も、保護者対応もしなければならないのに、働かせ放題で、残業代ゼロ。民間では許されないことがまかり通るのはおかしい」と話す。この学生は教師を志していたが、民間会社への就職を決めた。
「逃げていくのは、教職の現状や社会的な位置を自ら調べて考える、教員になってほしい学生だ」と複数の教員養成学部の教授は語る。

（朝日新聞2019年10月7日一部抜粋）

つまり、**近年の採用倍率低下は、主には採用数増加の影響であり、教員不人気のせいとは言えません。ただし、徐々に教員不人気となっていることを示唆する受験者数の減少の兆候も見られます。**

## 教師不足は一朝一夕に解決できる問題ではない

本章の冒頭で紹介した①「担任が発表できない」「授業ができない」といった教員不足、講師不足、それから②採用試験の倍率低下、この2つの問題は密接に関わっています。
図1－5に整理しました。倍率低下は、採用数の急増によるものでした。ということ

**図1－5　教員不足と倍率低下に共通する背景**

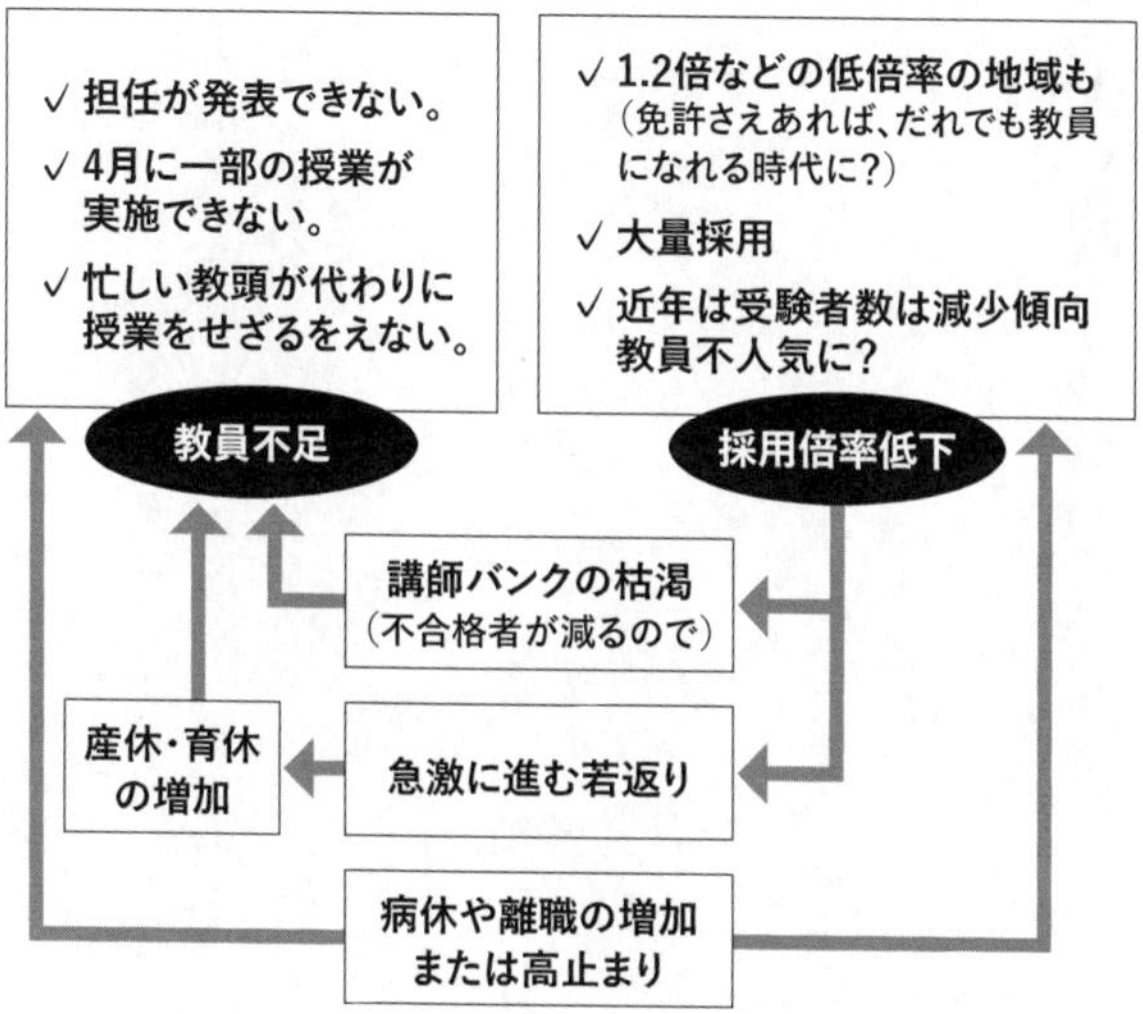
✓担任が発表できない。
✓4月に一部の授業が実施できない。
✓忙しい教頭が代わりに授業をせざるをえない。
✓1.2倍などの低倍率の地域も（免許さえあれば、だれでも教員になれる時代に？）
✓大量採用
✓近年は受験者数は減少傾向 教員不人気に？
教員不足
採用倍率低下
講師バンクの枯渇（不合格者が減るので）
産休・育休の増加
急激に進む若返り
病休や離職の増加または高止まり

は、採用試験に不合格になる人が減っているということでもあります。不合格になった人でもその後に講師となって学校で働くケースが多くありますが、この講師候補者（教育委員会の講師バンク登録者）の数も減っています。産休や病休の人が出たとき、「登録者にはすべて連絡したけど、すでに民間企業などに就職していて、誰も学校に来てもらえない」という声を多くの現場で聞きます。

　つまり、教師不足を支えるはずの講師バンクすら、枯渇しているわけです。

　次に、大量採用で20代などの若い人が増えた結果、学校の職場の年齢構成がアンバランスになりつつあります（これを示すデータはあとで紹介します）。こうなると、産休・育休を取得する人も増えていきます。とりわけ、女性比率が高い小学校現場では顕著です。もちろん産育休は遠慮なく取るべきですが（男性の育休を含めて）、これが教員不足、人手不足を助長している部分はあります。

さらに、第3章で紹介しますが、精神疾患等の病休になる教師も毎年多いままです。離職する人もいます。これは、教員不足と倍率低下（教員人気が低下するという意味で）の双方に影響します。

加えて、図には入れていませんが、教員免許更新制も事態の悪化に拍車をかけています。更新制とは10年に一度講習を受けて更新していないと教壇に立てない制度ですが、定年や育児、介護などでいったん退職した人が現場に復帰するときの足かせになっている側面があります。

このように教師不足の背景にある構造的要因を踏まえると、**教員不足の問題はしばらく続く、むしろ地域によってはより深刻になる可能性が高い**と言えます。このことは、次項で説明しましょう。

## 教師不足は今後も続くのか？

ここまで悲観的に語ってきましたが、倍率低下については、今後は少し変わってくる可能性もあります。

図1－6は全国の教育委員会が推計している教員採用者数の見通しです。**小学校、中学校ともここ1、2年（令和2年度頃）がピークであり、あとは減少傾向**にあります。教員の数は、ざっくり言うと学級数に応じて変動するので、少子化に伴い必要な教員数も減ります。

ですから、今後の教員人気の状況にもよりますが、地域によっては採用数が自然と絞られることで、倍率は上昇するところも出てくると予想できます。

ただし、これは全国の合算したデータ上の話です。ここでも、地域差が大きいことに留意しておく必要があります。

図1－7は、公立小学校の教員の年齢構成を都道府県別に見たものです（2016年度）。見てのとおり、地域によってかなり差が大きいです。

50歳以上が多いのは、東北や九州、四国などの県で、5割を超えているところもあります。これらの地域では、しばらくは退職者の増加に伴って、大量採用となっていく可能性が高いです。北海道と沖縄は、他県とはかなりちがう様相ですが、他県よりも数年あとに、大量退職、大量採用となっていく可能性があります。

## 図1－6　公立小・中学校教員の採用者数の見通し

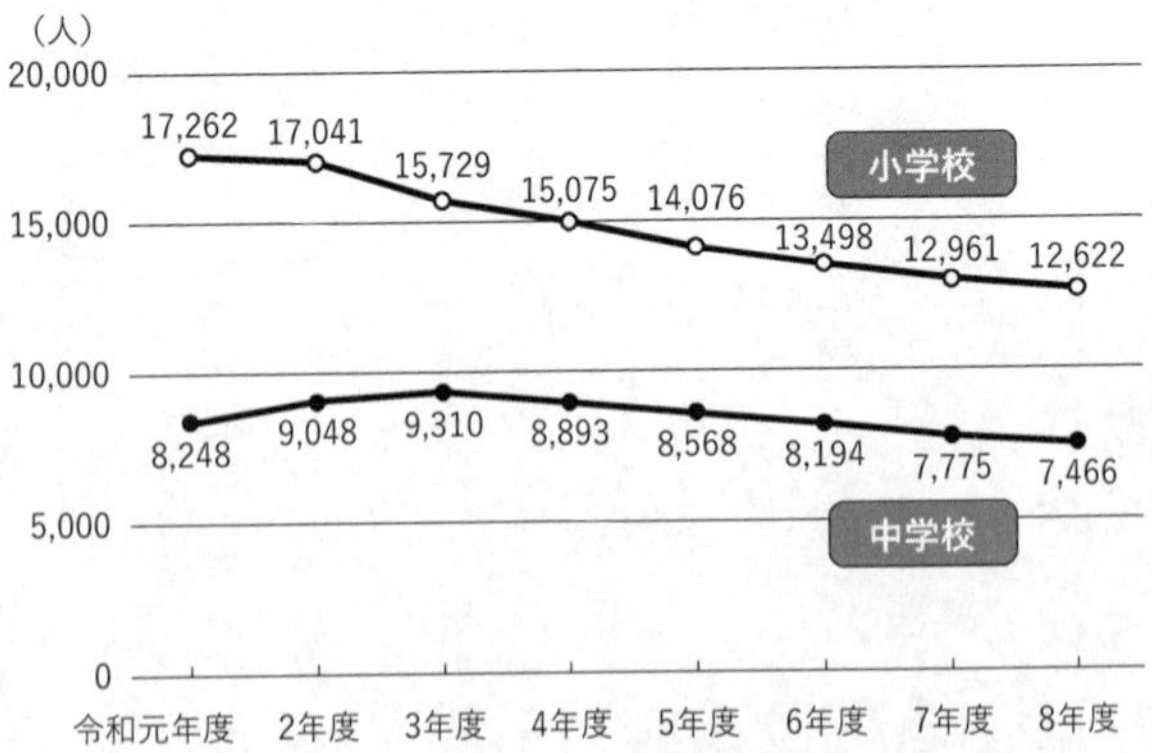


出所）文部科学省「令和元年度公立学校教員採用選考試験の実施状況について」

## 図1－7　公立小学校の教員の年齢構成分布（2016年度）

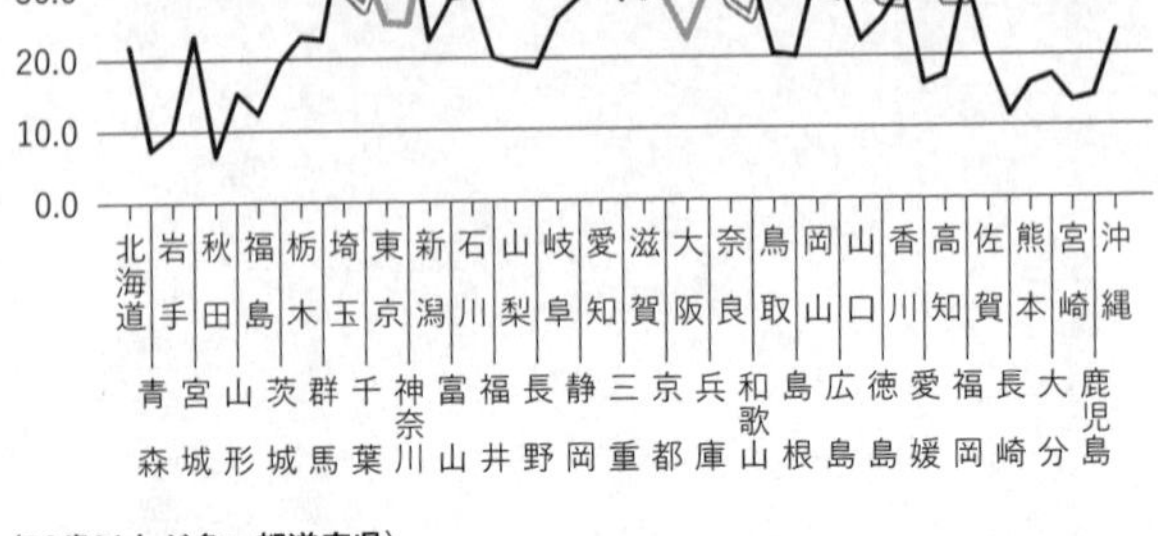


**〈50歳以上が多い都道府県〉**

①秋田（57.8%）②高知（55.0%）③山形（53.6%）④岩手（50.5%）⑤大分（50.2%）

**〈34歳以下が多い都道府県〉**

①大阪（45.0%）②神奈川（40.6%）③千葉（39.9%）④奈良（39.7%）⑤東京（39.2%）

出所）文部科学省「学校教員統計調査」をもとに作成（本務教員のみのため、非常勤は含まない。）

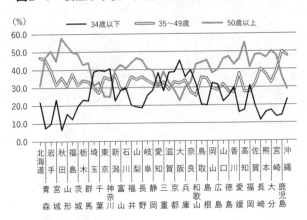

**図1－8　公立中学校の教員の年齢構成分布（2016年度）**

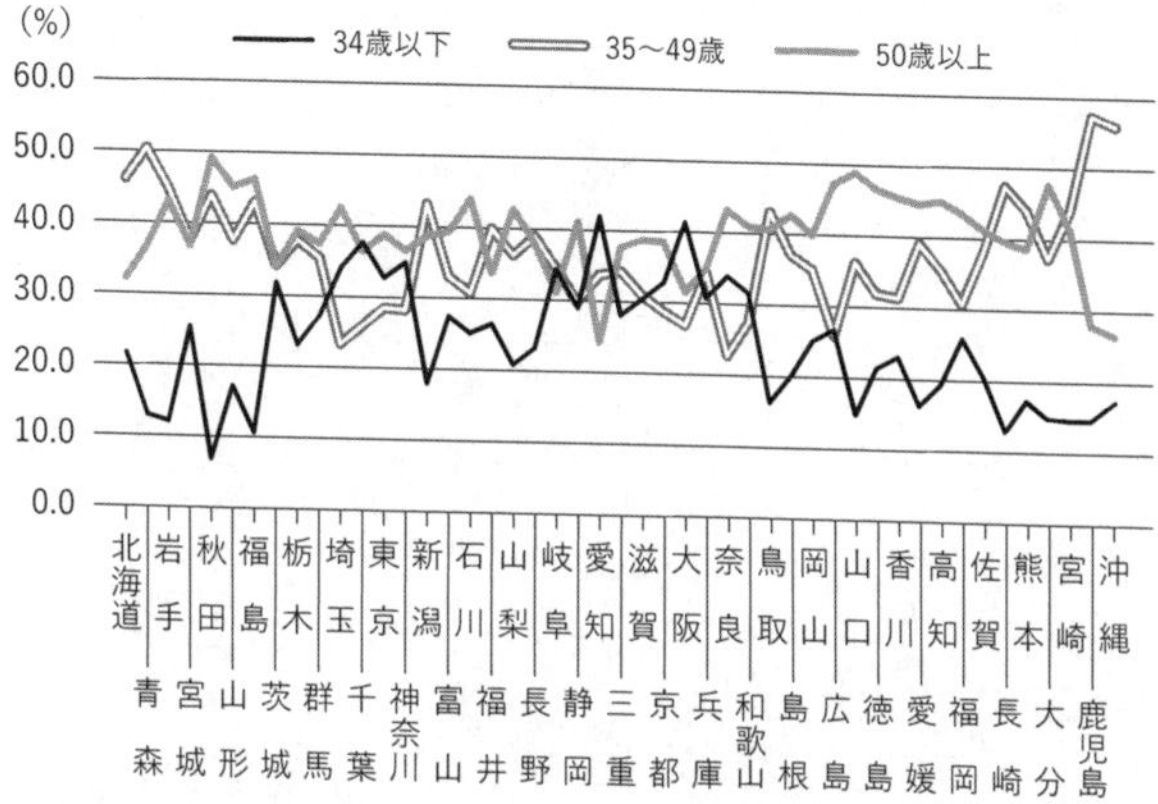


**〈50歳以上が多い都道府県〉**

①秋田（49.2％）②山口（48.9％）③大分（47.7％）④広島（47.3％）⑤徳島（46.6％）

**〈34歳以下が多い都道府県〉**

①愛知（42.0％）②大阪（41.5％）③千葉（37.7％）④神奈川（35.0％）⑤岐阜（34.4％）

出所）文部科学省「学校教員統計調査」をもとに作成（本務教員のみのため、非常勤は含まない。）

一方、34歳以下が多いのは、関東や関西の都市部と愛知などです。こうした地域では、そろそろ大量採用は落ち着いてくる可能性がありますが、産育休が増えて、講師不足が顕著になってきています。

図1－8は、中学校教員についての図です。こちらも小学校とほぼ似た傾向にあります。

## 日本の「教師の質」は本当に劣化しているのか？

ここまで、教師不足の問題についてお話ししてきました。

次に考えたいのは、「教師不足によって、教師の質も低下しているのか」という問題についてです。

倍率の低下と教員の質の問題については、「倍率が3倍を切ると質の維持が難しい」などという言説がよくなされます。教育委員会の採用担当や一部の研究者がよく口にし、これを受けてマスコミでも、「小学教員の競争率、7年連続減の3・2倍　懸念される質の低下」（産経新聞2019年5月22日）、「組織で人材の質を維持するのに必要とされる倍率は3倍とされ、『危険水域』を割った」（毎日新聞2019年12月23日）など、教師の質が低下しているのではないかという論調が目立ちます。

たしかに、先述した図1-1のとおり、小学校の教員採用倍率はかつて5～6倍、最も高いときには10倍以上あったにもかかわらず、いまは3倍もなく、2倍を切る地域もあるという事実は、感覚的にはこうした不安をわかりやすく示したデータに見えます。

しかし、**教員の倍率の低下が、ただちに質の低下を示すとは言えません。**

そもそも私が調べたかぎりでは、3倍を切ると危険だという説は、データできちんと検証されたものではありません。おそらくですが、教育委員会等の採用担当者の経験則に基づく言説が、どこかで流布してしまった可能性があります。

日本社会には、企業等の採用においても、なるべく多くの候補者を集めたほうがよい、という考え方が根強くあります。ですが、採用が専門である経営学者の服部泰宏准教授（神戸大学）は、「エントリー数が多くなればなるほど、候補者の中に優秀な人材が含まれる割合が多くなる」というのは、科学的根拠のない思い込みに過ぎない、と述べています。[13]

繰り返しますが、仮に2人から1人を選ぶとしても、みな優れた受験者なら問題ないはずです。極端な話、倍率は1・0倍であっても、望ましい人材が来てくれれば、非常にコスパのよい採用と言えます。

しかも教員の場合、採用試験は誰でも受けられるわけではありません。全員が教員免許状の保有者（取得見込み含む）です。大学などがお墨付きを与えたにもかかわらず、仮に質が低下しているというなら、何か別の問題があるか、別のメカニズムが働いているかもしれないと見るべきでしょう。

13　服部泰宏（2016）『採用学』新潮社

## 現場では「教師の質の低下」を実感している

そのうえであらためて、近年、先生たちの質が本当に低下しているのかどうかを見てみましょう。

とはいえ、最初に断っておきますが、これはたいへん難しいクエスチョンです。人材の質を定義することはとても難しく、一概に言える話ではないからです。

とりわけ、教師の世界はなおさらです。野球やサッカーなどでも、一流選手が一流のコーチや監督に必ずしもならないのと同様に、教えるという行為は、複雑で繊細です。

小学生から「分数の割り算は、どうして逆さまにして掛けるの？」とか「虹はどうして七色なの？」といった質問が出たとき、どう説明したらよいでしょうか。あるいは、基礎的な学力に不安がある子で、おとなしくて「わからない」とも言ってこない子をどう導いたらよいでしょうか。いじめのアンケートをとると、AさんはBさんにいじめられたと書き、BさんはAさんにいじめを受けていると書いています。保護者も交えながら、どう解決に動いたらよいでしょうか。ひとり親家庭で、保護者は子どもに無関心な様子。その子の自己肯定感はとても低く、夢など持てないと言っています。どう接したらよいでしょうか。

こうした現実があるとき、一概に「この人は教師としての資質がある」とか「コイツは教師失格だ」などのおこがましいことは、誰もがちゃんと言える話ではないはずです。

それは本書も同じです。しかし、そこは承知のうえで、心配なことや問題視するべきことはきちんと指摘しておかねばなりません。

幾分か傍証とはなりますが、事実確認しておきたいと思います。

ひとつは、採用を担当している教育委員会の声です。朝日新聞が62の教育委員会に行ったアンケートによると、**「望ましい人材を確保するうえで十分な倍率か」について、「やや不十分」と答えたのは36教委（58・1％）、「不十分」は7教委（11・3％）で、計約7割を占めました**（朝日新聞2019年9月1日）。採用担当者としては、不安の残る受験者層である、というわけです。

もうひとつは、学校の現職の教職員の実感です。筆者がごく最近（2019年12月～2020年1月）に調査した結果を紹介します。以下、「教職員の学びと勤務についての調査」と題して本書では何度かこの調査を引用します。調査方法などの概要と留意点は、注釈をご確認ください。[14] 質問項目は、次のようなものです。

「あなたの周りの状況（傾向）として、ここ1～3年くらい『優秀な』人材が教員を目指さなくなっていると感じますか」

なお、「優秀な」とは、さまざまな定義や意味合いがありえますが、ここでは、教員にとても向いている人材、ぜひ教員になってほしいと思える人材のことを指します。

その結果が図1－9です。なんと、「大いにそう思う」と強く同意する人が、公立の小中学校では4割前後に上ります。「少しそう思う」も含めると、**公立小中学校の約7割の教職員が、最近「優秀な」人材が教員を目指さなくなっている、と実感しています。**

採用倍率の低下は、その低下が著しい小学校教員について言われていることが多いのですが、公立高校の教職員は、「優秀な」人材の流出を小中以上に感じている人が多いです。約半数が「大いにそう思う」と回答、「少しそう思う」も含めると、約76％が優秀な人材が教員を目指さないことを心配しています。

14 妹尾が個別に教育委員会、学校等に打診し、協力を取り付けた学校に、インターネットを通じて実施しました。そのため、厳密な調査手続きのもと、バイアスのかかりにくい方法でデータを収集できたわけではありません。対象は、小学校、中学校、義務教育学校、高等学校、中等教育学校、特別支援学校。全国から797の回答が寄せられました。教員（校長、養護教諭、栄養教諭らを含む）だけでなく、一部に学校事務職員も含んでいますが、大半は教諭です。教育委員会職員には依頼していません。なお、分析する設問項目に応じて、教員のみに限定して集計したり、週の労働時間が一定時間以上のみを対象とするなどしています。

## 図1−9【教職員向け調査】「優秀な」人材が教員を目指さなくなっていると思うか

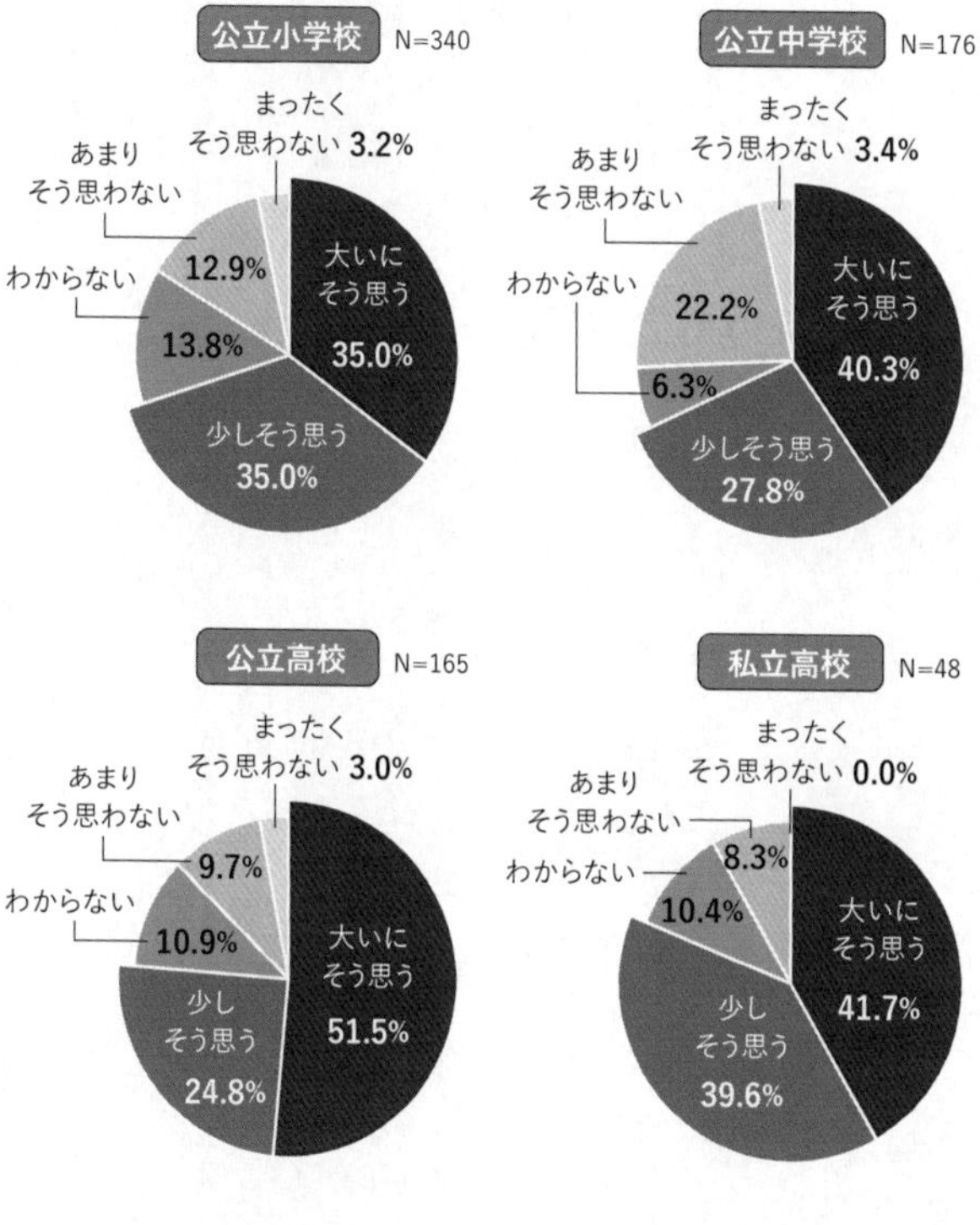


注）中等教育学校はサンプル数が少なく、高校に含めて集計した。なお集計には、学校事務職員や講師等も含まれている。

出所）妹尾昌俊「教職員の学びと勤務についての調査」（2019年12月〜20年1月）

やはり問題は「倍率」だけではないのです。倍率だけ見れば、多くの場合、高校のほうが小学校などより高いです。ですが、いい人材を獲得できているかという視点で見れば、事態は、高校のほうがより問題かもしれません。

さらに、問題は公立だけではありません。私立学校では、企業と同じく、学校法人等ごとに独自に採用しているわけですが、私立高校の教職員の約8割も、「優秀な」人が来なくなったと感じています。

なぜ、高校のほうが小中よりも厳しい視線となるのでしょうか。理由は定かではありませんが、ひとつの可能性としては、高校のほうが、民間企業と人材を取り合っているケースが多いためではないかと思います。

たとえば、高校の英語教師をできるほどの語学力や異文化理解の経験がある人は、企業でも重宝されるかもしれません。また、大学院等でサイエンスをよい成績で修めた学生は、教員採用試験に進む前に、企業の研究開発等に引っ張られるというケースもありえます。

昨今は民間も人手不足ですし、教育界から人材流出が起きている可能性が示唆されます。日本社会全体として考えれば、このことは必ずしもマイナスではありませんし、学校だけがよければよいなんて考えではいけません。とはいえ、子どもたちの未来に関わる教育現場において、「優秀な」人が来ていない傾向が強まっているとすれば、大問題です。

## 大学教育は「教師の質」に貢献しているのか？

このような現場の声を聞くかぎり、教員の質が低下している可能性は十分にある、と言えるかと思います。

どうしてこんなことになったのでしょうか。本書では3つの重大な問題を考えます。

ひとつ目の問題は、**大学等での教員養成が不十分である恐れ**です。

当たり前の話ではありますが、採用時の人材に不安があるとすれば、それは、採用する側（教育委員会や私立学校の法人等）の問題に加えて、人材を供給・輩出する大学等にも問題がある可能性が高いと考えられます。この点を示唆するデータをここでは3点、確認しておきます。

第一に、教員の評価、実感です。愛知教育大学等が2015年に現役の教員に調査したところ、大学での授業が役立ったと感じている割合は、次のとおりです（「とても役に立っている」「まあ役に立っている」の合計）[15]。

・教育の基礎理論に関する科目：小学校45・2％、中学校39・0％、高校44・5％
・教育実践や方法に関する科目：小学校57・7％、中学校46・4％、高校48・5％
・教科の内容や指導法に関する科目：小学校66・2％、中学校69・5％、高校71・1％
・教育実習・教職実践演習[16]：小学校92・5％、中学校88・1％、高校85・6％

実習・演習をのぞくと、4～7割ほどです。これをどう解釈するかは、コップに水が半分ほどあるとき、「半分しかない」と考えるのか、「まだ半分もある」と考えるのかに似ているかもしれません。とはいえ、とても役立っているわけではない、とは言えそうです[17]。

第二に、小学校の校長に対して、若い教員を見て、大学卒業時に必要な能力が身についていると思うか、2009年にアンケートを取った調査があります[18]。5点満点（1～5点）の評価で、学習指導力の平均は3・01、学級経営力は3・02、子ども理解力は3・20などで、高い評価とは言えない結果でした[19]。

また、そうした教師に必要な力を形成する場として、教育実習・体験を挙げる校長の意見が多数ある一方で、大学での授業（講義・演習）を挙げる意見は少数でした。

第三に、教員養成を行う大学等には、国の委員が現地視察のうえ、審査していますが、必要な専任教員数を確保できていない事例や、法令に定める内容を適切に扱っていない事例が確認されるなど、「課題が指摘された大学等も多数あった」と報告されています。[20]

こうした国の関与自体については賛否あるとは思いますが、大学側の体制や教育内容に不備があることは、問題です。

15　愛知教育大学・北海道教育大学・東京学芸大学・大阪教育大学（2016）『教員の仕事と意識に関する調査』。全国の小学校教員1482人、中学校教員1753人、高校教員2138人が回答（管理職は対象外）。

16　模擬授業、事例研究、グループ討論、フィールドワークなどを行う演習を中心とする授業。4年次後期（短大の場合は2年次後期）に実施されています。

17　「理論と実践が乖離している」という批判は、教育学にかぎらず、さまざまな学問で言われることではあります。たとえば、MBA（経営学修士）ですら、役に立つかどうかは論議があります。H・ミンツバーグ著、池村千秋訳（2006）『MBAが会社を滅ぼす――マネジャーの正しい育て方』日経BPなど。

18　諏訪英広ほか（2011）「小学校教員の資質能力の形成と養成カリキュラムに関する研究―小学校長の意識調査を中心に―」（川崎医療福祉学会誌Vol. 21, No. 1）。有効回収数465。

19　回答は「身についている」「少し身についている」「どちらともいえない」「あまり身についていない」「身についていない」の5択（順に5から1で点数化）。たとえば、子ども理解力については、「子どもの年齢や学年毎の発達段階や特徴を理解していること」「子どもと接する中で、個々の子どもの特性や違いを理解できること」などの設問の平均点。

20　中央教育審議会初等中等教育分科会教員養成部会「平成28年度教職課程認定大学等実地視察について」。同平成27年度、26年度資料も参照。

もちろん、就職先から見れば、どのような大学等であっても何らかの問題や不満はあるものでしょうし、教師に限らず、さまざまな職業は、就いてから育つという部分も大きいわけですから、以上3つのデータは幾分か割り引いて考える必要はあります。

とはいえ、「大学では教師に必要な力を十分に育成できていないし、昨今の教師の質を保証することもできていなさそうだ」ということは共有しておきたいと思います。

## 優秀な若者ほど「教師にならないワケ」

2つ目の問題は、**そもそも優秀な人材が応募してきていない可能性**です。先ほど紹介した独自調査では、この懸念が強く示唆されました。

（しつこいようで恐縮ですが）低倍率そのものは問題ではありませんが、最初から優秀な人材が逃げているとすれば、それは大きな問題であり損失と言えます。

背景には、**教師の仕事が過酷なことが一因としてあります**。トイレに行く暇もないくらいの忙しさ、土日も部活動や残業でつぶれかねないといった現実を知り（第3章）、「教員になるのを諦めた」という声が多く聞かれます。たとえば、教育実習のときに早朝から夜中までかかり、「体が持たない」と教員採用の受験をやめた学生もいます（沖縄タイムス2

019年11月25日)。また、優秀な人ほど民間企業や他の公務員でも引く手あまたなので、学校の現実に幻滅し、教員を目指さなくなっている可能性があります。受験者数もここ数年ダウントレンドであることも思い出してください。

文科省が11の都道府県・政令市にアンケート調査したところ、教員不足の要因として、「産休・育休取得者の増加」「特別支援学級の増加」「講師登録者の減少」などが多く挙がっています。ここまではすでにお話ししたとおりですが、ここで注目したいのは、「辞退者の増加等」「採用候補者が教員以外の職に就職済」といった回答もかなりあることです(図1－10)[21]。教育委員会としても、優れた人材の流出を肌身で感じている人が少なくないようです。

## 教員への門口を広げすぎた「弊害」とは?

教師の質の低下の背景にある3つ目の問題は、特に小学校教員について、**必ずしも学力が高くない若者が教員採用試験に大量にエントリーするようになった**ことです。

2005年以降、政府の規制緩和で小学校教員の養成を行える大学が急増しました。結

21 中央教育審議会「教員養成部会(第101回)配付資料」2018年8月2日 https://www.mext.go.jp/b_menu/shingi/chukyo/chukyo3/002/siryo/1407922.htm

## 図1−10　教員不足の要因について、教育委員会の認識

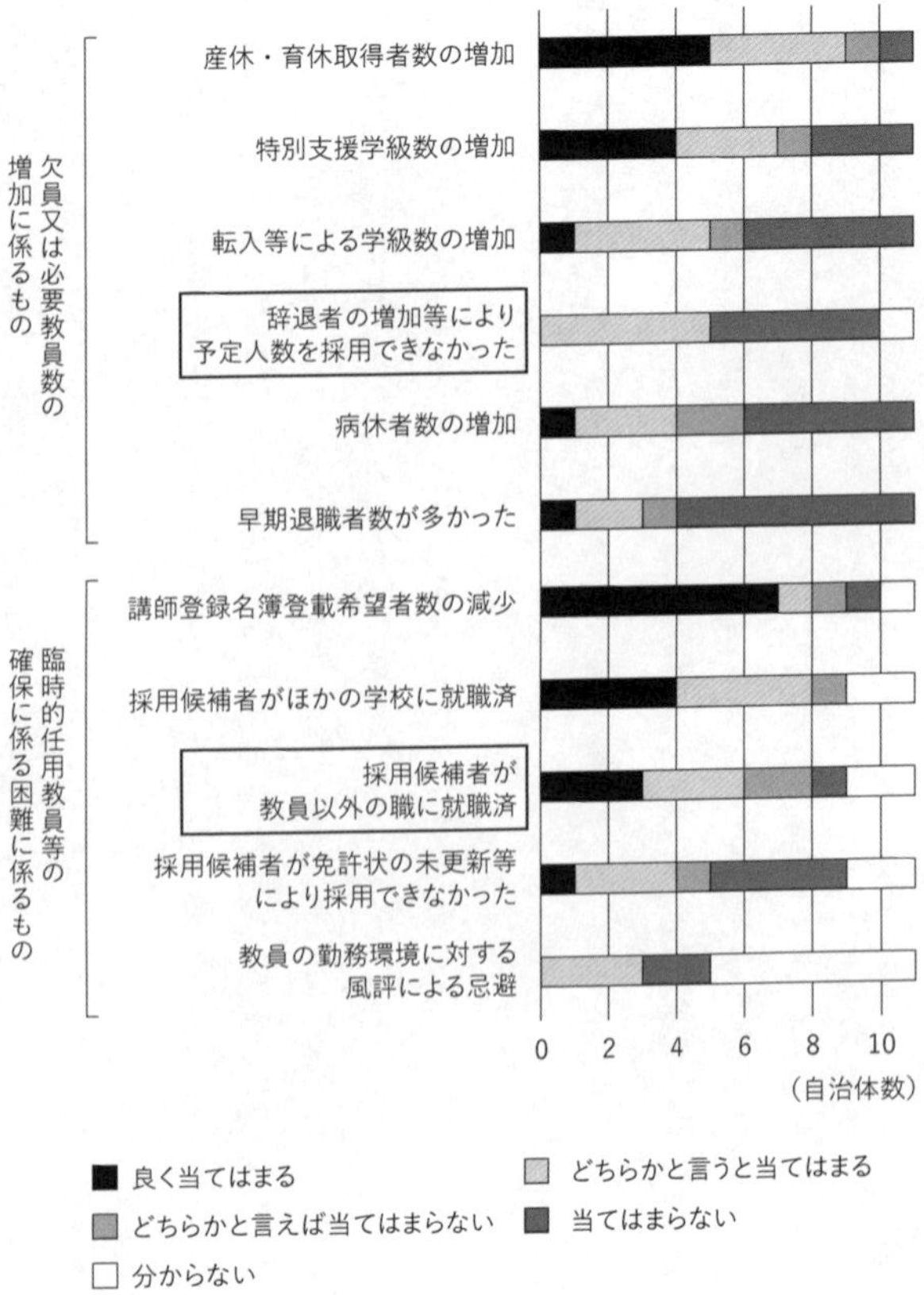


出所）文部科学省「いわゆる『教員不足』について」（2018年8月2日）

果として教員への間口が広がった一方で、かつての受験者ほど学力が高くない学生でも、一定の単位を取れば免許を取得できるようになった面は否めません。卒業時に学力や教師としての資質がしっかりと身に付いていれば問題はないのですが、新規参入した大学等のなかには、入学時（入試）の偏差値がとても低いところもあります。インターネットで、教職課程を持つ私立大学・学部を検索すると、偏差値が30台のところが多数出てきます。なお、偏差値35というと、１０００人中９３３位くらいを指します。

もちろん、入試時の偏差値だけで断じるのはとても乱暴です。いくら受験学力が高くても、授業がうまいとはかぎらないし、何より子どもの気持ちに寄り添える人でなければ、教師としては不向きです。

しかし、いまの学校教育では、子どもたちの知的好奇心を高め、深い学びを促すことが求められています（第２章）。インターネット（〝Google先生〟）やＡＩ（人工知能）に聞けばわかることを教えるだけでは、ダメなのです。

そんななか、**教員になる人が、基礎的な学力を身につけておらず、学ぶ楽しさや探究的な学びのトレーニングを十分に積めていないとしたら、学力指導の質はよくなりません。**

## 教師になる人を選んでいられる余裕はない

以上の3点を踏まえたうえで、私はいまの教員採用の現状が、図1－11のような状況に変化している可能性があると考えています。前述のとおり、教員の質は測りづらいもの（あるいは測ろうとすることが必ずしも適切ではないもの）ではありますが、ひとつの仮説として、お話ししておきます。

ここでは単純化して、倍率が高かった2000年頃も、直近の2019年頃も、12人が受験したとします。ただし人数は同じでも、質は異なります。2000年頃は、規制緩和前でしたし、ある程度の水準（この図ではDランク）以上の受験者でした[22]。

ところが、2019年頃には間口が広がった結果、Eランクの受験者も多数応募してくるようになりました（Dランクも増えています）。なおかつ、かつてはその多くが教員を志望していた上位の受験者（AやBランク）は企業等に就職を決めており、教員採用試験を受ける数が減ってしまいました。

こうした状況に加えて、採用増の影響が響いてきます。2000年頃は、4人の採用で済んだので、もともと一定以上の応募者のなかから、しっかりと質を見極めて人材を選べました（図では倍率3倍としていますが、この当時、多くの地域ではもっと高い倍率でした）。

## 図1−11　小学校の教員採用の受験者の変化（仮説）

■2000年前後の教員採用試験の状況（イメージ）

| 受験者の能力 | 受験者 | 採用者 |
|---|---|---|
| Aランク | a1,a2 | a1,a2 |
| Bランク | b1,b2,b3,b4 | b1,b2 |
| Cランク | c1,c2,c3,c4 | |
| Dランク | d1,d2 | |
| Eランク | | |
| 人数 | 12人 | 4人 |

倍率=3倍

■2019年前後の教員採用試験の状況（イメージ）

| 受験者の能力 | 受験者 | 採用者 |
|---|---|---|
| Aランク | a1 | a1 |
| Bランク | b1 | b1 |
| Cランク | c1,c2 | c1,c2 |
| Dランク | d1,d2,d3 | d1,d2,d3 |
| Eランク | e1,e2,e3,e4,e5 | e1 |
| 人数 | 12人 | 8人 |

倍率=1.5倍

　ところが2019年頃は、採用数は倍の8人になりました。倍の人数を採用しないといけないので、昔ほどは自由に人を選ぶことができず、かつては採用していなかったランク（DやEランク）の受験者も採用せざるを得ません。

　以上の理屈だと、教育委員会や現場の教員が「教員の質が下がっている」「優秀な人材が来なくなってきている」と感じる理由として一定の説得力があると思います。

22　ここでは、大学入試の偏差値だけで受験者を一様にランク付けしているわけではなく、単純な受験者の質がA（高い）からE（低い）まで分布していると捉えてください。

倍率の低下という結果、表層にだけ注目するのではなく、正確には、**優秀な人材の応募が減っていること、採用増でかつては採用していなかったレベルの人材を採用せざるを得なくなっていること**を問題と考えるべきです。この状況こそが、まさに「ティーチャーズ・クライシス」と言えると思います。

## 教師の多忙化と育成不足の「負のスパイラル」

倍率低下と教師不足。この2つの問題は関連し合っていますが、少し異なる部分もあります。倍率低下は正規雇用の教員の質が不安視されている問題で、教員不足のほうは主に非正規雇用である講師が不足している問題です（非正規雇用については後ほど説明します）。

この2つの問題と並び立つ、いまの日本の学校が抱える大きな問題があります。

それは、**長時間労働と人材育成不足の悪循環**です（図1-12）。

前述のとおり、教員の世代交代は現在進行中です。シニア層が退職し、20代の若手教員が増えています。横浜市では全教員のうち約半数は採用10年以下という状況です（2018年）。もちろん頼りになる若手もいますが、育成が必要な人も多いことでしょう。しかも、採用時に優秀な人材が採りづらくなっている可能性も高くなっています。

図1－12　長時間労働と人材育成不足の悪循環

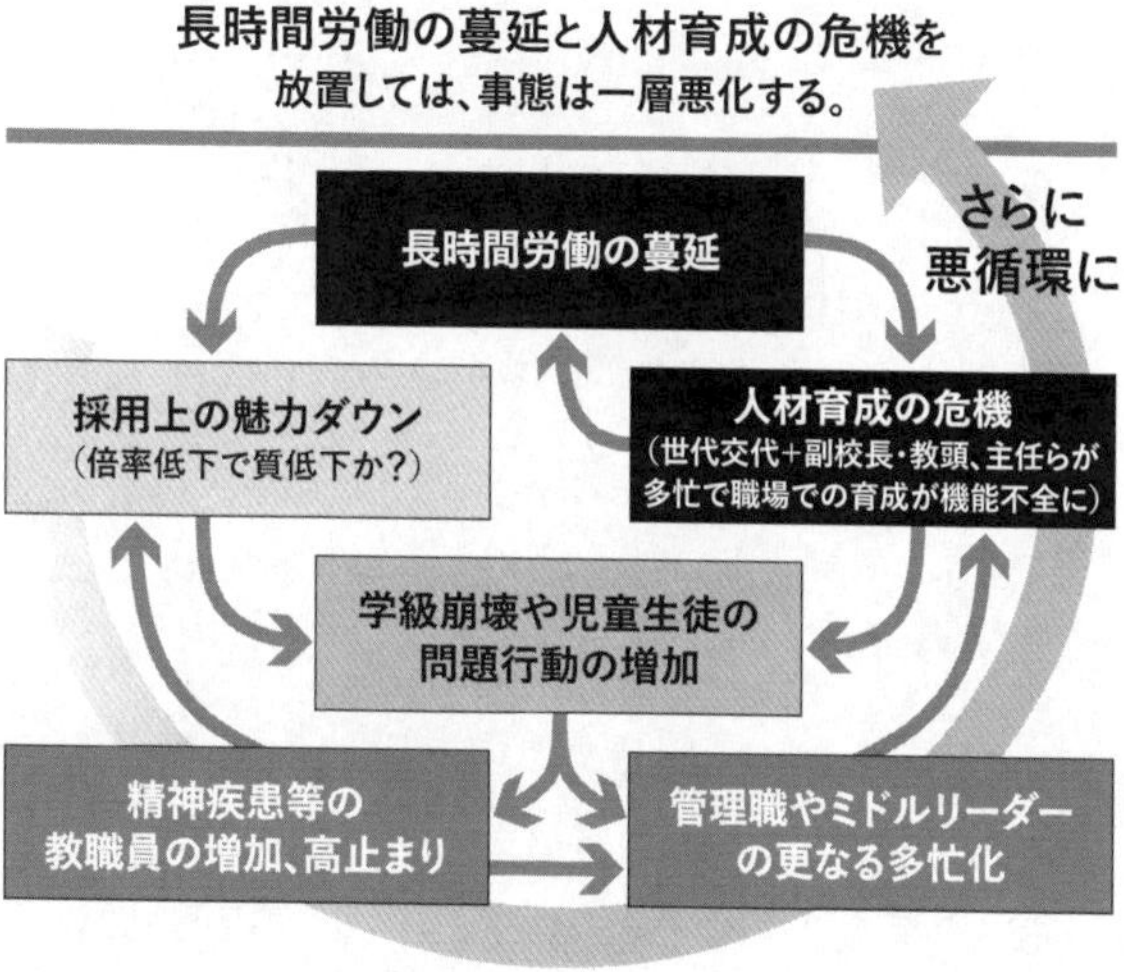

長時間労働の蔓延と人材育成の危機を
放置しては、事態は一層悪化する。
さらに
悪循環に
長時間労働の蔓延
採用上の魅力ダウン
（倍率低下で質低下か？）
人材育成の危機
（世代交代＋副校長・教頭、主任らが
多忙で職場での育成が機能不全に）
学級崩壊や児童生徒の
問題行動の増加
精神疾患等の
教職員の増加、高止まり
管理職やミドルリーダー
の更なる多忙化

出所）妹尾昌俊（2019）『こうすれば、学校は変わる！「忙しいのは当たり前」への挑戦』教育開発研究所

仮に採用時に多少不安が残る人であっても、採用後に十分な育成がされる、あるいは自分で成長していければ、問題はそう深刻にはならないかもしれません。しかし、いまの学校にそれを期待するのは難しい状況です。

というのも、**若手の育成やケアをする中核的な人材である副校長や教頭が、膨大な事務作業などに追われて、人材育成に手が回っていないケースが多発しているから**です。全国公立学校教頭会の調査のほか、各種調査でも、副校長や教頭は、「もっと人材育成に時間をかけたい」と述べています。全国教頭会は「授業で勝負できる人材育成ができない」と訴えています[23]（第2章）。

また、国の大規模調査（教員勤務実態調査、2016年）でも確認できましたが、ミドルリーダーの主任層ら（主幹教諭[24]、学年主任、教務主任等）も超多忙な状況にあります。**自身が忙しいことと、育成するべき人が多いことのダブルパンチで、職場での育成は十分機能しているとは言えない**学校が増えつつあります。

多忙で、人材育成があまり丁寧にできないとなると、学級のなか、あるいは保護者との間でトラブルを抱える事態にもなりかねません。こうなると、教頭や主幹教諭、学年主任らはその対応（火消し）に奔走することになります。

しかも、これは若手に限った問題でもありません。ベテラン層でも学級がうまくいかない、押さえつけるような「指導」をしてしまい体罰かそれに近い事案となる、保護者とうまくコミュニケーションがとれないといった問題が起こっています。

学級崩壊や家庭とのトラブルが起こると、学級担任等にとっては、時間的な負担に加えて、多大な精神的負担にもなります。国も教育委員会もさまざまなメンタルヘルス対策を講じてきたにもかかわらず、教育職員[25]の精神疾患による病気休職者数は、ここ約10年間、年間5000人前後で推移したままです[26]（第3章）。

精神疾患等の病休者が出ても、いまは代替の講師も人手不足でなかなか見つからないので、残された教職員はさらに忙しくなります。とりわけ、校長や教頭、主任層らに、さらに重い負担がのしかかります。こうして人材育成は後手後手となり、まったく進みません。完全に悪循環にはまっています。

## 非正規雇用への支援も手薄な教育行政の実態

これまで「教師不足」などと呼んできましたが、産休や病休で休む先生の代替としては、終身雇用を前提とする正規職員を充てる余裕がないところが多く、非正規雇用である講師を充てることが一般的です。

教員の非正規雇用には主に2種類あります。[27]ひとつは、臨時的任用教員です。職員室では「臨任の先生」とか「常勤講師」とも呼ばれますが、仕事内容は正規の教員とほぼ同じです。もうひとつは、非常勤講師です。こちらは担当する授業時間に応じた時給制である

23 中央教育審議会「学校における働き方改革特別部会（第13回）」2018年5月18日の議事録、配布資料を参照。
24 主幹教諭とは、校長、副校長・教頭の補佐役として期待されている職です。教務主任（教育計画の立案、時間割の調整等を担う）などと兼務していることが多いです。設置は任意のため、教育委員会によっては導入していません。
25 幼稚園、小学校、中学校、義務教育学校、高等学校、中等教育学校、特別支援学校、大学及び高等専門学校における主幹教諭、指導教諭、教諭、養護教諭、栄養教諭、助教諭、講師など。
26 文部科学省「平成30年度公立学校教職員の人事行政状況調査について」
27 ほかにも再任用教員として、60歳で定年退職した教員が65歳までを上限に再雇用されるケースもあります。

## 図1−13　公立小中学校の教員定数に占める常勤講師の比率（都道府県別）

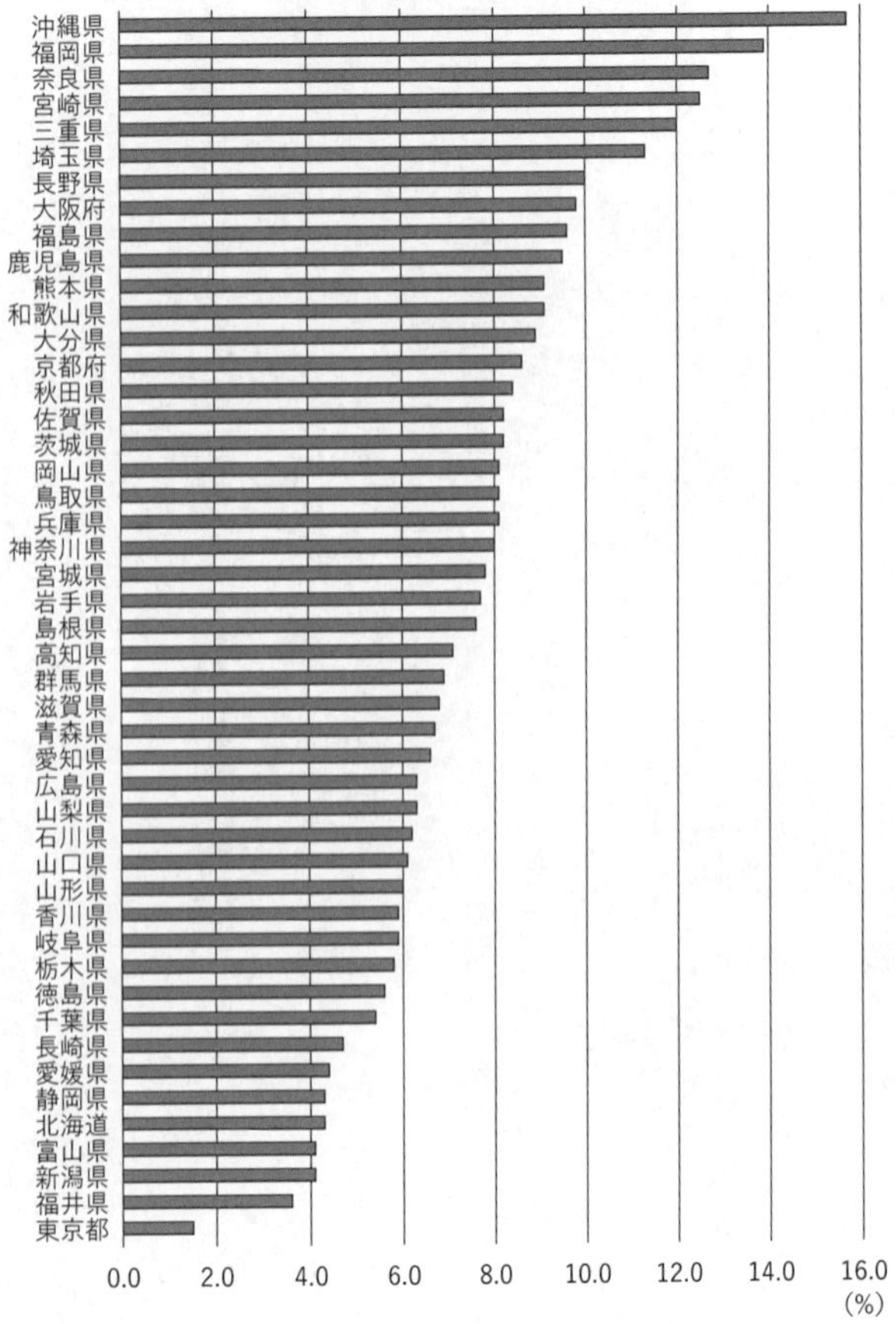


※文部科学省資料をもとに作成。2017年5月1日現在。常勤講師には産休・育休代替職員は含まない。

**図1－14　公立小中学校の教員定数に占める常勤講師の比率（政令市別）**

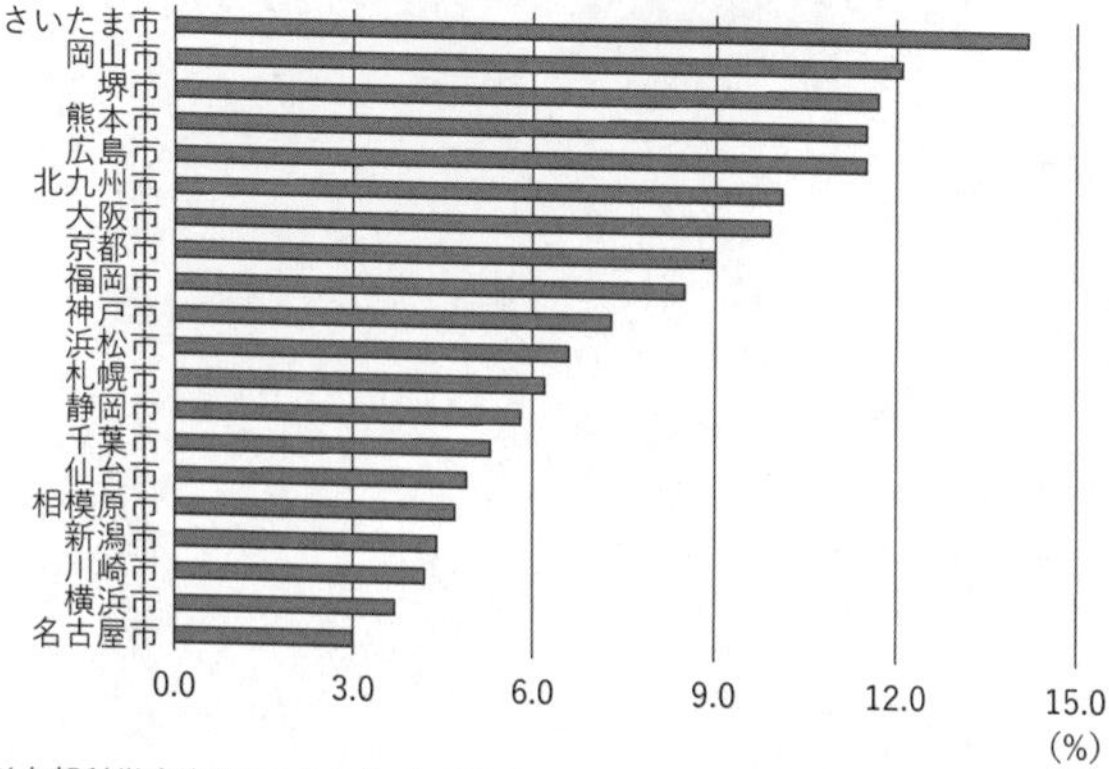


※文部科学省資料をもとに作成。2017年5月1日現在。常勤講師には産休・育休代替職員は含まない。

ことが一般的です。この場合、原則として授業しか担当しません。

これまで各地の教育委員会（都道府県と政令市）の中には、正規職員の採用を抑え気味にするかわりに、非正規雇用を増やしてきたところも多いです。これも地域差がある問題で、東京都、福井県などでは非正規率（ここでは臨時的任用教員の比率）は低いのですが、沖縄県、福岡県、奈良県、さいたま市などでは高い状況です（図1－13、図1－14）。

この2種類の講師となる方のなかには、正規採用の試験で不合格だった人も多く含まれています。あるいは、育児や介護でいったん正規の教員を離職したあと、講師となる人もいます。

教育委員会は「採用倍率が下がって質が心配」などと言うのなら、こうした教育の現場を支える講師の方についても、支援を行うべきでしょう。しかし、**非正規雇用の先生たちへの文科省や教育委員会の支援はたいへん薄い**のが実情です。

そもそも正規職員と異なり、法的にも初任者研修があるわけではありません（独自に研修をしている自治体もあります）。かつ常勤講師なら、仕事の種類や量としては正規とほぼ遜色ないものを任されていて、学級担任や部活動指導を受け持つケースも多いです。その場合、保護者や子どもたちからすれば、この先生が正規か非正規かなど見分けはつきません。責任の重い仕事をしているのに、正規職員に比べてフォローは薄いのです。職員室での〝むちゃぶり〟や育成不足の現実を目の当たりにして、教員になることをあきらめ、企業等へ転職するケースもあります。

また、教師不足のところで触れたように、担任がいないといった最悪の事態よりは、ともかく人がほしい、猫の手も借りたいのがいまの学校現場です。そこでは、講師を〝選り好み〟などできない地域もあります。すばらしい方もいますが、講師の質で悩んでいるという校長らの声も私はよく聞きます。人材育成の重要性は高まっているのですが、現実は逆行しているように見えます。

さらには、常勤講師、非常勤講師ともに、給与水準や昇給などの待遇面で、正規との格差が大きい地域もあります。これは公立でも、私立でも起きていることです。教員を育てるどころか、「使い捨て」にしてしまっている、と指摘する識者もいます。[28]これでは、教師不足、講師不足はさらに進みます。このようにして、**教師不足と教師の質の低下は、同時にその深刻さを増している**のです。

## 第1章のまとめ

○教員不足で「担任がいない」「授業ができない」という事態が起きている。
○教員不足の主な原因は、シニア教員の大量退職による採用者の拡大に、応募者の数が追いついていないことにある。
○そのため、教師の質の低下が叫ばれる状況が生まれ、ただちに質が低下しているとは断言できないものの、それを示唆するデータは数多くある。
○教員養成と採用上の問題に加えて、採用後の育成も、正規、非正規ともに不十分である。こうした背景のもと、教師不足と教師の質の低下は、同時に深刻化している。

28　佐久間亜紀「教員不足6つの処方箋」論座　2019年6月15日

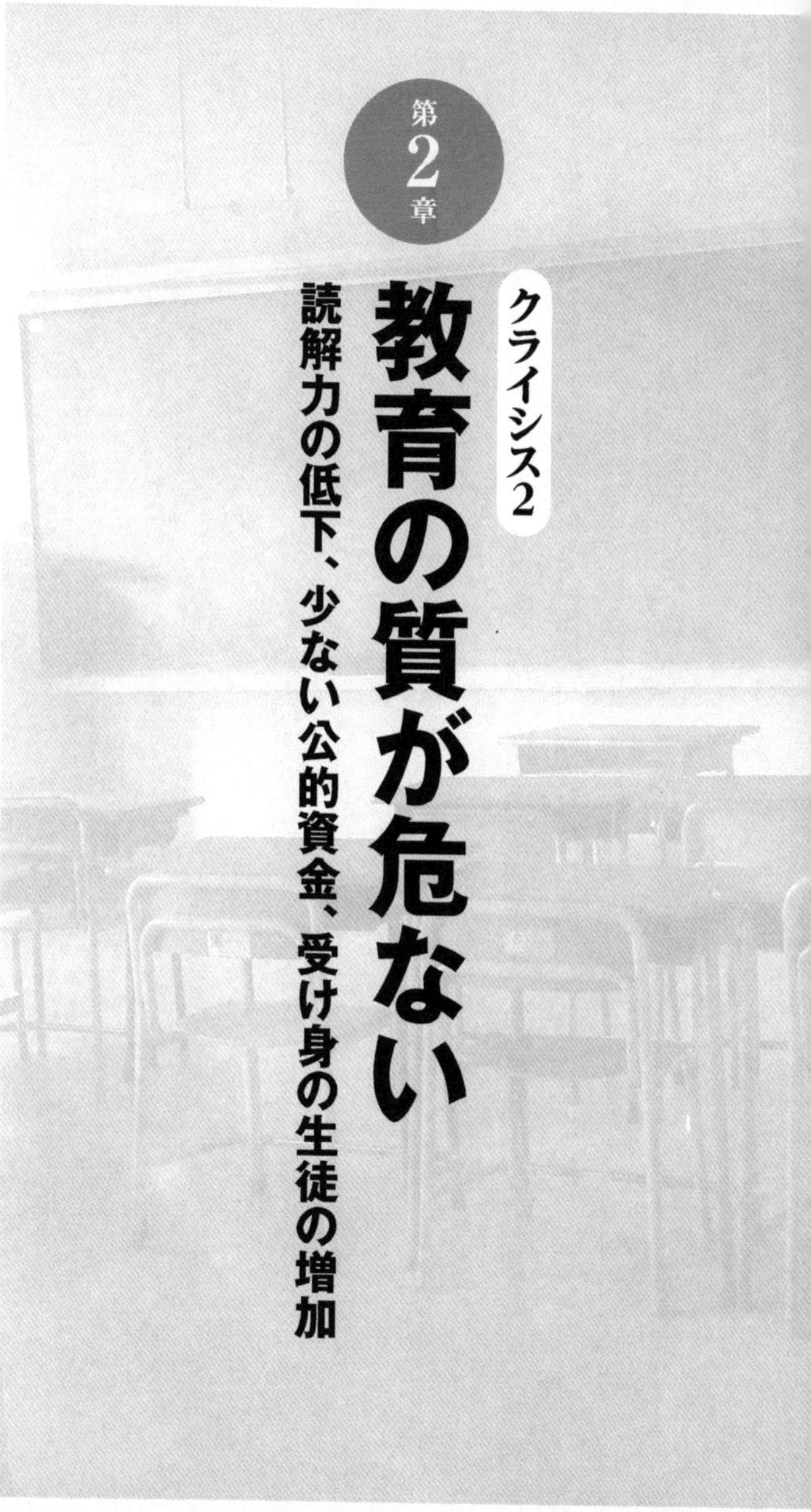

# 第2章

クライシス2

# 教育の質が危ない

## 読解力の低下、少ない公的資金、受け身の生徒の増加

## 日本の教育は30年以上前から変わっていない?

第1章では教師不足、教師の採用倍率低下から見る「教師の質」について触れました。

本章では、教師の質も含む日本の「教育の質、授業の質」を述べていきたいと思います。

最初に、とあるアメリカ人研究者(元日本の大学教授)の眼から見た、日本の学校の様子を紹介しましょう。

> 日本の教師が、受験を目的とした教育指導にかけてはアメリカの教師よりも有能で、ずっと効果的な授業をしていることには、疑問の余地がない。(中略)
>
> しかし、(中略)**日本の授業は、生徒の創造性、革新性、独創性のひらめきを探り当てようとする努力に欠けている例が、あまりにも多い。**日本の教師には、お膳立てした授業の枠からはみ出しかねない生徒の創造的な受け答え、想像力豊かな思考、独創的な発想をあえて認め、それを刺戟し奨励しようとする者が、あまりにも少なすぎる。
>
> 生徒の間に創造性を培いたいと真剣な関心を示す教師は、決して少なくない。にも

かかわらず、不幸なことに、そういう努力をしたくても、時間も機会もあまりに乏しいのである。（ベンジャミン・C・デューク『ジャパニーズスクール』（講談社）より引用。強調は引用者）

この観察について、読者のみなさんはどう感じましたか。「たしかにそうだな」と思った人もいるでしょうし、「いや、ちょっと違うよ」と思った人もいるでしょう。

実はこの本が出版されたのは1986年のこと。自身の子どもを日本の公立学校に通わせた経験を持つ著者が、いまから35年近く前のジャパニーズスクールについて語った文章です。当時、私も小学生でした。ファミコンのスーパーマリオが大ヒットした頃のことです。

デューク教授の見方を今日のジャパニーズスクールに当てはめることに賛否はあるでしょう。いまは変わってきた部分もありますが、今日の日本における教育についても、似た側面は濃厚に残っているように感じます。

彼の観察から**30年以上経ったいま、日本の教育はどれほど進化したと言えるでしょうか？　むしろ悪化、劣化している部分もあるかもしれない、**それがこの章で扱うテーマの本質的な部分です。

## 日本の教育で「世界トップクラス」なもの

ところで、最初にちょっとしたクイズをしたいと思います。

実は、日本の教育が世界で1番（トップ）なものがあります。

それはなんでしょう？

何か思いつきましたか？

答えは**数学と科学の「学力」**です。

図2−1はOECD（経済協力開発機構）のPISA（生徒の学習到達度調査）で、各国の15歳の「学力」を測った結果を示したものです（日本では高校1年生の6〜8月）。**日本は数学と科学で、OECD37か国中、それぞれ1位、2位**です。ここ10〜15年の推移を見ても、数学と科学についてはトップクラスを維持しています。直近では79の国・地域がPISAに参加しましたが、そのなかで比べても、日本は数学6位、科学は5位と上位です。

その一方、読解力（リーディング・リテラシー）は、直近の2018年はOECD中11

## 図2−1　PISA2018の各国平均点と順位

### ● OECD加盟国（37か国）における比較

（点線の枠：日本の平均得点と統計的な有意差がない国）

| | 読解力 | 平均得点 | 数学的リテラシー | 平均得点 | 科学的リテラシー | 平均得点 |
|---|---|---|---|---|---|---|
| 1 | エストニア | 523 | 日本 | 527 | エストニア | 530 |
| 2 | カナダ | 520 | 韓国 | 526 | 日本 | 529 |
| 3 | フィンランド | 520 | エストニア | 523 | フィンランド | 522 |
| 4 | アイルランド | 518 | オランダ | 519 | 韓国 | 519 |
| 5 | 韓国 | 514 | ポーランド | 516 | カナダ | 518 |
| 6 | ポーランド | 512 | スイス | 515 | ポーランド | 511 |
| 7 | スウェーデン | 506 | カナダ | 512 | ニュージーランド | 508 |
| 8 | ニュージーランド | 506 | デンマーク | 509 | スロベニア | 507 |
| 9 | アメリカ | 505 | スロベニア | 509 | イギリス | 505 |
| 10 | イギリス | 504 | ベルギー | 508 | オランダ | 503 |
| 11 | 日本 | 504 | フィンランド | 507 | ドイツ | 503 |
| 12 | オーストラリア | 503 | スウェーデン | 502 | オーストラリア | 503 |
| 13 | デンマーク | 501 | イギリス | 502 | アメリカ | 502 |
| 14 | ノルウェー | 499 | ノルウェー | 501 | スウェーデン | 499 |
| 15 | ドイツ | 498 | ドイツ | 500 | ベルギー | 499 |
| 16 | スロベニア | 495 | アイルランド | 500 | チェコ | 497 |
| 17 | ベルギー | 493 | チェコ | 499 | アイルランド | 496 |
| 18 | フランス | 493 | オーストリア | 499 | スイス | 495 |
| 19 | ポルトガル | 492 | ラトビア | 496 | フランス | 493 |
| 20 | チェコ | 490 | フランス | 495 | デンマーク | 493 |
| | OECD平均 | 487 | OECD平均 | 489 | OECD平均 | 489 |
| | 信頼区間※(日本):499-509 | | 信頼区間(日本):522-532 | | 信頼区間(日本):524-534 | |

### ● 全参加国・地域（79か国・地域）における比較

（点線の枠：日本の平均得点と統計的な有意差がない国）

| | 読解力 | 平均得点 | 数学的リテラシー | 平均得点 | 科学的リテラシー | 平均得点 |
|---|---|---|---|---|---|---|
| 1 | 北京・上海・江蘇・浙江 | 555 | 北京・上海・江蘇・浙江 | 591 | 北京・上海・江蘇・浙江 | 590 |
| 2 | シンガポール | 549 | シンガポール | 569 | シンガポール | 551 |
| 3 | マカオ | 525 | マカオ | 558 | マカオ | 544 |
| 4 | 香港 | 524 | 香港 | 551 | エストニア | 530 |
| 5 | エストニア | 523 | 台湾 | 531 | 日本 | 529 |
| 6 | カナダ | 520 | 日本 | 527 | フィンランド | 522 |
| 7 | フィンランド | 520 | 韓国 | 526 | 韓国 | 519 |
| 8 | アイルランド | 518 | エストニア | 523 | カナダ | 518 |
| 9 | 韓国 | 514 | オランダ | 519 | 香港 | 517 |
| 10 | ポーランド | 512 | ポーランド | 516 | 台湾 | 516 |
| 11 | スウェーデン | 506 | スイス | 515 | ポーランド | 511 |
| 12 | ニュージーランド | 506 | カナダ | 512 | ニュージーランド | 508 |
| 13 | アメリカ | 505 | デンマーク | 509 | スロベニア | 507 |
| 14 | イギリス | 504 | スロベニア | 509 | イギリス | 505 |
| 15 | 日本 | 504 | ベルギー | 508 | オランダ | 503 |
| 16 | オーストラリア | 503 | フィンランド | 507 | ドイツ | 503 |
| 17 | 台湾 | 503 | スウェーデン | 502 | オーストラリア | 503 |
| 18 | デンマーク | 501 | イギリス | 502 | アメリカ | 502 |
| 19 | ノルウェー | 499 | ノルウェー | 501 | スウェーデン | 499 |
| 20 | ドイツ | 498 | ドイツ | 500 | ベルギー | 499 |
| | 信頼区間※(日本):499-509 | | 信頼区間(日本):522-532 | | 信頼区間(日本):524-534 | |

※濃灰色（▒）の国・地域は非OECD加盟国・地域を表す。
※信頼区間は調査対象者となる生徒全員（母集団）の平均値が存在すると考えられる得点の幅を表す。PISA調査は標本調査であるため、一定の幅をもって平均値を考える必要がある。
※同得点でも順位が異なるのは、小数点以下の数値の差異による。
出所）文部科学省・国立教育政策研究所「PISA2018のポイント」

位、79の参加国・地域中だと15位と、数学と科学に比べてやや苦戦しています（読解力については後ほど触れます）。

このことはニュースでも大きく取り上げられました。たとえば、「日本の15歳『読解力』15位に後退」（日本経済新聞）、「『読解力』15位に急降下、『数学』『科学』トップレベル維持」（読売新聞）といった報道がされました。

「学力」の高さについては、もちろん家庭や社会の影響もあります。日本では教育熱心な家庭が多いこと（学習塾の影響など）も一つの要因になっているだろうと思います[29]。とはいえ、数学と科学が世界トップクラスである背景には、小中学校（あるいは保育園・幼稚園も含めて）の頑張りもかなり影響していると推測できます。

もっとも、ＰＩＳＡの測るテストの結果だけが「学力」のすべてではありません。読解力をとっても、ＰＩＳＡというのは、文化に依存しない最大公約数的な「リーディング・リテラシー」を経済的な有用性の観点から評価するためのものですから、読解力の一部分しか見ていないわけです[30]。

## 世界一教育にカネをかけない国、ニッポン

しかし、日本の教育には世界トップの反対、世界ワーストの部分もあります。

まず、**政府が教育にかける予算は、ワーストクラスです。**

OECDの2016年の調査によると、初等教育（小学校）から高等教育（大学等）の公的支出がGDPに占める割合は、日本は2・9％となっており、これは35か国中最下位です（図2－2）。なお、OECD加盟国の平均は4・0％です（Education at a Glance 2019）。

このうち、小学校～高校（初等教育、中等教育等）への日本の公的支出のGDP比は、2・4％でOECD中でも最低レベルです（日本より低いのはチェコの2・3％）。

## ニッポンは「教師の残業大国」

日本の教育のワースト記録は、これだけではありません。もうひとつあります。それは、**教員の労働時間の長さ**です。

図2－3は、教育社会学者の舞田敏彦さんが、教師の労働時間についてデータ分析をしたグラフです。OECDの国際教員指導環境調査（TALIS）という2018年実施の

29 教育に不熱心な保護者のもとや移民が多い国・地域では、読解力を測るテストでは不利になる可能性があります。
30 おおたとしまさ「日本の子どもの『読解力』8位から15位に急落――〝PISAショック〟をどう読み解く？」文春オンライン、2019年12月6日 https://bunshun.jp/articles/-/16944

## 図2−2　教育への公的支出（初等教育から高等教育までに対する政府支出）の国際比較

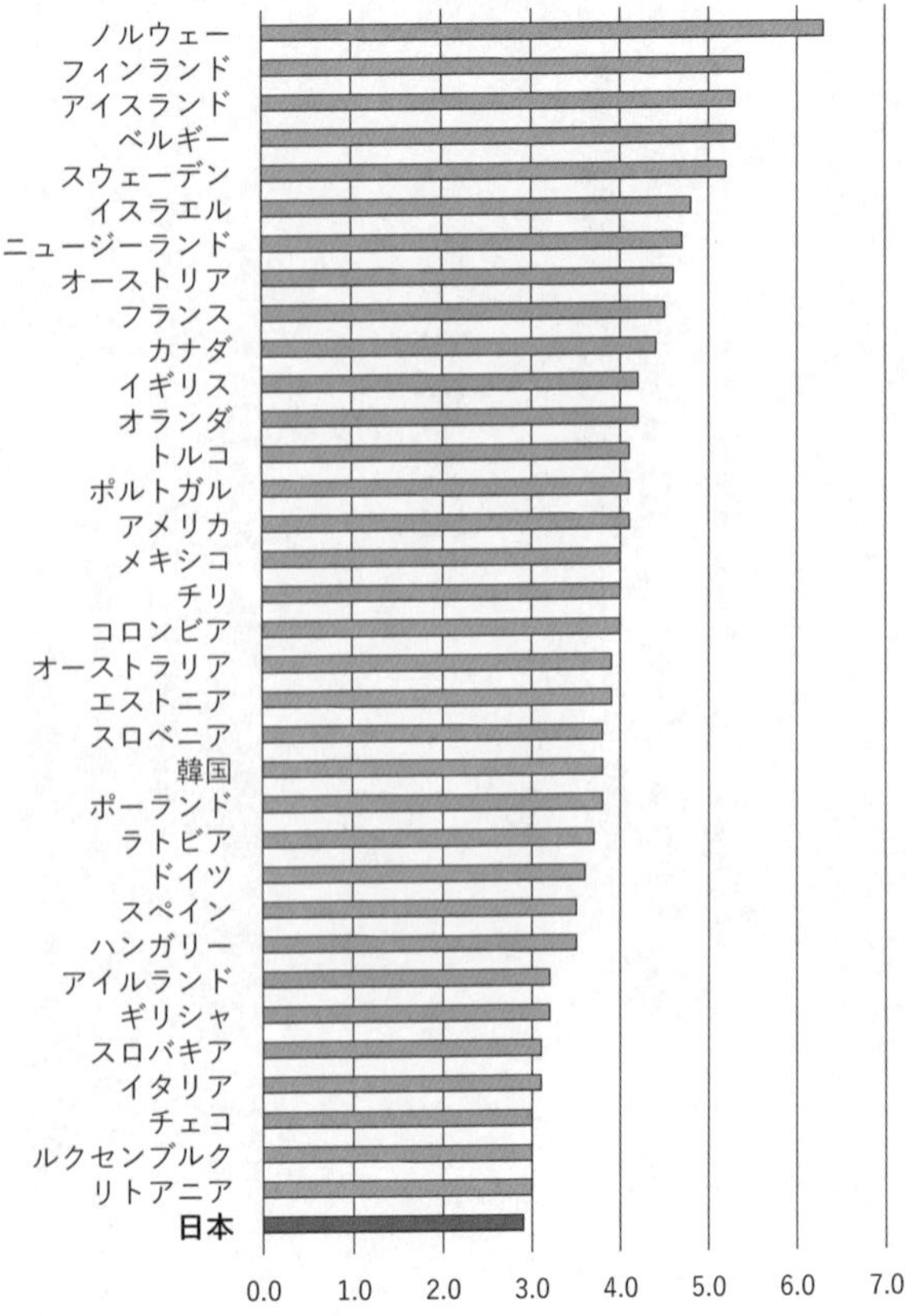


出所）OECD「Education at a Glance 2019」をもとに作成

## 図2−3　中学校教員の勤務時間

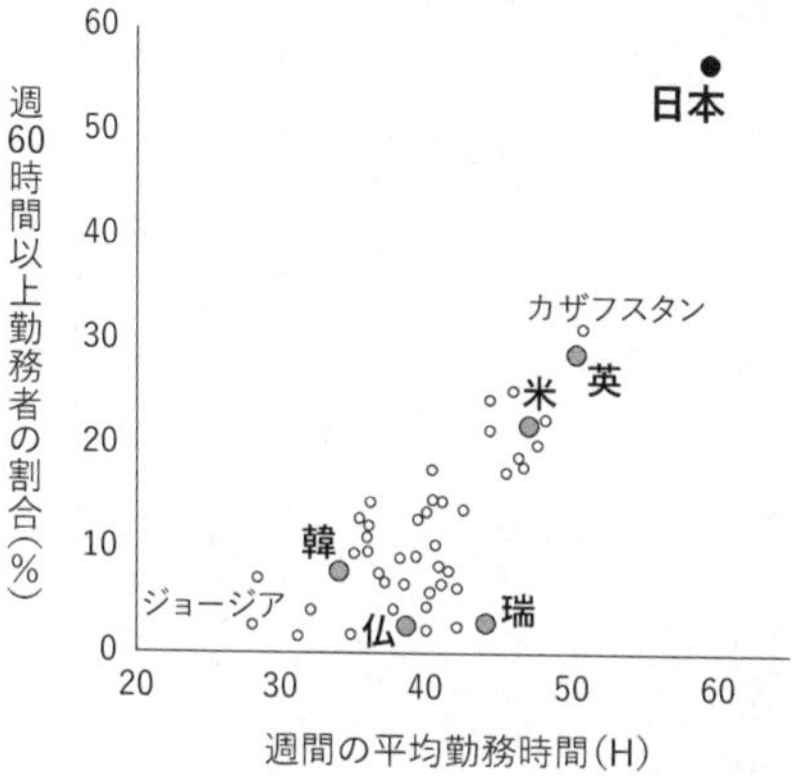


※フルタイム勤務の教員のデータ。
※OECD「TALIS 2018」の個票データより舞田敏彦氏作成。

出所）舞田敏彦「日本の教員は世界一の長時間労働なのに、そのうち授業時間は半分以下」ニューズウィーク日本版2019年7月17日

調査をもとにしたものです（48の国・地域が参加）。

日本の先生（中学校教員）は、グラフの右上に飛び抜けた位置にいることがわかります。**週の平均勤務時間は約60時間。さらに、勤務時間が60時間以上の割合が半数を超える国は、日本しかありませんでした。**

こちらは中学校教員のデータでしたが、小学校教員の長時間労働についても世界一との結果が出ています（ただし、調査に参加した国・地域は15で、中学校調査より少ない）。

「先生が忙しすぎる」という日本のイメージは、世界では当たり前ではないのです。「日本の常識は、世界の非常識」というわけです。

ちなみに、日本と同じく学力が高い韓国の

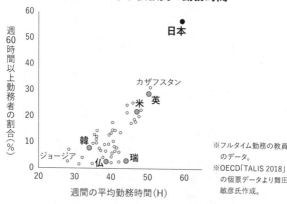

中学校教員の多くは、日本と比べワーク・ライフ・バランスが取りやすそうな働き方です。フランスにいたってはほぼすべての人が毎日「私、定時で帰ります」状態です。仕事をスムーズに終えて、ワインでも傾けているのでしょうね。転職するなら、韓国かフランスの先生のほうがよいかもしれません。

ちなみに、給与の国際比較は為替の影響などもあるので難しいのですが、日本はそれほど高くないとのデータもあります。

学校の多忙については、第3章でより詳しく扱いますが、世界でも類を見ない長時間労働であることは、覚えておいてください。

まとめると、次のように言えるのではないかと思います。

**日本の子どもたちの数学や科学の学力はかなり高い（15歳時点）。その一方で、世界でも例をみないほど少ない予算規模であり、教員の長時間労働等の努力、献身性に支えられている部分もある。**

## 日本の生徒の「読解力」は楽観視できない

さて、数学と科学はトップクラスの一方、読解力はトップクラスには遠く、なおかつ低下傾向にあるとお話ししました。

読解力と言っても、ＯＥＣＤではどういうものを「読解力」と定義し、評価しているのでしょうか。

百聞は一見にしかず。実際の問題の一部を図２－４、図２－５、図２－６に示しました。まずは試しに、みなさんも解いてみてください。イースター島（ラパヌイ島）のモアイ像にまつわる、興味深い題材です。

問題例１は、教授が言う「別の謎」とは何かです。本文を読み進めると、「しかし、別の謎が残りました」とあり、その直後に答えが書いてあります。答えは、モアイ像を運ぶために使われた植物や大木が消えたことです。

この問題は、「理解する力」を試したもので、習熟度はレベル３だそうです。日本の正答率は69・７％（ＯＥＣＤ平均は54・３％）でした。このテストを受ける高校１年生にとっては簡単ではないかと思われますが、約３割の生徒は答えられませんでした。

問題例２は、２人の科学者が唱える説の根拠となっているものを探す問題です。「ネズミの数が47日間で二倍に増えること」を選んだ人は、ひっかかりましたね。この事実も本文に書いてありますが、大木が消滅した理由の根拠として、リボ氏とハント氏が挙げてい

## 図2－4　PISA2018での読解力の問題例1

ある大学教授のブログ

**5月 23 日　午前 11 時 22 分投稿**

今朝窓の外を見ると、今では大好きになったラパヌイ島（地域によってはイースター島として知られている）の景色が目の前に広がります。草原や低木の緑と青い空、そして遠くには古い死火山がそびえています。

今週でこの島での滞在が終わると思うと、少しさみしい気持ちになります。私はすでにフィールドワークを終え、間もなく家に帰ります。今日の午後は丘へ散歩に出て、この 九か月間調査してきたモアイ像とお別れをしようと思います。これは、その巨大な像の一部を撮った写真です。

今年ずっと私のブログを読んでくださっている方なら、これらのモアイ像はラパヌイ族の人々が数百年前に彫ったものだということを、すでにご存じでしょう。この素晴らしいモアイ像は、島の東部に一つだけある石切り場で彫られた物です。中には重さが数十トンにもなる像もありますが、ラパヌイ族の人々はクレーンや重機なしに、これらを石切り場から遠く離れた場所に運んでいたのです。

これらの巨大な像がどのように運ばれたかについては、考古学者の間でも長年知られていませんでした。このことはずっと謎とされてきましたが、1990 年代に考古学者とラパヌイ島の住人からなるチームが、植物で作ったロープや木のローラー、かつて島にたくさんあった大木から作られた傾斜路でモアイ像を運搬し、立たせることができたということを実演しました。モアイ像の謎は解けたのです。

しかし、別の謎が残りました。モアイ像を運ぶために使われた植物や大木はどうなったのでしょう？ 最初に書いたように、今窓の外を見ると草原と低木と数本の小さな木だけで、巨大な像を動かすために使われた物は何も見当たりません。この興味深い難問については、今後の投稿や講義の中で探っていきたいと思います。それまでの間に、自分でこの謎について調べたいと思う方もいらっしゃるかもしれません。そんな方には ジャレド・ダイアモンド氏の『文明崩壊』という本をお勧めします。まずはこちらの、『文明崩壊』の書評を読むとよいでしょう。

問題　上の教授のブログの最後の段落に、「…別の謎が残りました」と書かれています。教授がここで指している謎とは何ですか。

出所）国立教育政策研究所「2018年調査問題例」レイアウト等は筆者により一部修正
https://www.nier.go.jp/kokusai/pisa/pdf/2018/04_example.pdf

## 図2－5　PISA2018での読解力の問題例2

サイエンス ニュース

### ラパヌイ島の森を破壊したのはナンヨウネズミか？

科学レポーター　木村 真

2005年、ジャレド・ダイアモンド氏の『文明崩壊』が出版されました。この本の中で、彼はラパヌイ島（別名イースター島）に人が定住した様子を描いています。

本書は出版と同時に大きな議論を呼びました。多くの科学者が、ラパヌイ島で起こったことについてのダイアモンド氏の説に疑問を抱いたのです。科学者たちは、18世紀にヨーロッパ人がその島に初めて上陸した時には巨木が消滅していた点については同意しましたが、消滅した原因についてのジャレド・ダイアモンド氏の説には同意しなかったのです。

そして、二人の科学者カール・リポ氏とテリー・ハント氏による新しい説が発表されました。彼らはナンヨウネズミが木の種を食べたために、新しい木が育たなかったと考えています。そのネズミはラパヌイ島の最初の移住者である人間が上陸するために使ったカヌーに偶然乗っていたか、または、この島に意図的に連れてこられたのだと、彼らは述べています。

ネズミの数は、47日間で二倍に増えるという研究結果があります。それほどの数のネズミが育つには多くのエサが必要です。リポ氏とハント氏はこの説の根拠として、ヤシの実の残骸にネズミがかじった跡が残っている点を指摘しています。もちろん彼らも、ラパヌイ島の森の破壊に人間が加担したことは認めています。しかし、一連の経緯の元凶は主にナンヨウネズミの方にあったというのが、彼らの主張なのです。

問題　上の「ラパヌイ島の森を破壊したのはナンヨウネズミか？」という記事を読んで、次の問いの答えを一つ選んでください。ラパヌイ島の大木が消滅した理由の根拠として、カール・リポ氏とテリー・ハント氏が挙げている証拠は何ですか。

1. ネズミが移住者のカヌーに乗って上陸したこと
2. ネズミは移住者が意図的に連れてきたかもしれないこと
3. ネズミの数が47日間で二倍に増えること
4. ヤシの実の残骸にネズミがかじった跡が残っていること

出所）国立教育政策研究所「2018年調査問題例」レイアウト等は筆者により一部修正

る証拠ではありませんから誤答です。

正答は、本文の最後から3~4行目。ヤシの実の残骸にネズミがかじった跡が残っていることです。

この問題は、「評価し、熟考する力」を試したもので、習熟度はレベル4、日本の正答率は45・0％（OECD平均は34・8％）でした。受験した生徒の半分以上が間違ってしまったことになります。


問題例3は、『文明崩壊』を著したダイアモンド氏の説と、ネズミに原因を求めるリポ氏とハント氏の説を比べるものです。両者に共通する結果としては、ラパヌイ島にあった大木が消滅したことです。

その原因をダイアモンドは、人間が耕作やその他の理由のために木を切って土地を切り開いたことだと述べています（ここでは割愛しましたが、実際のテストではダイアモンドの説の概略を示す資料も提示されています）。他方、リポ氏とハント氏の説では、ナンヨウネズミが木の種を食べ、その結果新しい木が育たなかったことを主因とみています。

この問題は、「理解する力」を試すもので、習熟度はレベル5と高難易度、日本の正答率は20・2％（OECD平均は18・2％）でした。5人に1人しか正答できなかったこと

## 図2−6　PISA2018での読解力の問題例3

問題　二つの説に関して、それぞれの原因とそれらに共通する結果を選んで正しい位置に入れて表を完成させてください。

○二つの説

<table>
<tr><th>原因</th><th>結果</th><th>提唱者</th></tr>
<tr><td></td><td rowspan="2"></td><td>ジャレド・ダイアモンド</td></tr>
<tr><td></td><td>カール・リポと<br>テリー・ハント</td></tr>
</table>

○選択肢

| | | |
|---|---|---|
| モアイ像は同じ石切り場で彫られた。 | ナンヨウネズミが木の種を食べ、その結果新しい木が育たなかった。 | 移住者はカヌーを使ってネズミをラパヌイ島に連れてきた。 |
| ラパヌイ島にあった大木が消滅した。 | ラパヌイ島の住人は、モアイ像を運ぶために天然資源が必要だった。 | 人間は耕作やその他の理由のために木を切って土地を切り開いた。 |

出所）国立教育政策研究所「2018年調査問題例」レイアウト等は筆者により一部修正

になります。

本書は読解力や国語の解説書ではないのでこれくらいにしておきますが、今回紹介した以外の設問もウェブで公開されているので、よかったら解いてみてください。

なぜ問題例までご覧いただいたかと言うと、**日本の子どもたちの読解力について、楽観視できない**という事実を共有したいためです。

注目していただきたいのは正答率です。繰り返しますが、問題例1ですら、15歳の3割は解けていませんし、問題例2では半数以上、問題例3では8割が誤答でした。

OECDの資料によると、読解力（リーディング・リテラシー）として主に3点を試しています。

①情報を探し出す力（関連するテキストを探索し、選び出すなど）
②理解する力（字句の意味を理解する、統合し推論を創出するなど）
③評価し、熟考する力（信憑性を評価する、矛盾を見つけて対処するなど）

もちろん、日本の国語の授業でも①②③に関連することは扱っています。ただし、問題例を解いてみて感じるのは、国語だけでなくて、社会や技術・家庭、総合の時間など、あらゆる教科で①②③は大事になる能力だということです。

ビジネスパーソンであれば、日ごろの仕事のなかでも①②③に関連することを常に行っている人は多いと思います。たとえば、顧客や取引先からのメールを読んで、何が求められているのかを理解する（①や②の能力）。その上で顧客のリクエストをそのまま受けていいのか、別の提案ができないかなどを考える（③の能力）などです。

PISAの結果だけに一喜一憂するのはどうかと思いますが、重要なリテラシーを試していることにはちがいありません。その結果が低下傾向にあるということは、単純に「国語の授業が苦手」といったレベルを超えて、社会に大きな影響をもたらす可能性があります。

## 「基礎的な読解力」がない生徒が増加している

もう少しだけPISAの結果からわかることを紹介します。日本の読解力の平均点は2012年、15年、18年と直近3時点では下がっていて、これは統計的にも有意な差です。

PISAではいくつか過去問と同じ設問が出ます。同じ問題について比較すると、18年

## 図2－7　日本の読解力の習熟度別割合の推移

※習熟度レベルは、高いレベルほど高得点であり、その分野の能力を十分に身に付けていることを示す。
なお、習熟度レベル6以上は、2009年以降で計測しており、2006年以前はレベル5に含まれている。
※グラフの●は、OECD平均の割合を示す。

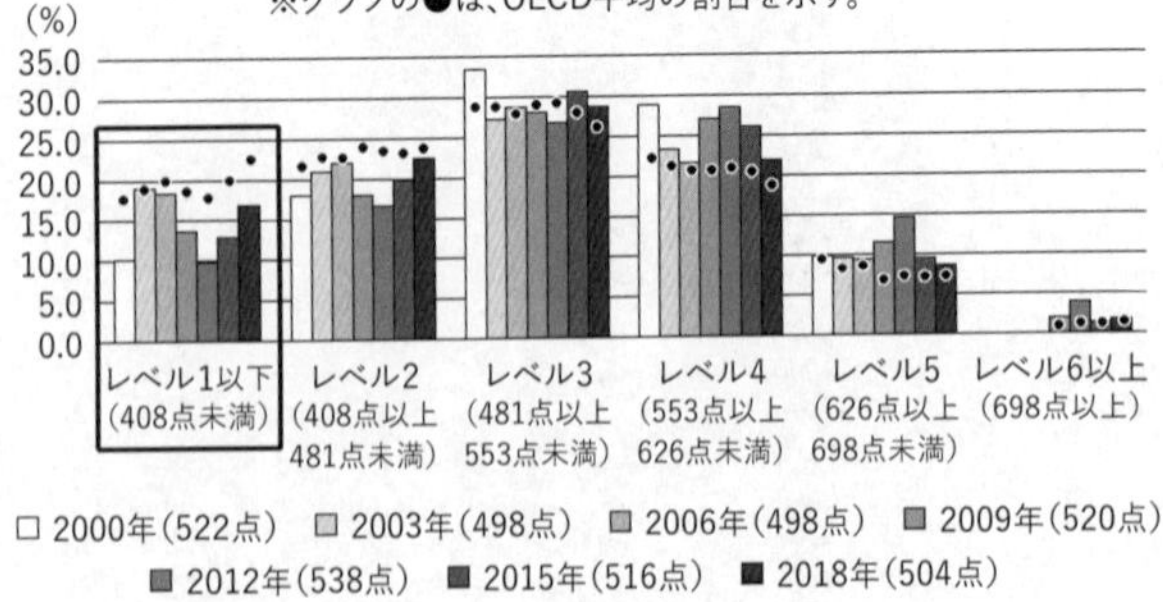


出所）文部科学省・国立教育政策研究所「PISA2018のポイント」

の日本の平均正答率は12年、15年よりも下がっているものが多いです。[31]ただし、同じ問題であっても、18年調査は過年度と調査方法が異なるため、単純な比較はできません。

図2－7は、読解力の習熟度別割合の推移を示したものですが、**レベル1以下の低学力層が12年、15年、18年となるにつれて、徐々に増えています（レベル2も増加）**。

PISAでは、生徒が知識を得たり、幅広い実際的な問題を解決したりするために、自身の読解力を発揮し始める習熟度をレベル2と置いています。[32]つまり、レベル2は最低限の能力水準と言ってよいレベルです。そう考えると、**レベル1以下ならびにレベル2の生徒が増えているのは、読解力の順位の低下などよりも、よほど大きな問題です**（2018

年で約4割の生徒がレベル2以下）。

先ほどの問題例1について、高校1年生にとっては簡単だろうと言いましたが、難易度は「レベル3」でした。レベル1～2は、その水準に達してもいないのです。

もちろん、学校のせいだけにはできないわけですが（家庭の影響などもあります）、レベル1や2ということは、おそらく小学校からの学習に何らかの課題を抱えたまま、高校まで進学している可能性が高いと推測できます。つまり、**小中学校において、こうした子どもたちの基礎力の底上げが十分に功を奏していない可能性がある**のです。

ちなみに、日本の数学的リテラシー、科学的リテラシーについては、OECD平均などと比べて、低学力層（レベル2以下）は相当少ないです（図2－8）。

もっとも、数学と科学についても、2012年、15年、18年の直近3時点では、低学力層は増加傾向にあり、高学力層（レベル5以上）は減少傾向にあることには、注意が必要です。こちらも決して楽観視はできないのです。

31　国立教育政策研究所編（2019）『生きるための知識と技能7　OECD生徒の学習到達度調査（PISA）――2018年調査国際結果報告書』明石書店　P98～101

32　前掲　国立教育政策研究所編（2019）　P74

## 図2−8　日本の数学、科学の習熟度別割合の推移

※習熟度レベルは、高いレベルほど高得点であり、その分野の能力を十分に身に付けていることを示す。
※グラフの●は、OECD平均の割合を示す。
※各リテラシーが初めて中心分野となった調査年から比較。

**数学的リテラシー**　**レベル1以下の低得点層が少なく、レベル5以上の高得点層が多い**

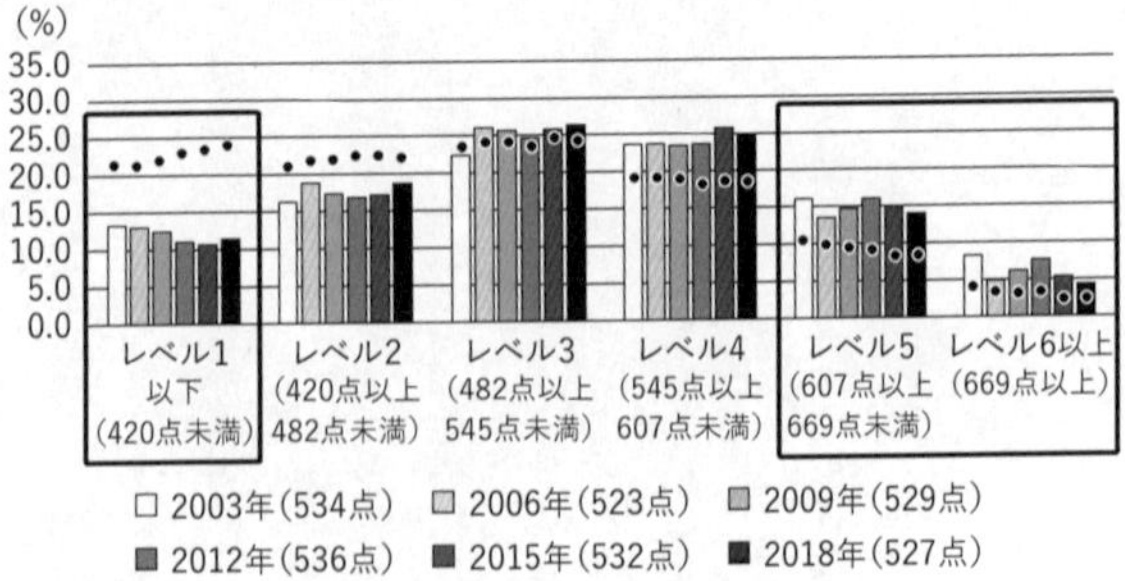


**科学的リテラシー**　**レベル1以下の低得点層が少なく、レベル5以上の高得点層が多い**

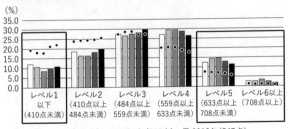

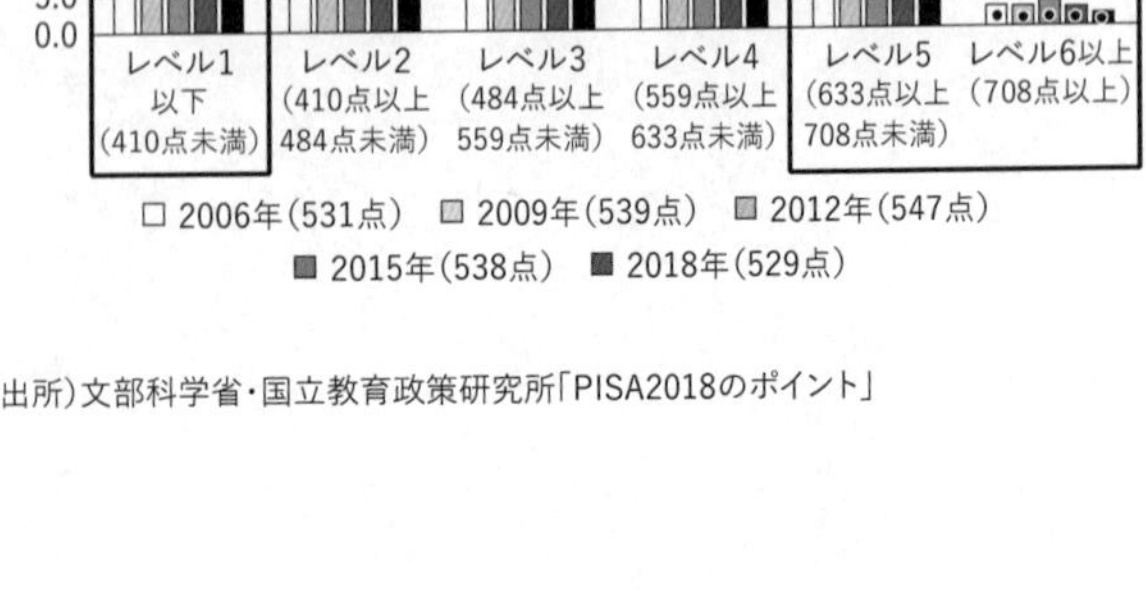


出所）文部科学省・国立教育政策研究所「PISA2018のポイント」

## 学級崩壊は「よくあること」になってしまった？

ここまでＰＩＳＡ調査から日本の教育の質、授業の質の懸念点を述べてきました。しかし、これ以外でも、「日本の学校教育は大丈夫だろうか」と心配になる要因は多数あります。

率直に申し上げると、**「授業や学級が壊れてしまっている」ケースが多く見られます。**

代表的なのは、いわゆる**「学級崩壊」**です。

「学級崩壊」という言葉については、すでになじみのある言葉かと思います。厳密な定義はありませんが、「子どもたちが教室内で勝手な行動をして教師の指導に従わず、授業が成立しない学級など」を指します。

学級崩壊は、１９９０年代後半に盛んに言われ始めました。学級崩壊している学校・学級の件数などの文科省の調査はありませんので、全国的にどういう状況なのかははっきりしません。[33]

しかし、岡山県の調査によると、学級がうまく機能しない状況、いわゆる学級崩壊があ

33　須藤康介（２０１５）「学級崩壊の社会学――ミクロ要因とマクロ要因の実証的検討」明星大学教育学部研究紀要

る学校は、小学校で10校（2016年）→12校（2017年）→8校（2018年）となっています（各年12月時点）[34]。岡山県内の公立小学校は386校ありますから（令和元年度学校基本調査）、学級崩壊がある小学校は2〜3％程度ということになります。

埼玉県の2018年3月の調査では、うまく機能しない状況にある学級がある小学校は45校ということでした（さいたま市を除く）[35]。この調査の対象校は708校ですから、6％程度がうまく機能していない学級を抱えていることになります。

これらの調査では、学級崩壊の定義を「子どもたちが教室内で勝手な行動をして教師の指導に従わず、授業が成立しないなど、集団教育という学校の機能が成立しない学級の状況が一定期間継続し、学級担任による通常の手法では問題解決ができない状態に立ち至っている場合」としています。埼玉県ではおおむね2週間から3週間を越えて継続した場合のみをカウントしていますし、両県とも報告にあがってこないものもあるでしょう（校長や担任が学級崩壊とまでは認識していないケース等）。したがって、**実際はここで示された割合よりも多い可能性が高い**と考えられます。

また、たとえ数パーセントの学校、学級で起きていることだとしても、そのクラスの子どもたちの学習はとても困難な状況なのですから、大問題です。学力や学習意欲が比較的

**図2−9 「学級がうまく機能しない状況」の教員経験年数による違い**

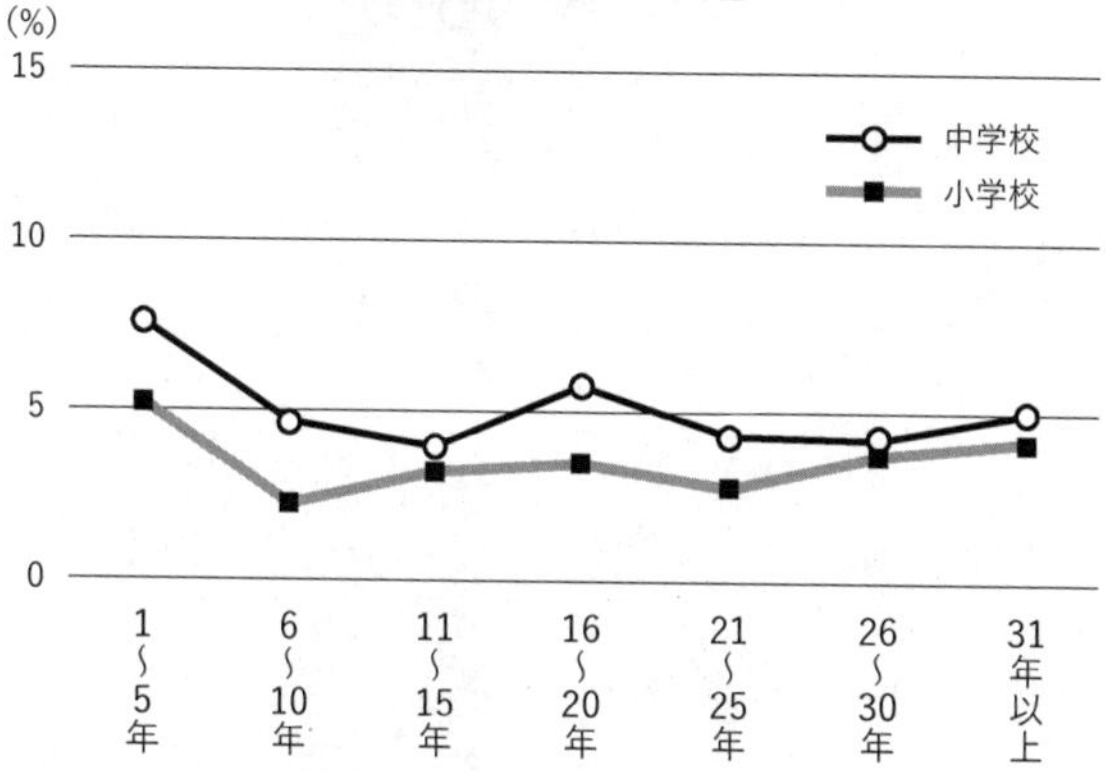


出所）群馬県教育委員会「魅力ある学級づくりのために」（平成23年3月）

高い層は、自力や家庭の影響でなんとかなるかもしれませんが、PISAで習熟度レベル1や2がかなりいたことからも示唆されるように、低学力層にある子どもたちが置き去りにされる可能性があります。

私の知る小学校でも、学級がうまくいかず、学級担任が病気休職に入ってしまった事例があります。年度途中であったこともあり、探せど探せど、代替の講師も見つからず、もともと激務だった教頭が担任の代わりをしています。

こういう話は全国あちこちにあります。子どもたちに被害がなるべく及ばないよう、なんとかやりくりしている現場も多いだろうと

34 岡山県教育委員会提供資料
35 埼玉県教育委員会提供資料

思います。

図2－9は群馬県教育委員会が県内の全公立小中学校の教員に調査した結果です（2011年）。小学校も中学校も、1～5年目の先生に学級崩壊の悩みが比較的多いことがわかりますね。一方で、26～30年や31年以上であっても比較的多いことから、従来の指導方法では通用しない子どもが増えていて、悩んでいるベテラン層もいると推測できます。

## 「壊し屋」と呼ばれる教師たち

学級崩壊の原因は様々ですが、ひとつは、授業力や学級運営に不安がある先生の存在が挙げられます。これらの先生は「壊し屋」と呼ばれ、一定数存在しています。

しかもこれは、若手にかぎった話ではありません。ベテラン層でも問題を起こす人はいます。元小学校教諭の東和誠さんの『問題だらけの小学校教育』（KKベストブック、2018年）では、その一端を赤裸々に綴っています。

（引用者注：あるクラスでは）前学年まではごく普通だったにもかかわらず、担任の力量不足により、学級崩壊が起きていました。担任の指示に一貫性がなく、授業が分かりづらく、次第に子どもたちのストレスが大きくなっていきました。（中略）毎年、毎年、学級崩壊を起こす人がいるのです。彼らは教員スラングで「壊し屋」と呼ばれています。（中略）
（引用者注：低学年しか担当できないベテラン教員がいることに触れた上で）彼女らは指導が下手でヒステリックで子どもに問題行動が起きたとき、ただ力づくで叱ることしかできず、上の学年をもつと学級を崩壊させてしまうため、上の学年をもてないのです。

もちろん、私が申し上げたいのは「日本の学校はこういう先生ばかりで危険」ということではありません。[36]きちんと規律ある授業ができている先生も多いのですが、なかには問題のある先生、どう見ても授業等に問題のある先生もいるのは事実です。

36　なお、小学校の場合、低学年だとラクとはもちろん限りません。ただし、埼玉県教育委員会の調査によると、学級崩壊は、低学年よりも高学年のほうが起きやすい傾向があります。
須藤康介（2015）「学級崩壊の社会学――ミクロ要因とマクロ要因の実証的検討」明星大学研究紀要

## クラスに2〜3人は「発達障害の可能性がある生徒」がいる

もちろん、学級崩壊は、教員の力量不足だけが原因とはかぎりません。

さまざまな背景がありますが、ひとつは、**高学年になるにつれ、学習内容の高度化と学力格差が影響して、授業に付いていけない子も増えてくること**です。当然、その子にとって授業はつまらないわけですから、荒れる原因となってくるケースもあります。

もうひとつは、**発達障害（ＬＤ〈学習障害〉・ＡＤＨＤ〈注意欠陥／多動性障害〉・高機能自閉症等）の可能性のある児童生徒が多いこと**です。

文科省が２０１２年に全国（岩手・宮城・福島を除く）約５万２０００人の児童生徒を調査したところ、**公立の小中学校で約６・５％の子が、知的発達に遅れはないものの、学習面または行動面で著しい困難を示す**ことがわかりました[37]（ただし担任の見立てによる調査をベースとしており、医師などの専門家による判定ではない点には注意が必要）。

こうした児童生徒は推計で約60万人に上り、40人学級で1クラスにつき2、３人はいる割合になります（日経新聞２０１２年12月５日）。

しかも、この文科省調査によると、６・５％の発達障害の可能性がある児童生徒について、一部の時間を特別支援学級等（第3章で説明）に通級してケアしている割合は3・9%で、通級していない割合は93・3%となっています。特別支援教育支援員の対象となっている割合は8・5%で、支援対象となっていない割合は87・2%です。つまり、発達障害の生徒の大多数はきちんとサポートを受けられていないのです。

発達障害といっても多様ですし、安易な決めつけやラベリングは弊害がありますが、たとえば、じっとしていられなかったり、学習障害で教科書や問題を読むのができなかったりする子もいます。なのに、約9割の子たちについては、1人の教員が40人学級のなかで、ほかの子と一緒にその児童生徒の対応をしている状況なのです。

つまり、**担任教師は1人ですべて行うワンオペで頑張っている**わけです。その子をケアしないと、授業がめちゃくちゃになるケースもありますが、その子ばかりにかまっていると、ほかの子は放っておかれてしまいます。

読解力の低下なども含めた心配ごとは多いのですが、それ以前の困難として、こうした難しさも現場にはあるのです。本書で述べる「ティーチャーズ・クライシス」、すなわち

37 文部科学省「通常の学級に在籍する発達障害の可能性のある特別な教育的支援を必要とする児童生徒に関する調査結果について」2012年12月5日

「教師崩壊」と「教育崩壊」の危機は、個々の先生だけのせいにはできない事情、背景があります。

また、6・5％というのは、学習または行動で著しい困難があると考えられる子です。この児童生徒以外にも、「グレーゾーン」とも呼ばれる、「困難があり、教育的支援を必要としている児童生徒がいる可能性がある」と専門家も指摘しています。[38] 特別な配慮、ケアが必要な子は、クラスに2、3人どころではない可能性も高いということです。

## 先生の悩み第1位は「授業準備の時間がない」こと

ここまでお話ししたことは、教員向け調査でも如実に現れています。図2－10は2016年実施のベネッセの教員向け調査の結果です（中高は、国・数・社・理・外国語の担当教員のみ）。[39]

---

38　文部科学省「通常の学級に在籍する発達障害の可能性のある特別な教育的支援を必要とする児童生徒に関する調査結果について」2012年12月5日

39　2016年調査の回答者は以下のとおり。【小学校】校長637名、教員3289名【中学校】校長725名、教員3689名【高校（公立）】校長1110名、教員6436名【高校（私立）】校長311名、教員1887名。小学校は、学級担任をしている教員、中学校は、国語・社会・数学・理科・外国語のいずれかを担当している教員、高校は、国語・地理歴史・公民・数学・理科・外国語のいずれかを担当している教員。

## 図2−10　教員の悩み

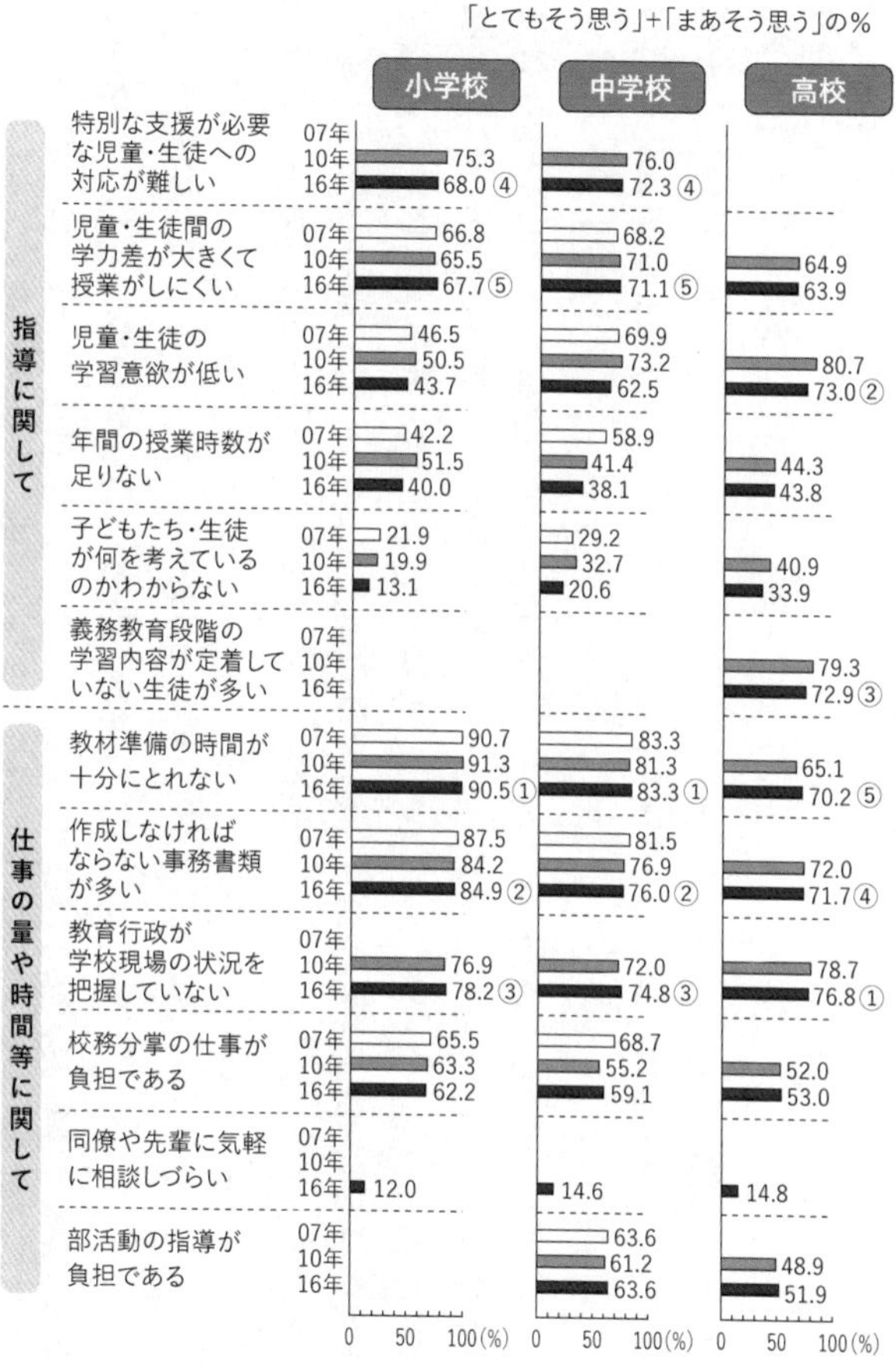


注）小・中・高校のそれぞれ上位5位までを①〜⑤と表示している。

出所）ベネッセ教育総合研究所「第6回学習指導基本調査 DATA BOOK」（2016年実施）

このデータを見ると、**小学校で約9割、中学校で約8割、高校で約7割が「教材準備に時間が十分にとれない」状態**と回答しています。また、**「特別な支援が必要な児童・生徒への対応が難しい」という悩みも小中学校の約7割**に上ります。「児童・生徒間の学力差が大きくて授業がしにくい」も小中高ともに6～7割になりますし、「児童生徒の学習意欲が低い」という悩みも中高の6～7割に上ります。

図2－11は、愛知教育大学等が2015年に教員向けに実施した、比較的規模の大きい調査の結果です。仕事の悩みとして**「授業の準備をする時間が足りない」と答えた教員は、小学校94・5%、中学校84・4%、高校77・8%**もいます。[40]**「仕事に追われて生活のゆとりがない」という教員も、小中高ともに7割前後**もいます。**「子どもが何を考えているのかわからない」という悩みも、小学校25・1%、中学校35・7%、高校39・6%**もいます。

調査時期や対象者は異なりますが、ベネッセの調査も愛知教育大学等の調査もおおむね似た結果を示しています。なお、ここでは割愛しますが、いくつかの教育委員会も教員向けに調査をしていますが、整合的な結果が出ています。[41]

40 前掲・愛知教育大学等（2016）。
41 拙著『「先生が忙しすぎる」をあきらめない――半径3mからの本気の学校改善』（教育開発研究所、2017年）でも紹介しています。

## 図2−11　教員の仕事の悩み・不満

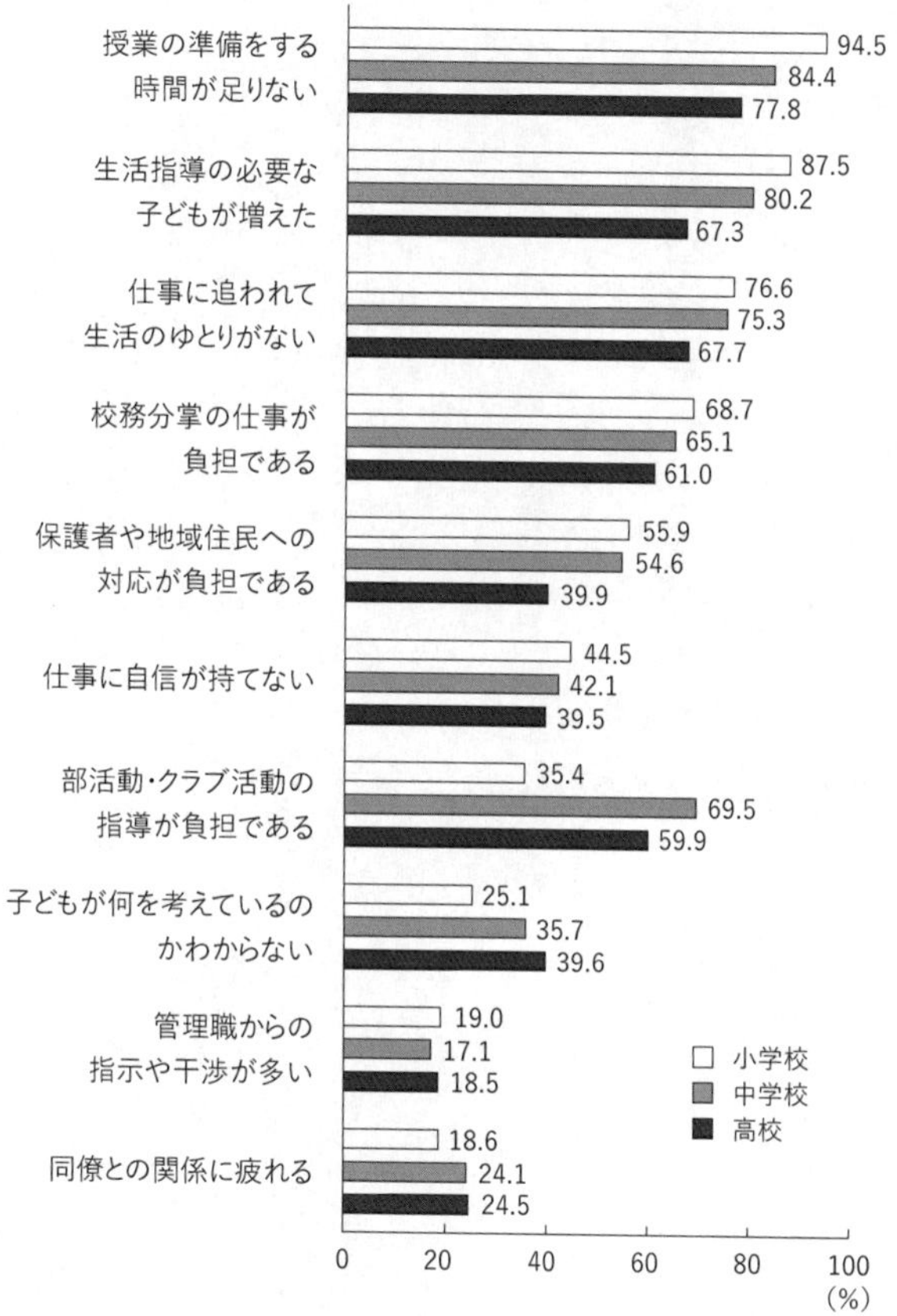


出所）愛知教育大学等「教員の仕事と意識に関する調査」（2015年実施）

ただし、アンケート調査を読むときには、いくらか注意は必要です。「あなたは、次のことを悩んでいますか?」と聞かれたら、教員に限らず、たいていの人は、多少は悩みや不満は抱えていますから、選択肢にチェックを入れます。そのあたりは割り引いて考える必要はあると思います。

とはいえ、8~9割もの先生が、教員の中核的な仕事である授業準備や教材研究に時間がないと回答し、また7割前後が生活にゆとりがないと言っているのは問題です。

読者のみなさんの職場等で、生活にゆとりがないという人はどれだけいますか? 7割は高いと思われるのではないでしょうか? また、4割近くの教員が児童生徒のことがわからない、理解できないと述べています。

**こんな状態で、はたしていい授業が行えるでしょうか。**

これは十分「ティーチャーズ・クライシス」と言ってよい状況にあると思われます。

## 日本の教育は「従順な羊」を育てているだけ

日本の教育で心配なのは、PISAや定期テスト、あるいは入試などのペーパーテストで測定できる「学力」や「能力」だけではありません。ホリエモンこと堀江貴文さんは、日本の学校教育についてこう述べています。[42]

（引用者注：学校教育が育てようとしているのは）一言で言えば、従順な家畜である。

社会は、とくに旧来型の企業では、従順な働き手を求めている。したがってその養成段階である学校で、子どもたちは道徳規範を叩き込まれ、学力という形で「従順さ」に点数がつけられていく。

受験のため、卒業のため、就職のため、どんな理不尽な勉強にも耐え、ひたすら情報処理能力を磨いていく。**そんな従順さの指標が、受験社会における「学力」だ。**

（強調は引用者）

日本の子どもたちの学力（とりわけ数学、科学）は世界的に見ても高いとしても、それは点数を取るため、受験に合格するために磨いてきたことであって、教師や親（あるいは塾）の言うことを従順に聞いてきた結果を示すものに過ぎない、という見方です。

実は似た話がなされているのは、日本だけではありません。米国のトップエリートについても、同じような意見を持つ識者がいます。元イェール大学教授のウィリアム・デレズ

42 堀江貴文（2017）『すべての教育は「洗脳」である』光文社新書 P21

ウィッツ氏は、アイビーリーグの名門大学の学生について、「優秀な羊」のようだと評し、こう述べています。[43]

> 頭がよく、才能に溢れ、意欲に満ちてはいるものの、その一方で、臆病で、不安を抱え、道に迷い、知的好奇心に乏しく、目的意識を失った学生たちだ。特権階級の柵のなかにとらわれ、おとなしくただみんなと同じ方向へ進む。すべきことは極めて優秀にこなすが、なぜそれをするのかはまったくわかっていない。

これらは堀江氏やデレズウィッツ氏の一面的な印象論や決めつけに過ぎないかもしれません。ですが、これまでの学校教育が弱かったところをうまくついている側面もあるのではないか、と私は感じます。

## 「世界一学ばない大人たち」を生んだ日本の教育

受動的な生徒は、はたして増えているのか。

身近な例で考えてみましょう。たとえば、「今日は宿題なしです」と先生が言うと、大喜びする子どもは多いですよね。部活動についても、顧問の先生が「今週末は休みにしよう」と言うと、喜ぶ生徒たちは多いです。生徒が自ら練習メニューや試合の戦術を考えて実行しているチームは少ないと思います（実は強豪校のなかには、生徒の自主性が高い例もあります。たとえば北海道伊達市立伊達中学校のサッカー部の事例）。

これらに見られるのは、教員の言うことを聞いておこうという従順さであり、主体性の弱さです。

データからもそのことは少し確認できます。前述のベネッセの教員向け調査によると、数年前と比べて、最近は「受け身的な児童・生徒」が増えたという回答は、小中高ともに5〜6割に上ります（図2－12）。「粘り強い思考力のある児童・生徒」「知的好奇心の旺盛な児童・生徒」は減ったという回答も相当数あります。

この調査は、教員の主観に基づくものではありますが、子どもたちの成績、評定を付けている教員の意見はある程度の説得力を持ちます。

さらには、国際成人力調査（PIAAC）という大人向けのOECD調査によると**「日本の生涯学習への参加率は低く、日本における成人の学ぶ意欲は、調査参加国中で最下位に近い」**と指摘されています（OECD Education Policy in Japan: Building Bridges towards 2030)。

43　ウィリアム・デレズウィッツ著、米山裕子訳（2016）『優秀なる羊たち――米国エリート教育の失敗に学ぶ』三省堂　P9

## 図2−12　児童・生徒の変化（数年前と比べて、最近の児童・生徒はどう変わってきていると思いますか）

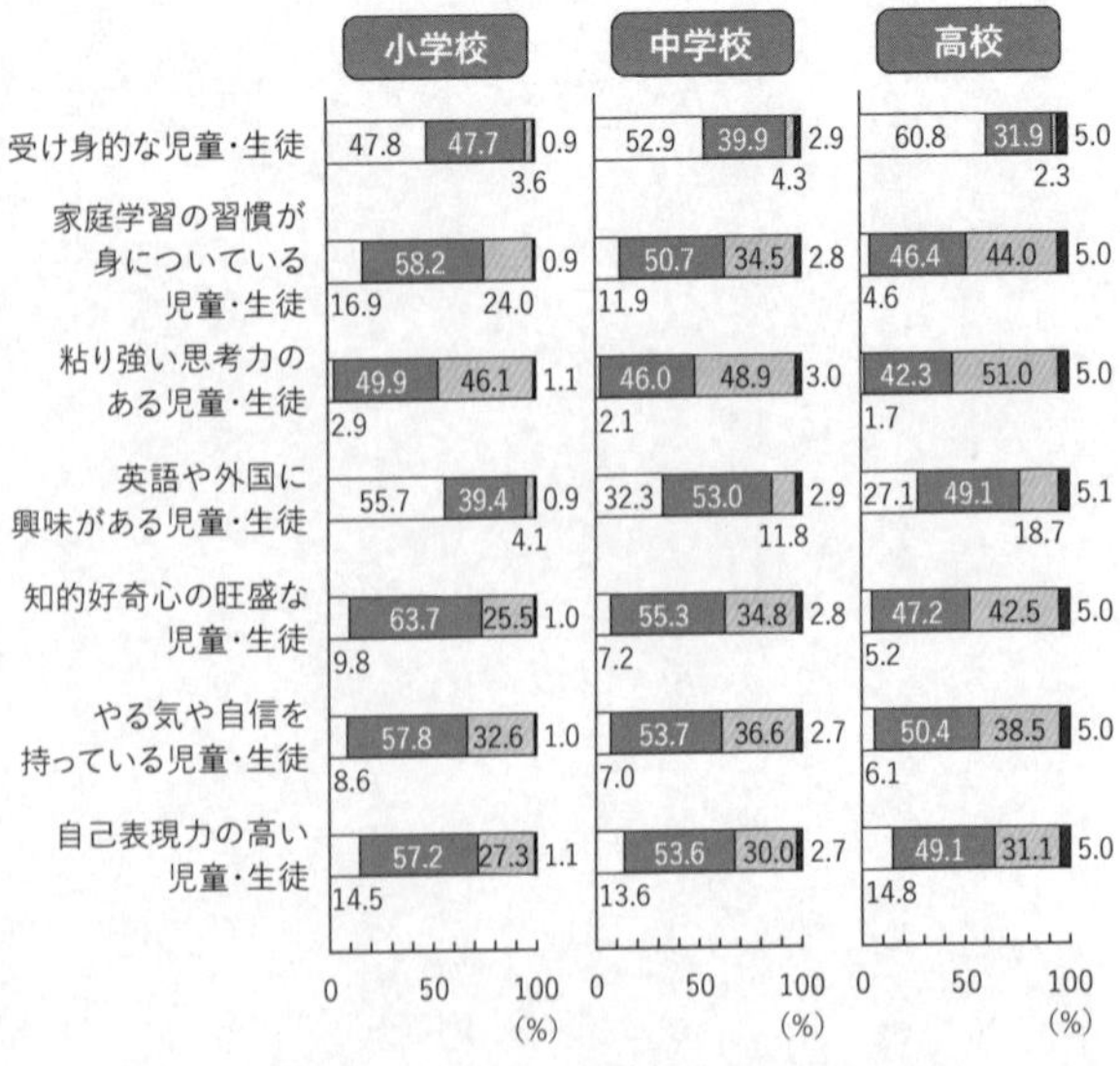


出所）ベネッセ教育総合研究所「第6回学習指導基本調査 DATA BOOK」（2016年実施）

大人になって、主体的に学び続けている人は少ないのです。もちろんこれを学校だけのせいにすることはできませんが、学校教育において、学び続ける力や好奇心を十分に育めていないということを示唆します。

堀江氏の「情報処理能力」だけは高いという話、デレズウィッツ氏の「目的意識」の欠如という指摘、あるいは教員向けの調査結果やOECDの問題提起、これらには共通点があります。

それは、**「他人から示されたゴールへ向かうこと、あるいは決められた作業をこなすのはうまいが、自分なりに考えたり目標設定したりする力が足りない」**ということです。

## 思考力や創造力を育てられない日本の教師

不安や危機感を煽るのが本書の主旨ではありませんが、事態はより深刻であることを共有しておきたいと思います。

それは、**「21世紀を生き抜いていく子どもたちに必要な力が高まる授業になっているか」**という点で、日本の教育、授業に大きな疑問符がつくという現実があるからです。

最近も、OECD国際教員指導環境調査（TALIS、2018年実施）で気になるデータが出ました。PISAは生徒向けの学力調査であるのに対して、TALISは教員向けに指導方法や効力感（手ごたえ）、ジェンダーなどを調査したものです。中学校教員の長時間労働がダントツの世界一という話をしましたが、その根拠となるデータを示した調査と同じものです。

朝日新聞は、この調査における中学校教員の結果について、こう報じています（2019年6月19日）。

> 深刻なのは、生徒たちが自ら考えるような授業をしているかどうかだ。「明らかな解決法が存在しない課題を提示する」は16・1％、「批判的に考える必要がある課題を与える」は12・6％で、参加国の中で最も低いレベル。社会で不可欠になっているICT（情報通信技術）の活用も17・9％にとどまる。

もう少し詳しく見てみましょう（図2－13）。紙幅の関係で、日本と同じく、生徒の学力が比較的高い国についてのみ、中学校教員の指導方法をピックアップして比べてみました。アメリカはそれほど学力が高いほうではありませんが、経済大国でイノベーションも盛んな国なので参照することにします。調査参加国平均などと比べるよりも、特定の国と

## 図2−13　中学校教員の指導方法

（「しばしば行っている」「いつも行っている」と回答した割合〈％〉）

| | 授業の始めに目標を設定する | 新しい学習内容と過去の学習内容がどのように関連しているか説明する | 明らかな解決法が存在しない課題を提示する | 批判的に考える必要がある課題を与える | 生徒を少人数のグループに分け、問題や課題に対する合同の解決法を出させる | 複雑な問題を解く際に、その手順を各自で選択するよう生徒に指示する | 新しい知識が役立つことを示すため、日常生活や仕事での問題を引き合いに出す | 完成までに少なくとも一週間を必要とする課題を生徒に与える | 生徒に課題や学級での活動にICT（情報通信技術）を活用させる |
|---|---|---|---|---|---|---|---|---|---|
| 日本 | 84.3 | 63.1 | 16.1 | 12.6 | 44.4 | 24.9 | 53.9 | 11.1 | 17.9 |
| エストニア | 84.7 | 84.5 | 16.4 | 46.2 | 39.5 | 29.0 | 68.2 | 14.4 | 45.6 |
| フィンランド | 64.2 | 72.9 | 34.5 | 37.2 | 42.3 | 26.3 | 68.2 | 22.4 | 50.7 |
| 韓国 | 81.5 | 86.3 | 38.1 | 44.8 | 59.2 | 50.8 | 82.1 | 31.4 | 29.6 |
| 上海 | 97.7 | 93.4 | 43.7 | 53.3 | 70.0 | 67.4 | 91.7 | 20.8 | 24.3 |
| シンガポール | 81.9 | 80.5 | 35.3 | 54.1 | 44.9 | 36.3 | 70.9 | 34.3 | 42.8 |
| アルバータ（カナダ） | 79.8 | 86.5 | 31.8 | 76.0 | 56.7 | 54.9 | 74.6 | 44.0 | 65.7 |
| アメリカ合衆国 | 84.5 | 87.7 | 27.6 | 78.9 | 59.7 | 45.9 | 71.3 | 33.0 | 60.1 |
| OECD31か国平均 | 80.5 | 83.9 | 33.9 | 58.1 | 50.1 | 44.5 | 73.7 | 28.6 | 52.7 |
| TALIS参加48か国・地域平均 | 83.4 | 86.2 | 37.5 | 61.0 | 52.7 | 47.0 | 76.7 | 30.5 | 51.3 |

出所）OECD・TALIS2018をもとに作成

比べたほうが、日本の課題をより鮮明にしてくれます。

日本の中学校教員については、「授業の始めに目標を設定する」という項目は高い（諸外国並み）のに対して、ほかの項目では、他の学力上位国よりも低い傾向が目立ちます。

先ほども指摘されていた「明らかな解決法が存在しない課題を提示する」「批判的に考える必要がある課題を与える」に加えて、「完成までに少なくとも一週間を必要とする課題を生徒に与える」などは、比べる国によっては、**日本は20ポイント前後もビハインド**しています。

これは、子どもたちの思考力を高め、自ら考え、取り組むことが、日本の中学校では弱いことを示唆します。さらに、「生徒に課題や学級での活動にICT（情報通信技術）を活用させる」も日本は最低です。

なお、小学校教員向けのTALISは、中学校教員向けと比べて参加国が少ないのですが、日本は外国と比べて、上記の指摘と似た傾向がありました。たとえば、「批判的に考える必要がある課題を与える」を「しばしば」「いつも」行っていると回答したのは、日本は11・6％であるのに対して、韓国は47・1％、オランダは58・3％などと大差があります。

こうした割合は、「ほとんどなし」「時々」「しばしば」「いつも」の４択から選んだもののうち、「しばしば」「いつも」の合計値で、日本の先生たちは「時々」にチェックした人も相当いるので、まったくやっていないというわけではありません。とはいえ、学力上位国等では、批判的思考力や協働的な問題解決力を高める工夫を頻繁に行っているのに対して、日本では弱いことが示されています。

「ガラパゴス化」という表現がされることがあります。ガラパゴス諸島の生物（イグアナ、ゾウガメなど）のように、外界から隔離された環境のなかで、独自に進化した結果、国際的な潮流からは取り残されてしまっていることを指す言葉です。ＴＡＬＩＳの結果からは、どうも**日本の教育が「ガラパゴス化」している**可能性が高いのではないかと推測できます。

数学や科学の学力テストで世界トップクラスだからといって、これでは安心していられません。

なお、断言はできませんが、日本企業のイノベーション力や労働生産性が他の先進国よりも低いことの背景には、こうした学校教育での弱さが多少なりとも影響しているのかもしれません。

## 指導の「手ごたえ」を教師自身も感じていない

同じくTALISの調査で、教員の指導全般に関する効力感を尋ねたものもあります。正式には「自己効力感」という日本語になっていますが、「手ごたえ」「自信」と表現したほうがしっくりくるかと思います。調査票の質問は、「あなたの指導において、以下のことは、どの程度できていますか」というものです。図2－14では、主だった国の状況を、教員経験が5年以下かどうかで分けて整理しました。日本の中学校教員の特徴として、主に次の2点が重要です。

第一に、他の学力上位国と比べて、**指導全般への手ごたえ、自信はとても低い**傾向があります。とりわけ、「勉強にあまり関心を示さない生徒に動機付けをする」「生徒の批判的思考を促す」「生徒がわからない時には、別の説明の仕方を工夫する」などが低いことが気になります。

PISAの最新結果からも、日本では、読解力等の低学力層の底上げが不十分であること、子どもたちの批判的思考力が育っていないことが示唆されましたが、TALISの結

## 図2−14　中学校教員の自己効力感、指導全般の手ごたえ
### （「かなりできている」「非常に良くできている」と回答した割合）

| | 生徒に勉強ができると自信を持たせる | | | 学級内の秩序を乱す行動を抑える | | | 秩序を乱す、又は騒々しい生徒を落ち着かせる | | | 生徒のために発問を工夫する | | |
|---|---|---|---|---|---|---|---|---|---|---|---|---|
| | (a) | (b) | (b)-(a) | (a) | (b) | (b)-(a) | (a) | (b) | (b)-(a) | (a) | (b) | (b)-(a) |
| 日本 | 12.3 | 27.1 | 14.8 | 41.6 | 64.9 | 23.3 | 43.4 | 64.1 | 20.6 | 40.9 | 53.5 | 12.6 |
| エストニア | 89.9 | 89.5 | -0.4 | 77.5 | 81.1 | 3.6 | 74.6 | 74.5 | -0.1 | 77.6 | 78.9 | 1.3 |
| フィンランド | 85.4 | 84.7 | -0.7 | 74.1 | 84.4 | 10.2 | 68.1 | 77.7 | 9.6 | 88.1 | 91.4 | 3.4 |
| 韓国 | 88.4 | 88.0 | -0.4 | 76.6 | 83.6 | 7.0 | 74.3 | 80.9 | 6.6 | 80.0 | 88.3 | 8.3 |
| 上海 | 82.6 | 87.2 | 4.6 | 86.8 | 92.6 | 5.8 | 86.9 | 93.2 | 6.3 | 87.2 | 90.6 | 3.4 |
| シンガポール | 81.6 | 87.7 | 6.1 | 75.4 | 82.0 | 6.6 | 77.5 | 79.8 | 2.4 | 79.3 | 87.6 | 8.3 |
| アルバータ（カナダ） | 83.8 | 89.5 | 5.6 | 83.4 | 88.3 | 4.9 | 76.1 | 87.2 | 11.0 | 79.8 | 90.9 | 11.0 |
| アメリカ合衆国 | 78.5 | 84.2 | 5.6 | 77.5 | 85.7 | 8.2 | 74.7 | 81.0 | 6.2 | 83.0 | 86.7 | 3.7 |
| OECD 31か国平均 | 83.7 | 85.9 | 2.2 | 77.8 | 87.1 | 9.3 | 77.5 | 84.9 | 7.4 | 84.5 | 88.3 | 3.7 |
| TALIS 参加48か国・地域平均 | 84.5 | 86.7 | 2.3 | 79.4 | 87.6 | 8.3 | 79.7 | 86.1 | 6.4 | 86.2 | 89.3 | 3.1 |

| | 勉強にあまり関心を示さない生徒に動機付けをする | | | 生徒の批判的思考を促す | | | 生徒がわからない時には、別の説明の仕方を工夫する | | | デジタル技術の利用によって生徒の学習を支援する（タブレット、電子黒板等） | | |
|---|---|---|---|---|---|---|---|---|---|---|---|---|
| | (a) | (b) | (b)-(a) | (a) | (b) | (b)-(a) | (a) | (b) | (b)-(a) | (a) | (b) | (b)-(a) |
| 日本 | 23.0 | 32.5 | 9.4 | 18.0 | 26.3 | 8.3 | 55.5 | 64.9 | 9.5 | 41.3 | 33.4 | -7.9 |
| エストニア | 74.0 | 80.2 | 6.3 | 79.8 | 82.8 | 3.0 | 88.0 | 83.7 | -4.4 | 57.6 | 52.3 | -5.4 |
| フィンランド | 54.6 | 62.0 | 7.4 | 70.2 | 76.6 | 6.4 | 80.5 | 79.4 | -1.0 | 56.5 | 57.4 | 0.8 |
| 韓国 | 57.8 | 69.0 | 11.1 | 70.1 | 77.8 | 7.7 | 87.3 | 90.4 | 3.1 | 67.5 | 71.5 | 4.0 |
| 上海 | 77.0 | 85.6 | 8.6 | 79.5 | 86.0 | 6.5 | 92.8 | 93.0 | 0.1 | 68.4 | 73.9 | 5.5 |
| シンガポール | 65.1 | 76.7 | 11.5 | 71.9 | 78.8 | 6.9 | 90.2 | 91.0 | 0.8 | 61.1 | 63.8 | 2.7 |
| アルバータ（カナダ） | 53.1 | 67.2 | 14.1 | 82.5 | 88.6 | 6.1 | 92.9 | 97.1 | 4.2 | 77.4 | 75.7 | -1.7 |
| アメリカ合衆国 | 66.8 | 63.5 | -3.3 | 80.1 | 79.3 | -0.8 | 89.2 | 93.5 | 4.3 | 65.3 | 70.5 | 5.2 |
| OECD 31か国平均 | 64.1 | 69.3 | 5.2 | 77.1 | 81.5 | 4.4 | 90.8 | 92.4 | 1.6 | 67.7 | 66.6 | -1.2 |
| TALIS 参加48か国・地域平均 | 68.3 | 73.0 | 4.7 | 78.9 | 82.9 | 4.1 | 91.5 | 93.0 | 1.5 | 67.2 | 66.6 | -0.6 |

※ (a)=経験5年以下の教員　(b)=経験5年を超える教員

出所）OECD・TALIS2018をもとに作成

果からは「さもありなん」という印象を受けます。[44]

第二に、**教員経験5年以下の人は、手ごたえ、自信がとても低い**です。デジタル技術の活用という設問を除いて、5年以下と5年超のあいだには10～20ポイント近く差がありま す。

若手の状況は他国の傾向と比べても大きな差です。日本では「学級内の秩序を乱す行動を抑える」「秩序を乱す、又は騒々しい生徒を落ち着かせる」は苦手意識がある人もかなりいるようですし、「勉強にあまり関心を示さない生徒に動機付けをする」「生徒の批判的思考を促す」については、約2割しか、自信を持てていません。

取り立てて日本の若手教員等が謙虚である（自己評価が厳しめ）という証拠などがないかぎり、**採用、育成上の問題があるのではないか**、と推測するのが合理的かと思います。第1章の分析結果とも整合的な内容です。

## 半数の教師が「創造力」「批判的思考力」を指導する自信がない

少しくどくなりますが、授業への手ごたえについて、筆者も独自に調査を行いました。設問は「通常の日の授業について、あなたはどの程度できていると感じますか。研究授業や授業参観のときを除きます」というものです。

結果は図2－15のとおりです。あくまでも教員の自己評価であり、同じクラスのなかでも基礎が定着している児童生徒とそうではない子もいるので、一概に答えるのは難しい設問ではありますが、「基礎的な知識、技能」を高めることについては、「どちらかといえば、できている」が大半を占める一方、「どちらかといえば、できていない」も2割前後に上ります。

さらに「知的好奇心」「協働して問題解決にあたる力」を高めることについては、3～4割がネガティブな回答をしています。「批判的思考力」「創造力、クリエイティビティ」を高めることにいたっては、半数以上の教員が自信を持てていません。

また、Adobe社が2017年に行った調査によれば、「現在の教育課程では、『創造的問題解決能力』がどの程度重視されているか」について、日本の教員も教育政策関係者

44 もっとも、この設問も「全くできていない」「いくらかできている」「かなりできている」「非常に良くできている」の4択で、後者の2つにチェックした割合を比べているので、「いくらかできている」と回答した人のぶんはカウントされていないことには注意してください。

## 図2−15 【教員向け調査】日々の授業での手ごたえ

(1)児童生徒の基礎的な知識、技能を高めることについて

| | 回答者数 | たいへんよくできている | どちらかといえば、できている | どちらかといえば、できていない | まったくできていない |
|---|---|---|---|---|---|
| 小学校 | 303 | 4.3% | 68.3% | 25.4% | 2.0% |
| 中学校 | 183 | 9.3% | 73.8% | 14.8% | 2.2% |
| 高校 | 194 | 5.7% | 73.7% | 18.6% | 2.1% |

(2)児童生徒の知的好奇心を高めることについて

| | 回答者数 | たいへんよくできている | どちらかといえば、できている | どちらかといえば、できていない | まったくできていない |
|---|---|---|---|---|---|
| 小学校 | 304 | 4.9% | 64.1% | 28.3% | 2.6% |
| 中学校 | 184 | 5.4% | 66.3% | 25.0% | 3.3% |
| 高校 | 194 | 5.7% | 53.6% | 36.1% | 4.6% |

(3)児童生徒の批判的思考力を高めることについて

| | 回答者数 | たいへんよくできている | どちらかといえば、できている | どちらかといえば、できていない | まったくできていない |
|---|---|---|---|---|---|
| 小学校 | 303 | 1.3% | 35.6% | 55.8% | 7.3% |
| 中学校 | 184 | 3.3% | 40.8% | 50.5% | 5.4% |
| 高校 | 194 | 2.6% | 38.7% | 50.5% | 8.2% |

(4)児童生徒の創造力、クリエイティビティを高めることについて

| | 回答者数 | たいへんよくできている | どちらかといえば、できている | どちらかといえば、できていない | まったくできていない |
|---|---|---|---|---|---|
| 小学校 | 303 | 1.0% | 42.9% | 49.5% | 6.6% |
| 中学校 | 184 | 6.0% | 42.4% | 44.6% | 7.1% |
| 高校 | 194 | 3.6% | 33.5% | 52.1% | 10.8% |

(5)児童生徒が協働して問題解決にあたる力を高めることについて

| | 回答者数 | たいへんよくできている | どちらかといえば、できている | どちらかといえば、できていない | まったくできていない |
|---|---|---|---|---|---|
| 小学校 | 302 | 7.0% | 59.9% | 29.1% | 4.0% |
| 中学校 | 183 | 9.8% | 50.0% | 33.9% | 3.3% |
| 高校 | 194 | 4.1% | 45.4% | 41.8% | 8.8% |

注)中等教育学校はサンプル数が少なく、高校に含めて集計した。

出所)妹尾昌俊「教職員の学びと勤務についての調査」(2019年12月〜20年1月)

も、約半数が「あまり重視されていない」と感じています。[45]

さらに、「『創造的問題解決能力』のアプローチ法は現在の学校のカリキュラムで頻繁に使われているか」について「しばしば使われている」と回答したのは、小中高の教員は5%、大学等の教員で10%しかいませんでした。

## 日本の授業は「忖度する主体性」を育てているだけ？

先ほど、日本の学校教育は「ガラパゴス化」しつつあると述べましたが、教育政策の方向性自体は世界的な潮流とフィットしている部分も多いです。[46]

小学校では、新しい学習指導要領がいよいよ2020年4月からスタートしましたが、指導要領では、「学びに向かう力」「主体的・対話的で深い学び（いわゆるアクティブ・ラーニング）」などがキーワードとなっていて、ほとんどの教員がそうした言葉を知っています。

45 Adobe（2018）「学校現場における『創造的問題解決能力』育成に関する調査」。回答した教員は、初等・中等・高等教育機関で教職についている者でN＝400。教育政策関係者は、政府・官公庁・行政機関・政党や民間シンクタンクなどで教育政策に関与している者でN＝100。

46 OECDのレポート（Education Policy in Japan: Building Bridges towards 2030）、OECD教育・スキル局のアンドレアス・シュライヒャー局長の日本向け講演など（2019年9月7日）。

つまり、子どもたちの主体性や批判的思考力、好奇心、創造性などを大事にする教育になろうとしています。しかし、問題はお題目でなく、日々の授業等の中身です。紹介したＴＡＬＩＳや著者の独自調査等からは、授業実践や指導全般において、かなり課題の多い実態が見えてきます。

関連して、今後の大学入試改革のなかでは「主体性を持って多様な人々と協働して学ぶ態度」を評価しようという動きがあります。成績や部活動、ボランティア活動などを記載した調査書を点数化する大学も出てきています。[47] いま、高校教育の現場では、そのための準備、記録づくりに大忙しです。

ところが、これも中身を伴ったものになっているのでしょうか。教育社会学者の苅谷剛彦教授は、最近のインタビューでこう答えています。[48]

> 文部科学省が掲げる「主体性」は何を意味するのか、非常にあいまいです。（中略）批判や対立を恐れず、違う意見を出し合うことが重要で、そこを教える側や、政策立案者がきちんと理解しなければ、有意義な形で「主体性」が教育の場に広がらない。どんな「主体性」をつくろうとしているのか。その点が、きちんと議論されてい

ないことを懸念しています。教員の世界にもその意味での批判的思考力が備わっているのか、疑問です。

日本では、ただでさえ「同調圧力」が強い。特に学校という場はそうです。その中で、先生が求める方向や、多くの生徒の「空気」を読んで積極的に発言する生徒が「主体的」と評価されるのなら、それは「忖度《そんたく》する主体性」にしかなりません。それは統治する側からみると、一番便利な「主体性」です。

**「忖度する主体性」**とは言い得て妙です。入試で有利になるためにボランティアをしましたなどと「主体性」があるかのように見せるのは、はたして「主体性」が高いと言えるのかなど、疑問は尽きません。「従順な羊」を育てているという指摘にも合致する話です。

## このままでは日本の子どもに「創造性」は身につかない

もちろん、現実には学校や教員ごとに程度の差はありますが、全体的な傾向として、子

47 ただし、萩生田光一文部科学相は、2020年度の大学入試改革で各大学に求めている受験生の主体的に学ぶ態度の評価について、方法を見直す考えを示しており、今後の行方は未確定です(日本経済新聞2020年2月21日)。

48 「【苅谷剛彦】教育改革にひそむ『主体性』『平等主義』という名の落とし穴」朝日新聞GLOBE+　2020年2月29日

## 図2−16　生徒に身についている力（中学校教員）

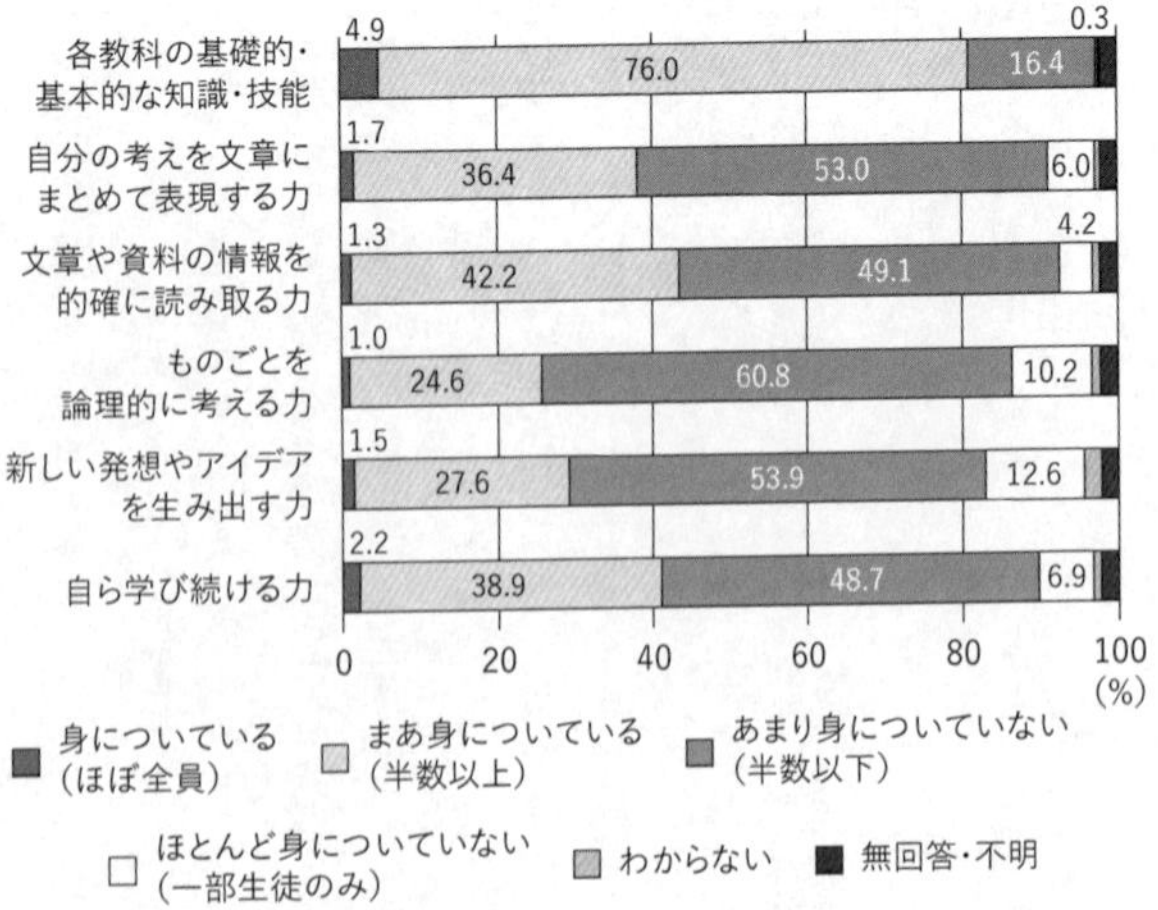


出所）ベネッセ教育総合研究所「第6回学習指導基本調査 DATA BOOK」（2016年実施）をもとに作成

どもたちの思考力や主体性を高めるような授業の工夫は弱く、知識を教えることや周りとの協調性を重視する、昔ながらの授業のままである可能性が高いところも多い、と考えられます。

　そうした結果、日本の子どもたちはどうなっているのでしょうか。

　図2－16は、前述のベネッセの調査で、中学校教員の回答結果です（2016年実施）。生徒に身についている力として「各教科の基礎的・基本的な知識・技能」については肯定的な回答が多いものの、「ものごとを論理的に考える力」「新しい発想やアイデアを生み出す力」「自ら学び続ける力」な

どでの肯定的な回答は3～4割程度にとどまります。同じ質問を高校の教員にもしていますが、似た傾向を示しています。

また、Adobe社が日本、米国、英国、オーストラリア、ドイツのZ世代（日本は12～18歳、外国は11～17歳）に調査したところ、他の国では4～5割が自分たちは「創造的」であると答えたのに対して、日本の子ども・若者ではわずか8％でした。[49]

AI時代を生きる子どもたちは、このままで大丈夫でしょうか？

## 教師のほとんどは「授業を流している」!?

前述のとおり、学習指導要領の理念や方向性としては、明後日の方向にいっているというわけでもないようです。

では、日本の学校で、子どもたちの思考力やクリエイティビティが伸びるような授業が外国と比べてもあまりできていないのだとすれば、その理由はどこにあるのでしょうか。

教員の質の問題もあるかもしれません。もともと同調圧力が高く、周囲の空気を乱しか

49　Adobe「アドビ調査：Z世代の生徒と教師はクリエイティビティが成功の鍵と考えている」2016年10月28日
Adobe「アドビ、日本のZ世代に関する意識調査結果を発表」2017年6月29日
回答数は日、英、豪、独は約500人、米は約1000人。

ねない、批判的思考力や主体性が好まれない風土で育った日本の教師たちは、従順さを重視する教育を再生産してしまう可能性もあります。「ブラック校則」などの問題や、ともすれば規律ばかりを重んじる学校行事（運動会での行進、卒業式などで〝ありがとう〟を強要する呼びかけ等）も、根は共通していると思います（第4章）。

加えて、問題視したいのは、思考力や創造性が高まる授業や行事にしようとするなら、教員に準備する時間や自ら学ぶ時間が相当必要だろう、ということです。ところが、「はじめに」や本章の前半で紹介したように、そんな余裕、ゆとりが日本の学校からは消えつつあります。

私が独自に調査した「教職員の学びと勤務についての調査」のなかで、「通常の日について、教材研究や授業準備が足りず、**〝流すような〟授業になっている**と感じることはありますか」と尋ねました。〝流すような〟授業という表現は、感覚的ではありますが、準備不足で十分練られないまま、適当に過ごす授業、深い学びにつながらない授業をイメージしています。

結果は図2－17のとおりです。**「ほとんどない」という回答は、小学校教員では約1割、**

## 図2−17 【教員向け調査】流すような授業になっているか

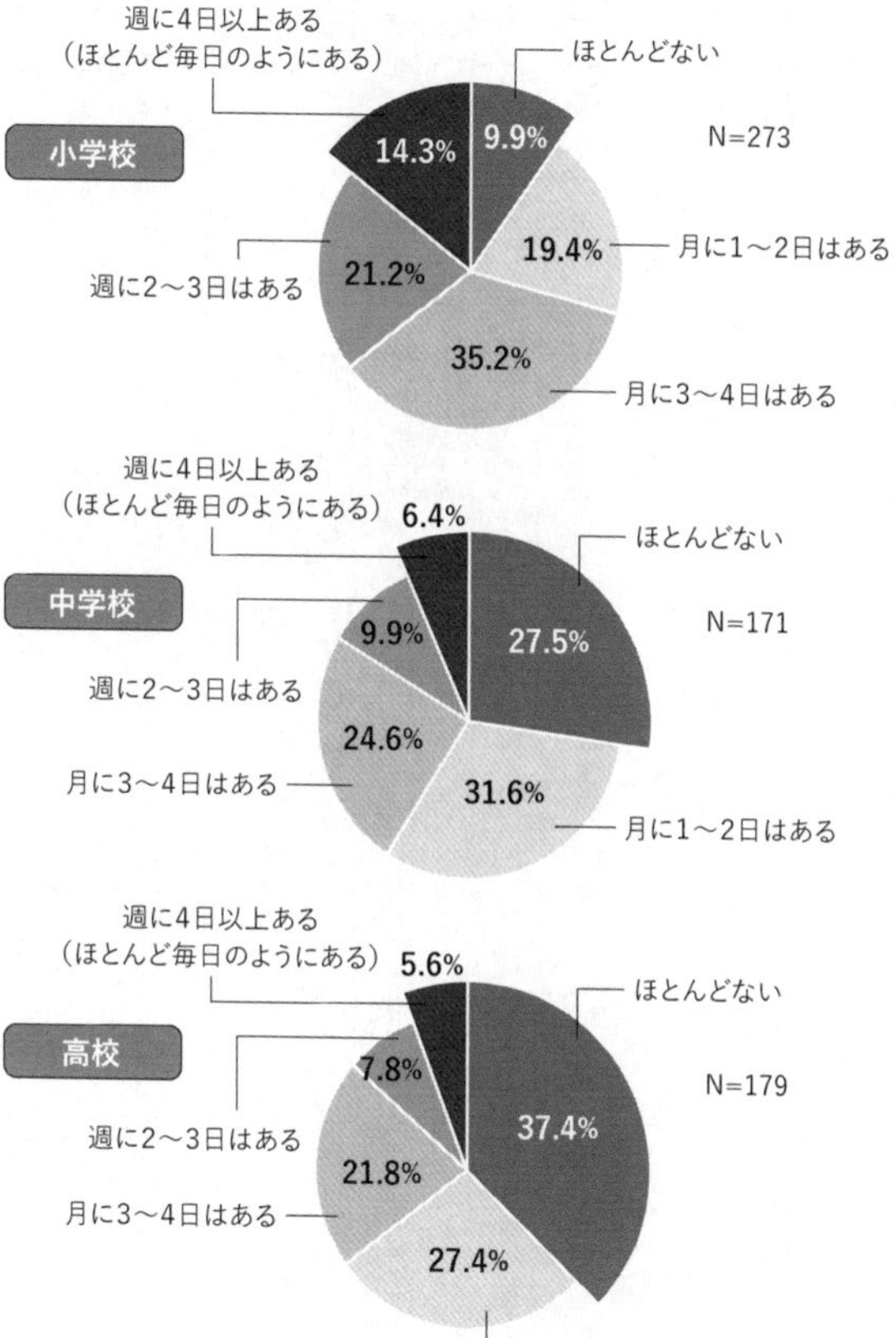


注）中等教育学校はサンプル数が少なく、高校に含めて集計した。

出所）妹尾昌俊「教職員の学びと勤務についての調査」（2019年12月〜20年1月）

**中学校教員は3割弱、高校教員は4割弱に過ぎません。**小学校では、月3日以上そう感じる日がある人は、小学校で約7割、中高で4割近くに上ります。小学校では、「ほとんど毎日のようにある」という人も約14％います。

小学校では、中高とちがって、ひとりの担任が十教科近くも担当しますし、受け持つ授業数も多いので（第6章）、授業準備不足にはなりやすいです。

「たまにはそういうときもあるだろう」とは共感（同情？）しますが、先生たちの最も重要な時間は授業であり、先生は授業のプロであるはずです。

これでは、子どもたちの好奇心や思考力、創造性を高める授業等になることは期待薄かもしれません。

## 第2章のまとめ

○日本の子どもの学力は、数学、科学はトップクラスだが、読解力に不安が見られ、低学力層が増えている。
○日本の教育環境においては、公的資金の額の少なさ、教師の労働時間の長時間化が懸念されている。
○たとえペーパーテストの点数が高くても、従順で情報処理力が高いだけかもしれない。さまざまな調査からは、日本の教師が子どもたちの好奇心や創造性、思考力を高められていない現実がわかる。

第3章

クライシス3

# 失われる先生の命

## 長時間労働、うつ病の増加、死と隣り合わせの学校現場

## 2年目の教師が、なぜ過労死しなければならなかったのか？

２０１１年６月６日（月）午前１時頃、堺市立中学校に勤務する26歳の前田大仁（ひろひと）さんが１人暮らしの自宅アパートで突然亡くなりました。[50] **採用２年目の若すぎる死**、虚血性心疾患でした。

「出会えてよかったと思ってもらえる教員になりたい」。亡くなる直前の春、前田さんは、堺市教育委員会の教員募集ポスターやパンフレットに取り上げられ、思いを語っていました。

前田さんの死後、授業のプリントやほぼ毎週発行していた「学級通信」が家族に戻されました。プリントには写真や自筆のイラストがふんだんに盛り込まれていました。「温かみが伝わる」と前田さんは手書きにこだわっていました。

前田さんは、経験のないバレー部の顧問を務めていましたが、部員に的確な指導をしたいと専門書を読み込み、休日にはバレー教室に通っていました。

倒れる前までの６か月間の時間外勤務は月60～70時間前後と過労死認定基準に満たない時間しか認められませんでしたが、「相当程度の自宅作業を行っていたことが推認される」として、地方公務員災害補償基金は、２０１４年に公務上の過労死として認定しました。

教育方法などを相談されていたお姉さんはこう話しています。

弟は熱血教師だった。使命感と責任感が強かったため、担任と顧問の両方を任されたのかも知れないが、わずか2年目の未熟な教師でもあったと思う。**学校全体でサポートしてもらえていたら、死を避けられたかもしれない。**

## 次々と失われていく「先生たちの命」

「はじめに」でも、西東京市のSさんの自殺について触れました。

同じ東京都について見ると、新宿区立小学校の新任女性教師（23歳）が2006年6月に自殺しています。2年生の担任として着任してわずか2か月後に亡くなりました。

この先生は午前1時過ぎまで授業準備でパソコンに向かい、そのままソファで眠る日が続くほど多忙を極めていました。ある保護者から「子どものけんかで授業がつぶれているのが心配」「結婚も子育ても未経験」などの指摘を受けたり、校長から「親が『あの先生

50 松丸正「運動部顧問の教師、長時間勤務の下での過労死」『季刊 教育法』2016年6月号
朝日新聞「堺市立中・26歳の熱血先生、命削った　残業や部活……過労死認定」2015年3月5日

は信頼できない』と言っている」と伝えられたりしたことも重なり、「強度の精神的ストレスが重複または重積する状態」にありました。そのことで自殺に至ったとして、2010年、地方公務員災害補償基金都支部審査会は、公務災害と認める裁決をしました。

裁決では、学年が1クラスで、相談できる同僚がいなかったことや、担任6人のうち4人が異動で替わったばかりで相談しづらい状況だったことをあげ、支援が「不十分」だったと指摘しています。遺書には「無責任な私をお許し下さい。すべて私の無能さが原因です」と書かれていました。

静岡県磐田市立小学校の新任教諭、木村百合子さん（女性、24歳）は、2004年9月、自家用車に火をかけ自殺しました。木村さんは、担任した4年生のクラスで、4月当初から指導の難しい子（N君）の暴言や教室飛び出しの対処に苦しみました。研修主任等からは、「お前の授業が悪いからNが荒れる」などの叱責を受けたといいます。

この件も裁判になっています。地裁判決では、経験の浅い木村さんがクラス運営に「苦悩しながらもできる限りの努力や責任感を持って対応した」ことを認め、困難を極めた児童への指導では「新規採用教諭に対し高度の指導力を求めること自体が酷」と認定し、新採教諭に対して**「十分な指導が行われていたとは到底認められない」**としました。高裁でも公務災害が認められました。

こうつらい話が続くと、本書を閉じてしまう人も多いかもしれませんが、あと少しだけ紹介します。

福井県若狭町立中学校の新任教師、嶋田友生さん（男性、27歳）は採用されてから半年後の2014年の10月、自分の車内で練炭自殺しました。

嶋田さんは採用される前に講師経験がありましたが、報道によると、講師時の中学校と当時の勤務校との授業スタイルや指導方法の違いに悩んでいた様子でした。

嶋田さんは1年生の学級担任や社会と体育の教科指導をしながら、野球部の副顧問として指導にあたっていました。週末も野球部の練習などがあり、休みは月2、3日ほどしかありませんでした。使用していたパソコンなどの記録から、4～9月の時間外業務は各月128～169時間に上ったと見られています（8月を除く）。[51] ある生徒をめぐっての保護者対応でも苦心しており、5～7月のあいだにこの保護者とは4回も面談におよびました。6月に精神疾患を発症したと見られており、2016年に公務災害と認定されました。

51　後述する福井地裁での判決文を参照。なお、これらの残業時間は、1日45分の休憩時間を控除した数字です。実際は休憩を取れていなかった可能性が高いため、時間外勤務時間はもっと長かった（月10～15時間程度プラス）可能性が高いと思われます。

た。

嶋田さんは中学時代から日記を欠かさず付けていました。この年の5月13日には**「今、欲しいものはと問われれば、睡眠時間」**「地獄だ。いつになったらこの生活も終るのだろう」と綴られており、この時点で相当追い詰められていたことが窺えます。6月20日の日記には「生徒A母との面談を19：00より行う。どう話しても、烈火のごとく反撃がくるので、もう完全にお手上げだ。こりゃ担当降ろしの書名（ママ）も夢ではないような気がしてきた。あまりに疲れて考える気力もわかない。」とあり、業務量の多さと長時間労働に加えて、保護者対応などをめぐるストレスがとても高かったことがわかります。繰り返しますが、1年目の先生の話です。加えて、嶋田さんの父親は、「校長を退職した指導教員によるパワハラもあったのではないか。息子の日記にも、思いきり絞られた、との記述もある」と述べています[52]。

日記の最後には「疲れました。迷惑をかけてしまいすみません」と書かれていました。

## 同じ過ちを繰り返し続ける学校現場

**「クライシス3．失われる先生の命」**。この現実を語る例はほかにもたくさんありますが、読者のみなさんにはもう十分実感いただけたと思います。

私がとても悲しく、重く感じるのは、**たいへん似通った過労死や過労自殺が立て続けに起きている**という事実です。

- 新人なのに重い責任を負わされ、周囲のサポートが少なかった。
- 校長や指導者役が新人等を精神的に追い詰めてしまっている。
- 保護者等の理不尽な要求や、特別な支援が必要な子へのケアで悩み苦しんでいる。
- 授業準備に加えて、部活動、事務、学級運営など、さまざまな仕事が重くのしかかった結果、長時間労働が続き、体や心を壊すほどになっている。

もういい加減、私たちは、尊い命が失われたことの教訓を学ばなければならない、と思います。

52　その後、遺族が県と町を訴えて裁判になりました。嶋田さんが自殺したのは、校長が過重な勤務を軽減するなどの措置を取らなかったためだとして（専門用語になりますが、校長の安全配慮義務違反を認定し）、福井地裁は２０１９年７月、県と町に約６５００万円の損害賠償の支払いを命じました。

## 「電通事件より過酷」な長時間労働の蔓延

もしかすると、「過労死や過労自殺といっても、ほんの一部に過ぎないのではないか」「一部の例を大げさに騒ぎ立てているのでは」と思われる方もいるかもしれません。

ところが、これまで紹介したような悲しい物語は、全国どこの学校に起きても不思議ではありません。なぜなら、**大勢の教師が過労死ラインという危険水準を超えて働いているという事実がある**からです。

最も信頼できるデータが文部科学省「教員勤務実態調査」（２０１６年実施）です。これは、小学校４００校と中学校４００校の先生に、10～11月のある１週間のあいだ、30分ごとにどんな業務に従事したか逐一記録をしてもらったものです。

普通の調査は、「先週（あるいは先月）、何時間くらい働きましたか？」といった記憶に頼るものです[53]。しかし、この教員勤務実態調査は、記録に基づいています。記憶よりも記録が正確なのは言うまでもありません。

この調査によると、小学校教諭の33・４％、中学校教諭の57・７％が週60時間以上勤務、つまり月80時間以上の時間外労働をしており、これは過労死リスクが高まる過労死ラインを超えています（1日8時間勤務で週5日、40時間労働に対し、週20時間以上時間外勤務がある計算）。

しかも、このデータは学校内にいる時間についてのみの数字です。実労働時間としては、自宅等への持ち帰り残業を加えて考えたほうがよいでしょう。実際、堺市の事例のように、自宅残業等が長いケースもあるからです。

公表されているデータは平均値しかないのですが、1週間に小学校は約5時間、中学校は約4時間の持ち帰り残業があるというデータもあります。

したがって、週55～60時間労働の人でも、実際には週60～65時間働いている可能性が高いと言えます。こう考えると、実質的に週60時間以上勤務の**過労死ラインを超える人の割合は、小学校教諭の57・8%、中学校教諭の74・2%**にも上ります（図3－1）。

同じように計算すると、月120時間以上残業（週65時間以上勤務、持ち帰り残業も考慮）という、過労死ラインをはるかに超えて働く教員は小学校で17・1%、中学校で40・7%にも上ります。

2016年、電通の新入社員だった高橋まつりさんの自殺が過労死認定されたことは、

53　OECDのTALISや、教職員組合等が実施している調査も多くは回答者の記憶に頼る調査です。ただし近年は、学校でもタイムカードやICカードによる出退勤管理を行うところが増えてきたので、そのデータを使えば、記録に基づく実態把握ができます。ところが、一部には過少申告なども報告されており、タイムカード等も完璧ではありません。

## 図3−1　小中学校における1週間の勤務時間

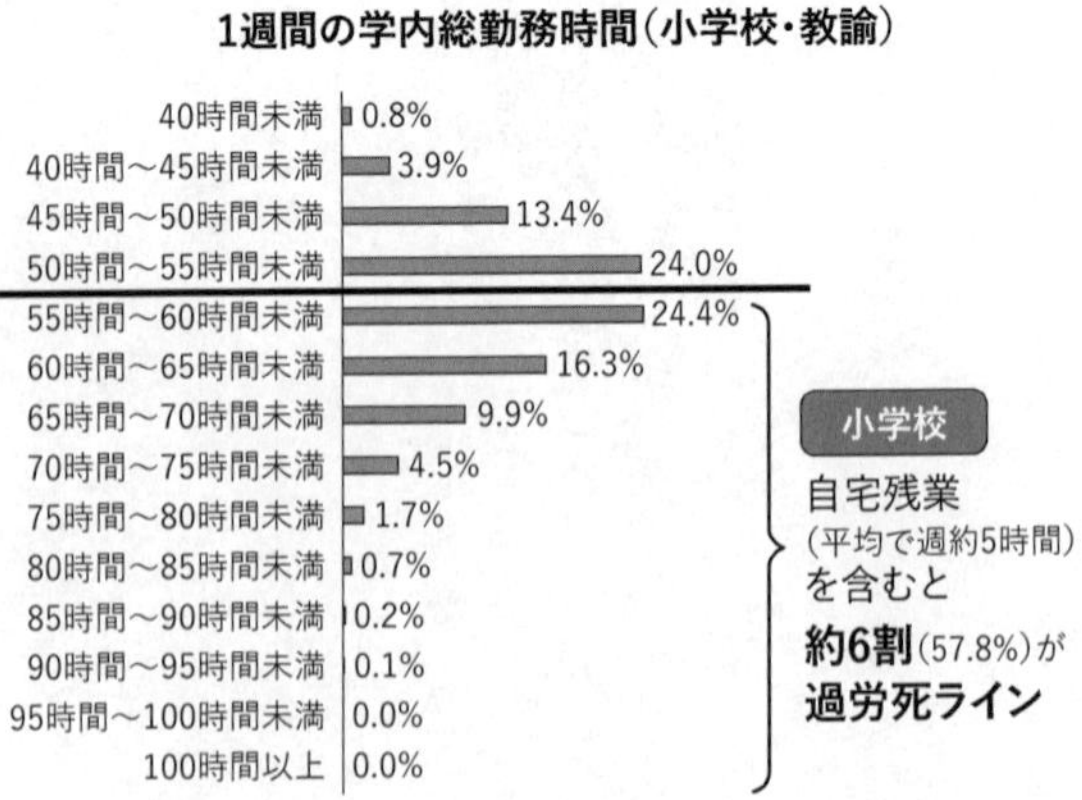
1週間の学内総勤務時間(小学校・教諭)
40時間未満 0.8%
40時間〜45時間未満 3.9%
45時間〜50時間未満 13.4%
50時間〜55時間未満 24.0%
55時間〜60時間未満 24.4%
60時間〜65時間未満 16.3%
65時間〜70時間未満 9.9%
70時間〜75時間未満 4.5%
75時間〜80時間未満 1.7%
80時間〜85時間未満 0.7%
85時間〜90時間未満 0.2%
90時間〜95時間未満 0.1%
95時間〜100時間未満 0.0%
100時間以上 0.0%
小学校
自宅残業
(平均で週約5時間)
を含むと
約6割(57.8%)が
過労死ライン

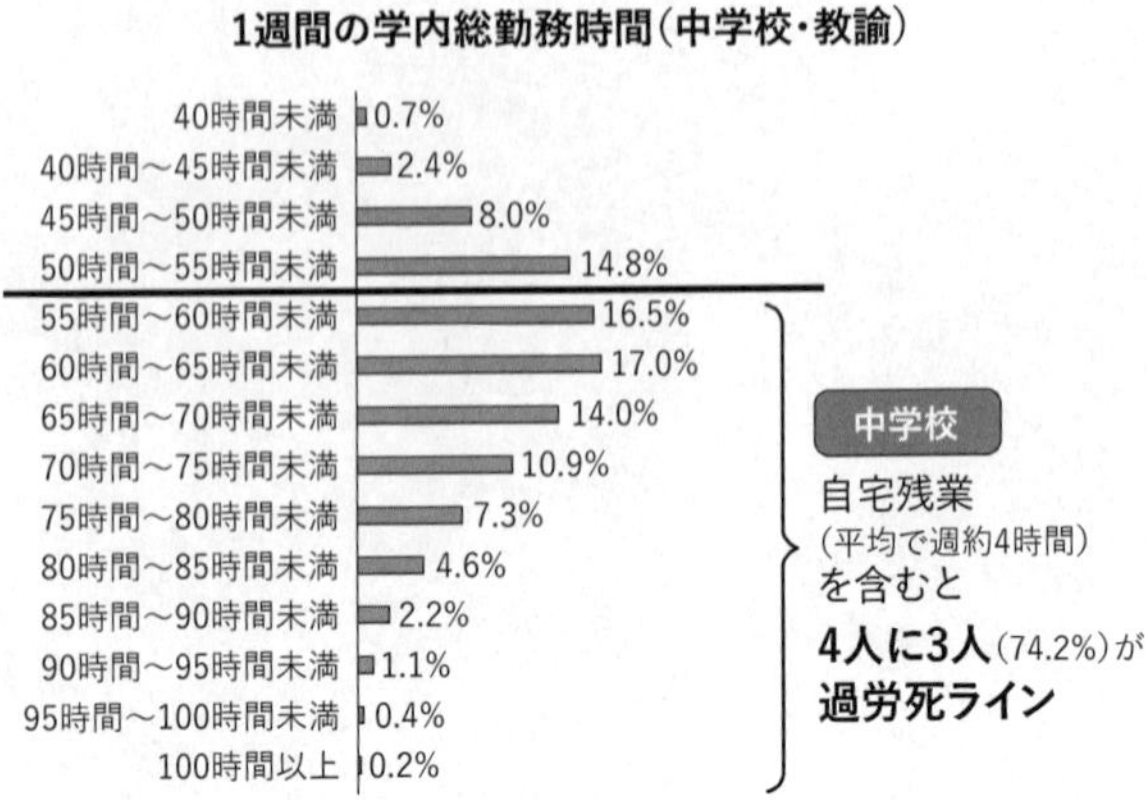
1週間の学内総勤務時間(中学校・教諭)
40時間未満 0.7%
40時間〜45時間未満 2.4%
45時間〜50時間未満 8.0%
50時間〜55時間未満 14.8%
55時間〜60時間未満 16.5%
60時間〜65時間未満 17.0%
65時間〜70時間未満 14.0%
70時間〜75時間未満 10.9%
75時間〜80時間未満 7.3%
80時間〜85時間未満 4.6%
85時間〜90時間未満 2.2%
90時間〜95時間未満 1.1%
95時間〜100時間未満 0.4%
100時間以上 0.2%
中学校
自宅残業
(平均で週約4時間)
を含むと
4人に3人(74.2%)が
過労死ライン

出所)文科省「教員勤務実態調査」(2016年実施)をもとに作成

社会的にたいへん注目され、国の働き方改革を大きく動かしました。

では、まつりさんがどのくらい過重労働だったかはご存じでしょうか？

労基署が認定したのは月105時間の残業、弁護士が入退館ゲートのデータをもとに集計した残業は月130時間を超えることがあったと報道されています。[54]

先ほどの120時間以上残業している人の比率を見てもわかるとおり、**多くの教師が高橋まつりさんと同じか、もっと長く働かなければいけない職場にいる**のです。

しかも、日本の教員の労働時間はダントツで世界ワースト1位であり、海外から見ると、アンビリーバブルなハードワークです（第2章）。

## 学校は「どの業界よりも忙しい」という現実

過労死ラインを超えて働く人がこれほど多いのは、異常と言える状況ですが、さらに注目してほしいのが、図3－2です。

表の一番下は先ほどの教員勤務実態調査のデータを掲載しています（平均的な自宅持ち帰り時間を含みます）。教員以外は、政府の基幹統計（総務大臣が指定する特に重要な統計）

54　産経ニュース2016年10月21日、毎日新聞2016年12月28日

## 図3−2　産業分野別労働時間の状況

| | 週42時間以下（≒定時帰り）の割合 | 週60時間（≒過労死ライン）以上働いている割合 | 週80時間（≒月残業160時間）以上働いている割合 |
|---|---|---|---|
| 建設業 | 34.4% | 13.1% | 1.5% |
| 製造業 | 46.5% | 8.3% | 0.7% |
| 情報通信業 | 47.3% | 10.2% | 1.2% |
| 運輸業、郵便業 | 33.5% | 22.7% | 3.1% |
| 飲食店 | 33.6% | 28.4% | 5.2% |
| 医療業 | 55.3% | 7.5% | 1.2% |
| 国家公務 | 63.0% | 8.7% | 2.2% |
| 小学校教諭 | 4.7%以下 | 57.8% | 2.7% |
| 中学校教諭 | 3.1%以下 | 74.2% | 15.8% |

※小中学校以外は「労働力調査（2016年度）」、小中学校は「教員勤務実態調査（2016年実施）」をもとに作成。
※小中学校は平均的な自宅残業時間も加えて推計。ただし、週42時間以下の箇所は、週45時間未満で自宅残業を0時間と仮定した割合。
※週35時間以上勤務の人のみを集計対象としている。

のひとつである「労働力調査（2016年度）」をもとに、週35時間以上働いている人のみを集計したものです。[55]パートなど非常勤を含めると比率が変わってきますので、週35時間以上の人を集計しました。

これ以外の業界のデータもあるのですが、ここでは比較的忙しい人が多い業界をピックアップして掲載しています。[56]

この比較によってわかったことを3点ほどお話しします。

1点目は、**週60時間以上勤務（月当たりの時間外労働が80時間以上）の過労死ラインを超えて働く人の割合は、小学校、中学校は、他業種と比べても突**

**出して高い**ことです。

ブラック企業として大きく批判されたワタミなどを含む飲食店業界では、他の業界よりも60時間以上勤務の比率は高いとはいえ、28・4%です。ハードワークが多い運輸業、郵便業でも22・7%です。

2点目は、**週80時間以上勤務（月当たりの時間外労働が160時間以上）の過労死ラインの倍の水準である過酷な労働環境にいる人は、中学校教諭で15・8%であり、この数字はどの業種よりも突出して高い**ことです。

3点目は、**定時前後で帰ることができている人の比率が、小中学校教諭だけ極端に低いこと**です。

「日本社会は忙しい」「猛烈サラリーマンだらけ」というイメージを世間的には多くの人が持っているかもしれませんが、定時前後で帰ることができている人（週42時間以下労働）は、どの業界も3割強~6割います。〝不夜城〟と言われる国家公務員も、官庁や部署、役職などにもよるでしょうが、約6割が定時前後で終えています。

55 労働力調査では、1週間に仕事をした時間を記入してもらう形式、つまり記録ではなく記憶をもとにしたデータになるため、確からしさはやや低くなります。

56 より細かい分布や業界ごとのデータは、拙著『「先生が忙しすぎる」をあきらめない――半径3mからの本気の学校改善』（教育開発研究所、2017年）を参照。

これに対して学校の先生は、仮に自宅持ち帰り仕事が週0時間であったとしても、週45時間未満の人は、小学校教諭の4・7％、中学校教諭の3・1％しかいません（図3－2注釈参照）。「残業するのが当たり前」の職場になっているわけです。

## 学校現場も長時間労働に麻痺している

「残業が当たり前」。このことがもっとダイレクトにわかるデータを紹介しましょう。

図3－3は、岐阜市立のある小学校とある中学校の時間外勤務時間のリアルなデータです（令和元年度）。このデータからは次のことがわかります。

- 時間外勤務時間が80時間はおろか、100時間を超えるような教員が一定数いる。
- 常勤講師など、非正規雇用で、教員採用試験を受験しようという人のなかにも、長時間労働の人はかなりいる。
- 教務主任、学年主任をはじめ、主任層は特に長時間労働になる傾向が強い。

岐阜に限らず、教育委員会や校長からは「平均の時間外勤務時間は○時間」「80時間超えが先月は△％だった」といった声をよく聞きます。しかし、そうした丸めた数字では現

# 図3−3　岐阜市のある学校での時間外勤務時間の記録（令和元年度）

■岐阜市立B小学校（研修校・実習校）

| 職 | 分掌 | 担任 | 部活 | 4月（時間） | 6月（時間） | 11月（時間） | 月平均（時間） |
|---|---|---|---|---|---|---|---|
| 校長 | 学校管理運営 | | | 55.49 | 73.57 | 58.01 | 62.36 |
| 教頭 | 総括補佐 | | | 83.05 | 106.50 | 84.28 | 91.28 |
| 教員 | 栄養教諭 | | | 50.14 | 62.39 | 53.16 | 55.23 |
| 教員 | 図画工作主任 | ○ | | 80.55 | 105.36 | 111.07 | 98.99 |
| 教員 | 養護教諭 | | | 67.26 | 82.06 | 48.51 | 65.94 |
| 教員 | 生徒指導主事 | | | 77.05 | 107.28 | 62.55 | 82.29 |
| 教員 | 教務主任・研究主任 | | | 87.44 | 106.00 | 67.41 | 86.95 |
| 教員 | 学年主任 | ○ | | 91.30 | 112.39 | 98.33 | 100.67 |
| 教員 | 学年主任・体育主任 | ○ | | 86.26 | 117.33 | 93.04 | 98.88 |
| 教員 | 特支コーディネーター | ○ | | 86.36 | 125.12 | 84.46 | 98.65 |
| 教員 | 学年主任 | ○ | | 107.39 | 119.10 | 103.58 | 110.02 |
| 教員 | 学年主任・学力向上推進 | ○ | | 89.43 | 108.40 | 99.21 | 99.01 |
| 教員 | 道徳主任・学習指導長 | ○ | | 100.51 | 103.55 | 110.45 | 104.84 |
| 教員 | 学年主任・情報主任 | ○ | | 103.02 | 122.24 | 92.18 | 105.81 |
| 教員 | 図書主任 | ○ | | 90.38 | 119.52 | 108.19 | 106.03 |
| 教員 | | ○ | | 91.33 | 112.45 | 106.46 | 103.41 |
| 教員 | 特活指導長 | ○ | | 91.07 | 116.17 | 101.01 | 102.75 |
| 教員 | | ○ | | 92.10 | 124.00 | 90.25 | 102.12 |
| 教員 | | ○ | | 81.12 | 101.34 | 96.09 | 92.85 |
| 教員 | 生活指導長 | ○ | | 83.12 | 106.13 | 132.08 | 107.11 |
| 教員 | 少人数指導 | | | 56.45 | 107.30 | 63.00 | 75.58 |
| 教員 | 常勤講師 | ○ | | 62.20 | 105.46 | 75.18 | 80.95 |
| 教員 | 常勤講師 | ○ | | 74.26 | 112.53 | 77.53 | 88.11 |
| 事務職員 | 事務職員 | | | 23.55 | 27.50 | 16.06 | 22.37 |
| 月平均時間外在校時間（時間） | | | | 79.62 | 103.49 | 84.67 | 89.26 |

■岐阜市立C中学校

| 職 | 分掌 | 担任 | 部活 | 4月（時間） | 6月（時間） | 11月（時間） | 月平均（時間） |
|---|---|---|---|---|---|---|---|
| 校長 | 学校管理運営 | | | 44.46 | 47.55 | 49.46 | 47.16 |
| 教頭 | 総括補佐 | | | 130.38 | 131.21 | 129.16 | 130.25 |
| 教頭 | 総括補佐 | | | 113.34 | 91.18 | 83.42 | 95.98 |
| 教員 | 常勤講師 | ○ | ○ | 71.06 | 61.18 | 71.52 | 67.92 |
| 教員 | 常勤講師・拠点校指導 | | | 7.13 | | 0.00 | 3.57 |
| 教員 | | ○ | ○ | 130.34 | 137.41 | 127.18 | 131.64 |
| 教員 | 部活動主任 | ○ | ○ | 106.13 | 103.41 | 56.49 | 88.68 |
| 教員 | | | ○ | 45.44 | 45.51 | 49.25 | 46.73 |
| 教員 | 教務主任 | | ○ | 108.20 | 101.57 | 119.59 | 109.79 |
| 教員 | 進路担当 | | ○ | 105.04 | 98.50 | 107.48 | 103.67 |
| 教員 | 学年主任 | | ○ | 106.05 | 90.40 | 71.12 | 89.19 |
| 教員 | | | ○ | 55.56 | 64.20 | 62.09 | 60.62 |
| 教員 | 養護教諭 | | | 114.45 | 120.16 | 79.12 | 104.58 |
| 教員 | 学年主任 | | ○ | 101.14 | 96.53 | 75.20 | 90.96 |
| 教員 | 道徳主任 | ○ | ○ | 92.48 | 65.44 | 83.22 | 80.38 |
| 教員 | | ○ | ○ | 84.39 | 79.52 | 88.38 | 84.10 |
| 教員 | 学年副主任 | ○ | ○ | 83.09 | 87.01 | 83.09 | 84.40 |
| 教員 | 学年副主任 | ○ | ○ | 99.33 | 91.23 | 73.31 | 87.96 |
| 教員 | 特別支援コーディネーター | ○ | | 29.58 | 24.27 | 27.29 | 27.05 |
| 教員 | 特活指導部長 | ○ | ○ | 91.07 | 73.28 | 73.56 | 79.30 |
| 教員 | ブロック担当生徒指導主事 | | ○ | 81.27 | 94.19 | 49.30 | 74.92 |
| 教員 | | ○ | ○ | 67.22 | 112.14 | 83.36 | 87.57 |
| 教員 | 生徒指導 | | ○ | 86.37 | 79.40 | 47.56 | 71.11 |
| 教員 | | ○ | ○ | 51.13 | 47.22 | 44.45 | 47.60 |
| 教員 | 学年主任 | | ○ | 104.33 | 74.16 | 66.10 | 81.53 |
| 教員 | | | ○ | 24.43 | 30.42 | 14.34 | 23.06 |
| 教員 | 生活指部長 | ○ | ○ | 96.01 | 114.24 | 118.59 | 109.61 |
| 教員 | 給食主任 | ○ | ○ | 40.32 | 54.11 | 40.54 | 44.99 |
| 教員 | 研究推進委員長・学習指導部長 | ○ | ○ | 94.14 | 100.58 | 77.34 | 90.69 |
| 教員 | | ○ | ○ | 95.28 | 93.04 | 138.47 | 108.93 |
| 教員 | 人権教育担当 | ○ | ○ | 101.26 | 103.52 | 93.40 | 99.39 |
| 教員 | | ○ | ○ | 101.11 | 98.43 | 79.58 | 93.04 |
| 教員 | ALT担当 | ○ | ○ | 109.40 | 123.25 | 85.12 | 105.92 |
| 教員 | | ○ | ○ | 101.22 | 105.18 | 66.16 | 90.85 |
| 教員 | | ○ | ○ | 50.04 | 28.41 | 21.03 | 33.16 |
| 教員 | 常勤講師 | ○ | ○ | 115.46 | 122.40 | 120.39 | 119.42 |
| 教員 | 常勤講師 | ○ | ○ | 116.23 | 92.15 | 67.52 | 91.97 |
| 教員 | 常勤講師・校務主任 | ○ | ○ | 26.08 | 32.04 | 16.34 | 24.82 |
| 事務職員 | 事務職員 | | | 7.13 | 4.25 | 5.07 | 5.48 |
| 月平均時間外在校時間（時間） | | | | 81.72 | 82.07 | 70.37 | 77.38 |

注）タイムカードによる集計結果。休日勤務も含む。

出所）岐阜市公教育検討会議（第4回）での妹尾昌俊プレゼン資料（会議配布資料3-2）

実のほんの一端しか把握できません。個々人のデータを見ると、「この先生、大丈夫かな」というのが一目でわかりますし、個々の健康状態に平均値などは関係ありません。

また、ここで掲載はしませんが、名古屋市のデータによると、新任の中学校教師の多くが月80時間や100時間を超えて猛烈に働いている（あるいは働かされている）実態も明らかになっています。[57]

しかも、岐阜や名古屋の数字は1日45分の休憩時間内の業務や自宅への持ち帰り残業は含んでいないので、現実の残業時間はもっと多いと推測されます。

また、全国的な傾向として、小学校や中学校では休憩時間がほとんど取れていません。たとえば、横浜市の教職員の業務実態に関する調査（平成25年度）によると、小学校約5割、中学校約7割の教職員が、「休憩時間」がまったく取れていないと回答しています。休憩時間中の業務や自宅残業も含めると、実際の残業は、前述の表に出ている数字よりも月20～40時間程度多いと推測されます。

私はここで示したデータを全国各地の校長、教頭研修などでお話しするのですが、顔を真っ青にするような人は、実はほとんどいません。聞いてみると、「それくらいはまああるだろう」という認識の様子です。ここに学校の長時間労働の問題の根深さを感じます。

もちろん、労働時間だけの問題ではありませんが（働く質やストレスも重要）、こういう人がたくさんいるのです。**学校は長時間労働に麻痺してしまっている**、と言わざるを得ません。

## 少なくとも毎年平均6人の教師が過労死している

数だけの問題ではないといえ、もう少しデータも紹介しておきます。

**ここ10年のあいだ、過労死と認定された公立校の教職員は63人**に上ります（毎日新聞2018年4月21日、2016年度までの10年間）。平均すると、毎年6人も亡くなっている計算になります。このような業界が、ほかにあるでしょうか。

しかも、これは氷山の一角に過ぎません。教員の過労死事案を多く扱っている松丸正弁護士は、「過労死は教師としてはあたりまえの長時間勤務から生じるため、過労死として認識されず、認定請求に至らず公務以外の在職死亡とされている」のではないかと、実際の過労死等はもっと多い可能性が高いと指摘しています。[58]

**実際、毎年400～500人の教員が死亡しています。**ただし、これは過労死等とは限らず、病死や事故死も含まれます。私は国の審議会（中央教育審議会）で確認しましたが、

57 中村茂喜・大橋基博「教員の勤務実態記録から見えてくる部活動の影」『季刊 教育法』2018年3月号
58 松丸正「運動部顧問の教師、長時間勤務の下での過労死」『季刊 教育法』2016年6月号

## 図3－4　小中高における理由別離職数の推移

| | 小学校 | | | 中学校 | | | 高等学校 | | |
|---|---|---|---|---|---|---|---|---|---|
| | 2009年度 | 2012年度 | 2015年度 | 2009年度 | 2012年度 | 2015年度 | 2009年度 | 2012年度 | 2015年度 |
| 病気 | 629 | 600 | 551 | 346 | 396 | 354 | 258 | 277 | 280 |
| 病気のうち精神疾患 | 359 | 356 | 335 | 197 | 227 | 222 | 123 | 124 | 130 |
| 死亡 | 221 | 194 | 179 | 146 | 152 | 108 | 190 | 158 | 151 |
| 転職 | 1,357 | 1,390 | 1,620 | 1,197 | 1,211 | 1,343 | 1,152 | 1,365 | 1,627 |
| 大学等入学 | 31 | 24 | 34 | 34 | 38 | 31 | 69 | 58 | 30 |
| 家庭の事情 | 1,721 | 1,894 | 1,807 | 737 | 885 | 806 | 609 | 656 | 651 |
| 職務上の問題 | 120 | 99 | 91 | 104 | 78 | 87 | 71 | 101 | 130 |
| その他 | 2,335 | 2,120 | 2,127 | 1,792 | 1,717 | 1,441 | 2,070 | 2,449 | 2,188 |
| 合計 | 6,414 | 6,321 | 6,409 | 4,356 | 4,477 | 4,170 | 4,419 | 5,064 | 5,057 |

注1）定年（勧奨を含む）退職は含まない。
注2）「転職のため」とは，高等学校以下の学校の本務教員以外の職業に就いた者（大学･短大等の教員，教育委員会を含む官公庁への異動，民間企業への就職等）

出所）文部科学省「学校教員統計調査」平成22年度、25年度、28年度をもとに作成

文部科学省ですら、教員の過労死等の件数はまったく把握していません。基礎的な事実確認もなく、よい政策を立てたり、予算をとったりできるとは思えないのですが……。

文部科学省「学校教員統計調査」によれば、平成27年度（２０１５年度）中に死亡した教員数は、小学校１７９人、中学校１０８人、高校１５１人で合計４３８人います。精神疾患のため退職した教員も小学校３３５人、中学校２２２人、高校１３０人で合計６８７人います。過去のデータも図３－４に掲載しました。

年度により多少の差はありますが、毎年４００～５００人の教師が死亡し、また７００人近い人が精神疾患のため退職しています。加えて、この調査には離職理由として「その

他」という項目もあり、これに該当している人が毎年小中高でそれぞれ2000人近くいます（合計毎年約6000人）。精神的に非常につらい思いをして、あるいは体力的に限界まで来て退職した人のなかには、「病気理由で退職」とされなかった人、また行方不明（失踪）となってしまった人は、この「その他」に含まれている可能性があります。

現在の国の統計では、過労死やそれに近い人の厳密な数はわからないものの、表には出ていない多数の先生が苦しみ、教壇に立てなくなっていることが推測できます。

## 毎年5000人の精神疾患休職を出す学校業界

問題は、過労死、過労自殺だけではありません。そこにもつながりかねない、うつ病などの精神疾患で悩む先生もたくさんいます。全国の公立学校では、ここ10年ほど、毎年約5000人の教員が精神疾患で休職しています（図3－5）。

いま、学校も、日本社会全体も、人手不足が深刻です。そんななか、**毎年5000人（10年では延べ5万人！）もの精神疾患休職を出す業界がほかにあるでしょうか？**

精神疾患による休職者数は、2000～02年度（平成12～14年度）は毎年2300～2700人程度、1997～99年度（平成9～11年度）は毎年1600～1900人程度であったことを考えると、当時と比べて、ここ10年は倍増しています。

**図3-5　精神疾患による病気休職した教員数の推移**

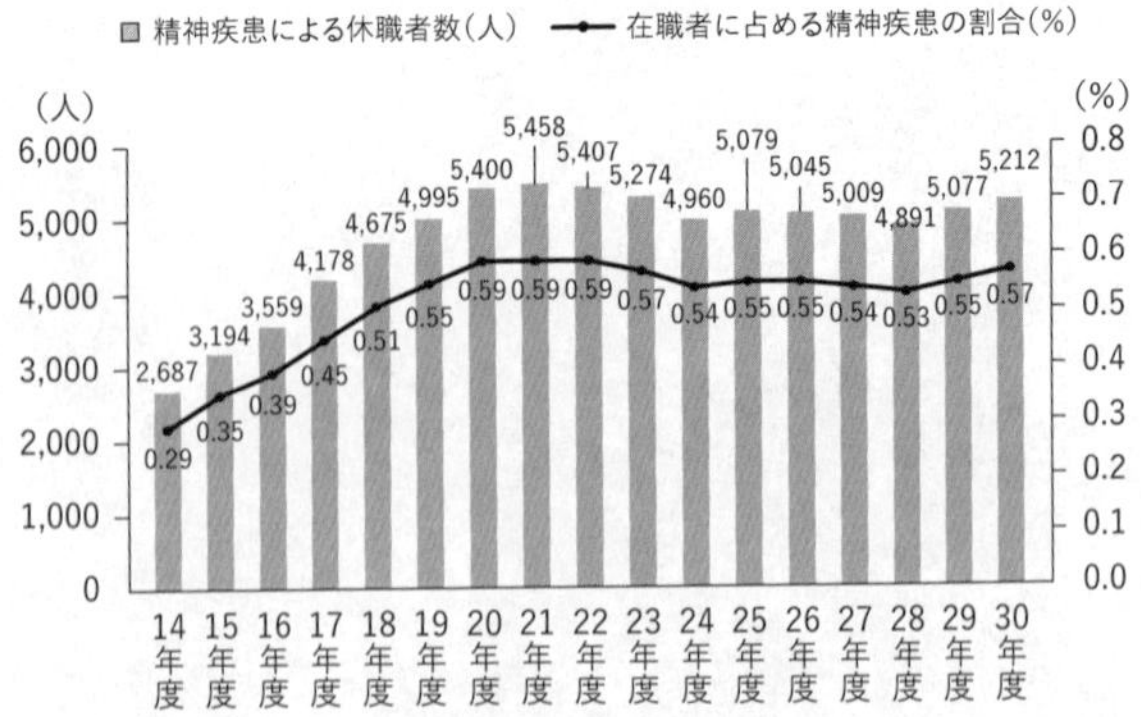


出所）文部科学省「公立学校教職員の人事行政の状況調査（平成23年度、30年度）」をもとに作成

しかも、これは氷山の一角である可能性が高いです。病気休職になる手前は、病気休暇といって、90日くらいまで休めます（上限日数は各県の条例等による。給与も支給）。また、休むと周りに迷惑がかかるからといって、休めないでいる教員も多いです。そのため、実際はメンタルを病んでいる教員はさらに多いであろうと言われています[59]。

## 先生の多忙化が子どもに与える「4つの悪影響」

さて、教員の過酷な勤務状況やメンタルヘルスの不調。これは、教員自身や家族にとって大きなダメージがあることですが、児童生徒にとっても、もちろん、いいことではありません。

中教審の文書のなかにも、こんな一節があります。

**〝子供のためであればどんな長時間勤務も良しとする〟という働き方は、**教師という職の崇高な使命感から生まれるものであるが、その中で教師が疲弊していくのであれば、それは**〝子供のため〟にはならない。**

教師のこれまでの働き方を見直し、教師が我が国の学校教育の蓄積と向かい合って自らの**授業を磨くとともに日々の生活の質や教職人生を豊かにする**ことで、自らの人間性や創造性を高め、子供たちに対して効果的な教育活動を行うことができるようになることが学校における働き方改革の目的であり、そのことを常に原点としながら改革を進めていく必要がある。

（中央教育審議会「学校の働き方改革に関する答申」）

もう少し詳しく解説しましょう。具体的には、次の4点で、先生たちが忙しすぎる現実は「子どものためにならない」と言えます。

59　統計上表れない「暗数」と呼ばれます。次の書籍でも休職予備軍がいることを述べています。油布佐知子編著（２００７）『転換期の教師』放送大学教育振興会

①授業などの教育活動の質が低下する
②子どもたちのこころに影を落とす
③子どももゆとりのない日々になる
④生産性を度外視した価値観を植え付ける

多忙化の影響①

## 授業などの教育活動の質が低下する

過酷な労働で疲れてしまって、あるいは睡眠時間を削りに削って、子どもたちにいい授業ができるわけがありません。

これは「クライシス2．教育の質が危ない」をより悪化させます。

さらに、あとの章でもお話ししますが、過重労働や高ストレスのもとでは、学ばない教員が増えてしまいます。ＡＩ時代ならなおさら、子どもたちに思考力や創造性が必要とされているのに、教員が思考力や創造性を鍛える時間がないままで、いい授業ができるでしょうか？

多忙化の影響②

## 子どもたちのこころに影を落とす

本章の最初に、堺市の前田大仁さんの過労死のことをお話ししました。前田さんの遺品のひとつとして、約20人のバレー部員と交わしていた「クラブノート」が残っています。そこには、前田さんが生徒たちに送った励ましや助言の言葉がびっしり赤字で書き込まれています。ノートの最後のページには、前田さんの急死の知らせに接した部員たちの悲痛な言葉が記されています。

> 何で先生なんですか？　何でよりによって先生なんですか？　○○（名前）たちが先生に無理させていたんですか？　めっちゃ謝るし、これからの練習もめっちゃ真面目にするんで、戻ってきて下さいよ！

多くの言葉は要らないと思います。教師の死やメンタルの不調は、子どもたちのこころにも確実に影を落とします。

私の知人で、中学校の体育教師だった夫を亡くされた、工藤祥子さんという方がいます。いまは、教員らの過労死防止に向けて、活動されています。工藤さんは、ご自身の経験からも、また他の過労死事案からも、教師の過労死等は、児童生徒にとっても禍根を残すということをおっしゃっています。

## 多忙化の影響③ 子どももゆとりのない日々になる

教員の過労は大問題ですが、いまの子どもたちも大忙しです。たとえば、中学生や高校生は、こんな一日です。授業を終えて、19時頃まで部活動を頑張り、そのあとは、コンビニで買ったおにぎりをかじりながら、塾へ。22時頃まで勉強したあとは、学校の宿題も残っています。夜中は友達とＬＩＮＥなどでやりとりもしないといけません。翌朝はといえば、朝7時半から朝練があるために6時には起床して7時前には家を出ます。

こうなると、睡眠時間を削らざるを得ません。ベネッセの２０１３年の調査によると、中3生と高校生の半数以上が23時45分以降に就寝しています（「第2回 放課後の生活時間調査」）。最近ではもっと睡眠時間が確保しにくくなっているかもしれません。子どもたちの毎日も、余裕がないのです。

そして、このことは、子どもたちの健康にも影響することは容易に想像できます。

三重県、高知県の中高生約2万人への調査をもとにした研究によると、睡眠時間が短い

**図3－6　うつ・不安のリスクと睡眠時間の関係**

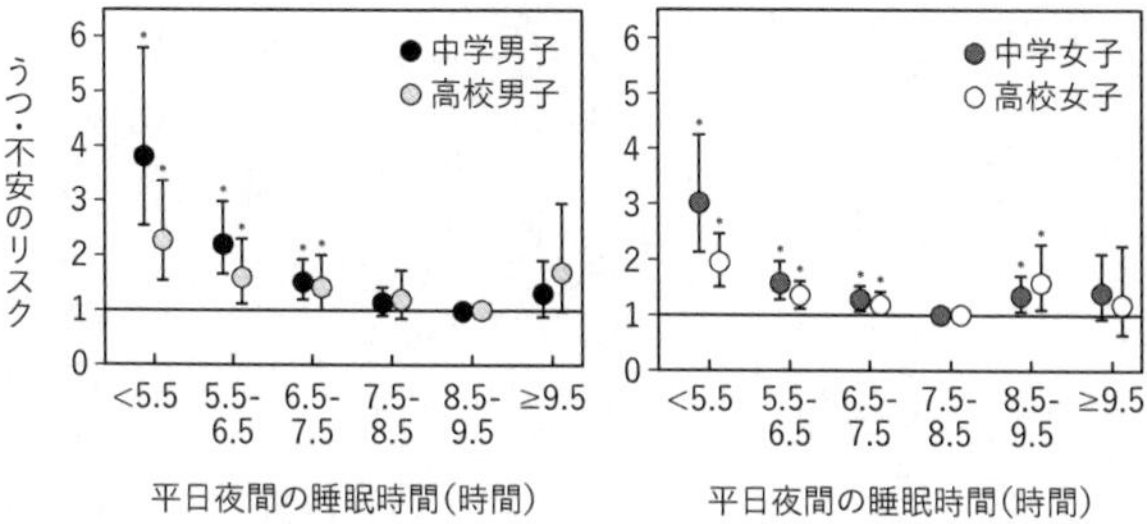


a基準群（男子8.5-9.5時間、女子7.5-8.5時間）と比較しての相対リスク（オッズ比）
*基準群と比べてうつ・不安のリスクが統計学的に有意（$p<0.05$）に、高いことを示す

出所）佐々木司「思春期の子どもは夜何時間眠ったらよいのか？」

と、うつ・不安のリスク（注意を要するレベル以上である状態）が高まることがわかっています（図3－6）[60]。平日の睡眠時間が5・5時間未満だと、最もリスクの低い層（基準群）と比べて2～4倍もうつ・不安のリスクが高まります。なお同調査では、女子の方が男子より睡眠時間が短く、うつ・不安のスコアが高いことが有意に示されており（データは割愛）、その点も心配になります。

　子どもたちの生活にゆとりがなく、睡眠不足にもなっている問題は、家庭や受験の影響も大きいので、学校のせいだけにはできません。ですが、学校が助長している部分もあります。

60　Y. Ojio, A. Nishida, S. Shimodera, F. Togo, T. Sasaki. (2016) Sleep Duration Associated with the Lowest Risk of Depression/Anxiety in Adolescents. SLEEP, 39(8), 1555-62.

しかも、教員が忙しすぎると、現状を見直そうということが起こりにくくなります。考えたり、検討したりする時間すらあまりないためです。こうなると、多忙で悩む子どもたちも救われません。

## 多忙化の影響④　生産性を度外視した価値観を植え付ける

教員が子どもたちに教えているのは、なにも、教科書の内容や授業中にしゃべったことだけではありません。見えないところにも影響します。

いま長時間労働が社会的にも大きな注目を集めているのは、過労自殺をはじめとする悲惨なことがあとを絶たないこともありますが、労働力人口が減少するなか、１人当たりの生産性を高めないと、豊かな暮らしを維持できなくなりつつあるからです。

時間当たりの労働生産性を見ると、各年の米国を１００とした場合、日本は70年代、80年代は右肩上がりで上昇してきましたが、90年代以降のこの約25年間は伸びておらず、米国の６割程度にとどまり続けています。[61] フランスやドイツは生産性を上げ、90年代には米国をしのぐ水準となったのとは対照的です。

図３−７は、男女別の労働時間の内訳を国際比較したものです。このデータからわかる

**図3－7　国別男女別　労働時間内訳（分／日）**

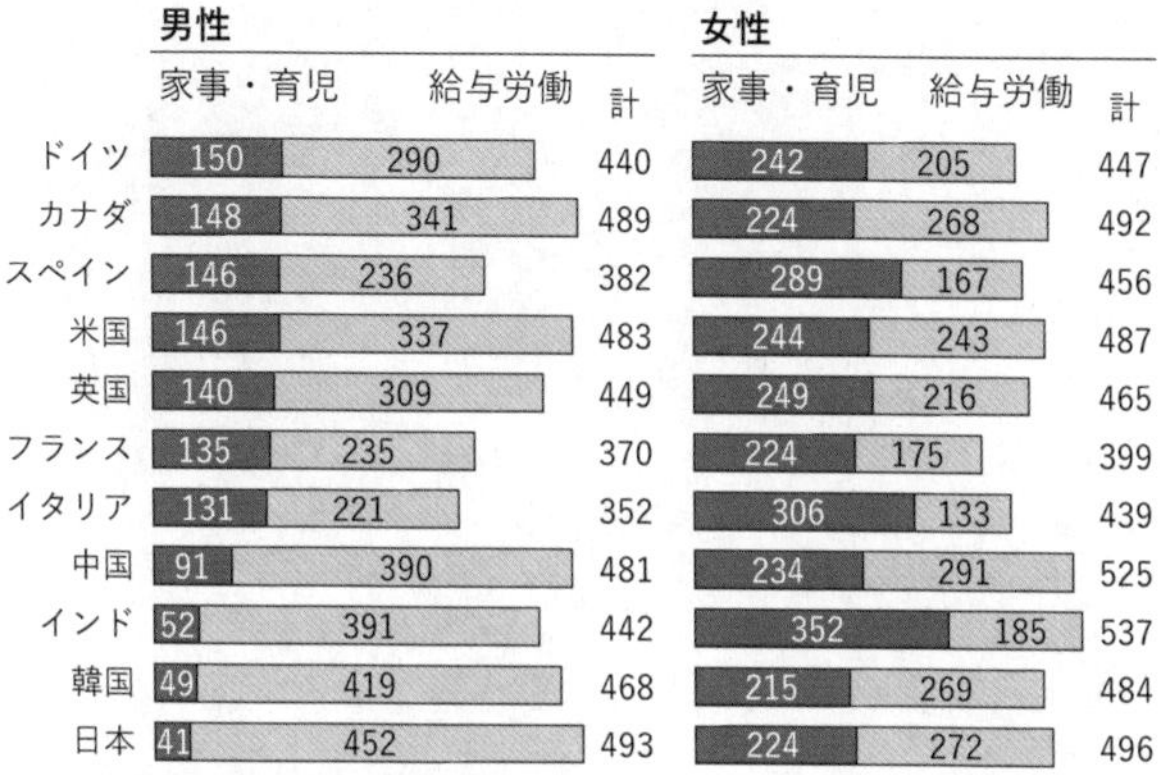


出所）安宅和人（2020）『シン・ニホン』NewsPicksパブリッシング（元データはOECD統計）

ことは2つ。ひとつは、家事・育児時間の男女差は日本では非常に大きく、女性の家事・育児負担をもっと解放、軽減できれば、女性による労働参加やパフォーマンスが上がる可能性が高いことです。

もうひとつは、あくまでも平均値に過ぎませんが、日本の男性の給与労働時間は長く、イタリアやフランスの倍近くも働いているということです。これは悲しくなる現実ではないでしょうか。

日本社会全体として、猛烈サラリーマンばかりではなく、多くの人が働き続けやすい職場にしていこう、育児や介護と両立しやすい社会にしていこう、より短い時間で成果を出

61　黒田祥子「日本の働き方の課題（上）時間当たり生産性　上げよ」日本経済新聞２０１６年12月19日

していく働き方にシフトしていこうとしている意味が、わかるかと思います。

こうした社会課題とは逆行するかのような働き方を続けている日本の教育現場ですが、ひょっとすると、教員の働き方から**「生産性はさておき、長い時間一生懸命働くことが大事だ」と子どもたちに暗黙のメッセージを伝えてしまっている**のではないでしょうか?

受験勉強や部活動なども、ともかく「勉強量（練習量）だ」と精神論を振りかざして、時間の価値を無視した「指導」が横行しています。

これは**「隠れたカリキュラム**（ヒドゥンカリキュラム、潜在的カリキュラム）」と呼ばれるもので、本人は必ずしも意図しなくても、結果として教育される側が身につけてしまうもののひとつです。[62]

話は少し変わりますが、人口減少の大きな原因のひとつに少子化があります。少子化が加速する理由として、「子育てに関する経済的な負担や精神的な負荷が大きいこと」「未婚の増加」など、さまざまな背景、要因がありますが、そのなかで「男性が育児にどれだけ積極的になれるか」という点がポイントとして挙げられています。

図3-8は、厚生労働省が12年間追跡調査したデータです。休日の夫の家事・育児時間が長い家庭ほど、第2子以降を出生していることがわかります。つまり、夫が家事・育児

**図3−8　夫の休日の家事・育児時間と第2子以降の出生状況**

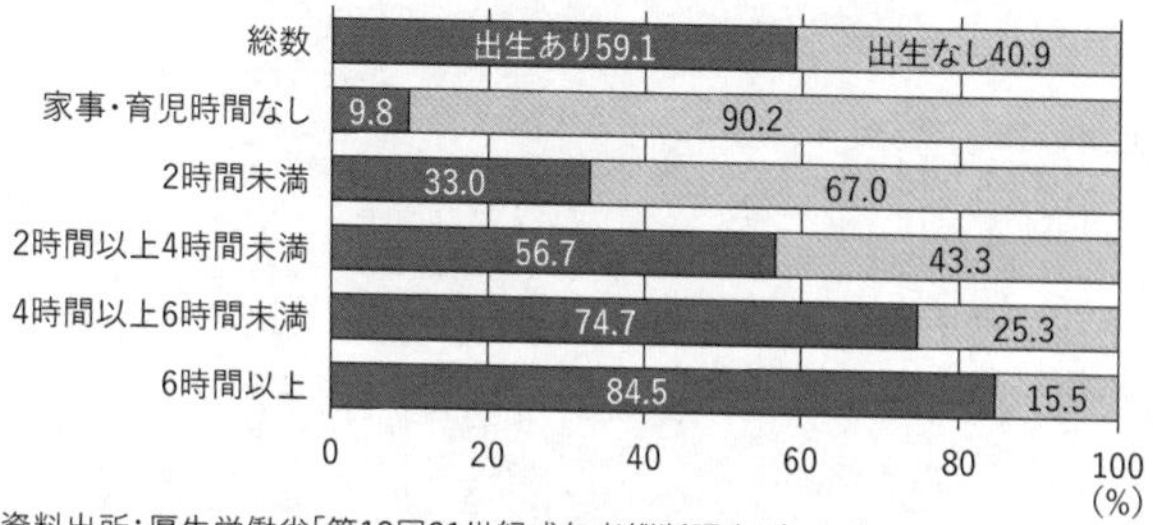


資料出所：厚生労働省「第13回21世紀成年者縦断調査」(2014)

注：1.　集計対象は、①または②に該当し、かつ③に該当する同居夫婦である。ただし、妻の「出生前データ」が得られていない夫婦は除く。
① 第1回調査から第13回調査まで双方から回答を得られている夫婦
② 第1回調査時に独身で第12回調査までの間に結婚し、結婚後第13回調査まで双方から回答を得られている夫婦
③ 出生前調査時に子ども1人以上ありの夫婦

2.　家事・育児時間は、「出生あり」は出生前調査時の、「出生なし」は第12回調査時の状況である。

3.　12年間で2人以上出生ありの場合は、末子について計上している。

4.　総数には、家事・育児時間不詳を含む。

出所）内閣府

に協力的な家庭ほど、２人目以降も子どもができている可能性があります。[63]そして、夫の家事・育児時間には、長時間労働が影響しますから、一番の少子化対策は男性の長時間労働是正だと言われるわけです。

ところが、学校はどうでしょうか。他の業界にないくらい、先生たちは長時間労働、ガンバリズムで動いているわけです。

62　次の書籍が特に参考になります。横藤雅人、武藤久慶（２０１６）『その判断、学校をダメにします！　管理職・主任のための「かくれたカリキュラム」発見・改善ガイド』明治図書出版

63　もっとも、別の要因が働いている可能性も排除できません。

「仕事のためには、家庭やプライベートは犠牲にせざるを得ない」とワーク・ライフ・バランスを軽視することを、知らず知らずのうちに子どもたちに教えてしまっているのです。

## 50年前よりはるかに忙しい日本の教師たち

学校の多忙は、いまに始まった問題ではありません。しかし、50年前と比べると格段に忙しくなっています。国による全国規模の実態調査が行われたのは1966年、2006年、2016年の3回なので、このデータをまずは参照しましょう。

その前に、驚くことに、1966年よりあと、2006年になるまでの40年間、国による学校、教員の実態調査は行われていませんでした。理由はいろいろあるのでしょうが、そのひとつに次のことが挙げられます。

読者のみなさんは、**公立学校の先生たちに残業代（時間外勤務手当）は出ていない**、という事実をご存じでしょうか。その代わりに教職調整額（月給の4％）を支給しているのですが、この4％の根拠のひとつとなったのが1966年の調査です。

その後、教員はより長時間労働になったわけですが、この4％を見直す（実態に即して上げる）となると、莫大な予算が必要です。いわば、教員の勤務実態を明らかにすることは、莫大な教育予算の増加を招きかねない「パンドラの箱」だったわけです。

文科省資料によると、小中学校教員の平均的な残業時間は、1966年時点では月約8時間でしたが、2006年では月約42時間になっています（持ち帰り残業は含みません）。[64]さらに2016年調査では、前述のとおり、持ち帰り残業を含めると6～7割もの先生が過労死ラインの月80時間を超えているという状態であることがわかりました。

IT環境などは整備され、はるかに便利になったにもかかわらず、学校は一層忙しくなっています。私も含めて、多くの人が描く学校のイメージは、どうしても自分の子どもの頃の記憶を頼りにしがちです。ですが、データを見ればわかるように、かなりの高確率で、**読者のみなさんが通学していた時代よりも、昨今の学校の先生たちは過重労働をしている状態である**と考えられます。

## 昔より忙しくなったのは、事務作業のせいではない

ではどうして、教師はこれほどまでに忙しくなったのでしょうか？

1950～60年代ならびに2010年前後（2006年～2012年）に国や都道府県、

64　文部科学省「チームとしての学校・教職員の在り方に関する作業部会（第11回）配付資料　初等中等教育分科会チーム学校作業部会参考資料2」2015年6月3日　ただし、1966年は土曜も勤務日（週休1日制）のため、その分は残業扱いとなっていません。

教職員組合が公立小中学校教諭を対象に実施した14の労働時間調査を分析した神林寿幸氏の研究成果が参考になります。[65]

神林さんの分析では、週の労働時間を4つに分類して、1950〜60年代と2010年前後を比較しています。①教育活動時間、②授業準備・成績処理時間、③庶務時間（事務処理、会議、研修、校務分掌等）、④外部対応時間（保護者や地域、業者との対応等）の4種類です。統計分析して判明した要点は、次のとおりです。

①教育活動時間については、小・中学校ともに2010年前後のほうが長かった。教育活動時間には正規の教育課程上の時間（特別活動や道徳を含む）と課外活動があるが、前者に大きな差はないので、後者の課外活動の増加が影響していると推測される。ここでいう課外活動には、放課後の補習や部活動指導、給食、清掃指導、教育相談、進路相談などを含んでいる。

②授業準備・成績処理時間とは、教材を準備したり、児童生徒の提出物に採点、添削をしたりすることを指す。小学校教諭では、1950〜60年代と2010年前後に統計的に有意な差はなかった。中学校教諭については2010年前後のほうが短かった。

③庶務時間について、小学校教諭では有意な差はなかった。中学校教諭では2010年前後のほうが短かった。
④外部対応時間について、小・中学校ともに有意な差はなかった。

神林さんの分析からわかることは、**生徒指導や部活指導などで「子どもと向き合ってきた」結果、多忙になり、かつ長時間労働が解消されにくくなっている**という現実です。もちろん、個々の教員ごとの差はあるでしょうが、この分析ではそこまでは判明しません。とはいえ、全体的な傾向をおさえておくことは重要です。

文科省や教育委員会は、学校の多忙を改善して、教員が「子どもと向き合う時間」を確保しようと、これまで呼びかけてきました。しかし、子どもと向き合ってきたことこそが、多忙化の何よりの原因だったのです。

## 特別なケア、支援を必要とする子が増加

「先生たちは子どもと向き合ってきたから多忙になった」ということにも関連しますが、

65 神林寿幸（2017）『公立小・中学校教員の業務負担』大学教育出版

図3−9　特別支援教育の概要と児童生徒数

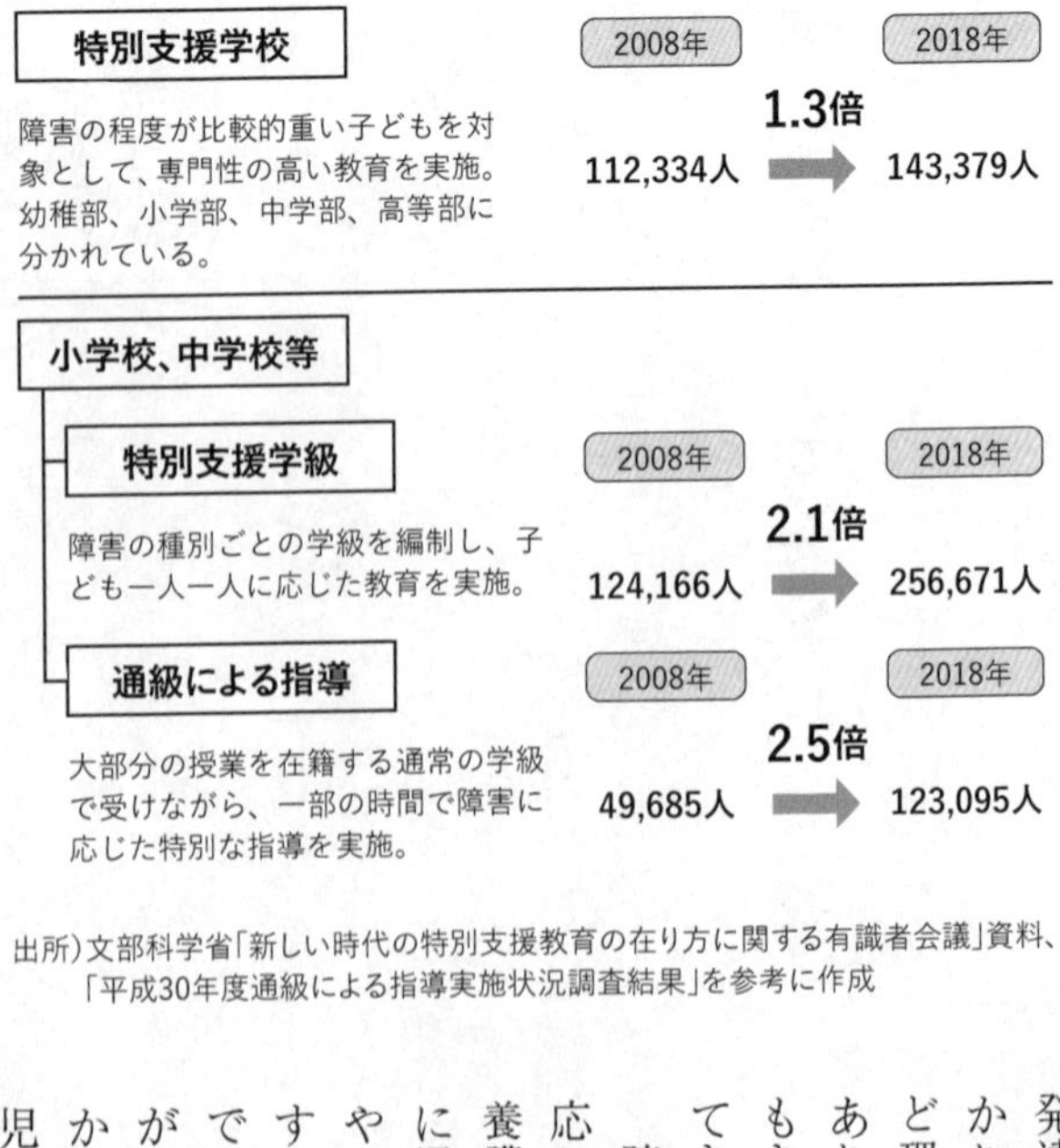
特別支援学校
2008年
2018年
障害の程度が比較的重い子どもを対象として、専門性の高い教育を実施。幼稚部、小学部、中学部、高等部に分かれている。
1.3倍
112,334人
143,379人
小学校、中学校等
特別支援学級
2008年
2018年
障害の種別ごとの学級を編制し、子ども一人一人に応じた教育を実施。
2.1倍
124,166人
256,671人
通級による指導
2008年
2018年
大部分の授業を在籍する通常の学級で受けながら、一部の時間で障害に応じた特別な指導を実施。
2.5倍
49,685人
123,095人

出所）文部科学省「新しい時代の特別支援教育の在り方に関する有識者会議」資料、「平成30年度通級による指導実施状況調査結果」を参考に作成

発達障害の児童生徒や外国にゆかりのある子（日本語がほとんど理解できない）が増加傾向にあります。そのため、以前よりもきめ細かなケアが必要となってきています。

障害のある子はその状態等に応じて、特別支援学校（以前は養護学校などと呼んでいました）に通うケースと、通常の小学校や中学校に通うケースがあります（図3−9）。特別支援学校では、障害が比較的重い子たちが通っていますが、2008年から2018年までの10年で、児童生徒数は約1・3倍になっ

ています。対象となるのは視覚障害、聴覚障害、知的障害、肢体不自由、病弱に区分されますが、複数を持つ子もいます。

特別支援学校に通わず、小学校、中学校等に通う場合は、特別支援学級に通うケースと、通常の学級で授業を受けながら、時々特別な指導を受けるケース（通級による指導）があります。**特別支援学級に通う児童生徒は、ここ10年で2・1倍にも増えています。**公立学校では児童生徒8人に1人の教員がつきますが、教室を飛び出す子やパニックになりやすい子もいて、とても8人も見ていられない、という現場の声も多く聞きます。通級指導の児童生徒もここ10年で2・5倍になっています。

## 日本語指導が必要な子ども、約1万人は「無支援」

次に、日本語指導が必要な外国籍児童生徒については、２００７年度の２万５４１１人から２０１８年度は４万４８５人と**約1・6倍**になっています。[66]日本語指導が必要な日本国籍の児童生徒についても、２００７年度の４３８３人から２０１８年度は１万２７４人で**約2・3倍**になっています。

66 文部科学省「『日本語指導が必要な児童生徒の受入状況等に関する調査（平成30年度）』の結果について」２０１９年９月27日

こうした児童生徒の母語は、ポルトガル語、中国語、フィリピノ語などです（2018年度調査で多い順）。英語も通じないので、スマホ（多くの場合、教員の私物）の翻訳アプリでなんとかしているという学校も少なくありません。

しかも、保護者も日本語が不自由なことが多いので、学校は保護者とのやりとりも非常に苦労しています。「学校便りをすべてひらがなのルビ付きにしているが、ひらがなが読めない保護者もいるので、読んでもらえていないと思う」とある校長は話していました。

しかも、前述のとおり、日本語指導が必要な児童生徒は外国籍、日本国籍合わせて約5万人いるわけですが、このうち、日本語指導等特別な指導を受けているのは約4万人です。引き算すると、**約1万人の子たちは、日本語がわからないのに、学校で日本語学習などの特別なサポートを受けられていない**のです。

どうしてこんなことになるのでしょうか。平成28年度の調査では、その理由も学校に尋ねています。「日本語指導を行う指導者（担当教員、日本語指導支援員等）がいないため（不足も含む）」が最も多い回答となっていて、ここにも学校現場の人手不足、体制不足が問題となっています。むしろ、少ない人手のなか、現場は踏ん張って、普通の学級でなんとかできることをやっているというのが実情に近いと思います。

しかも、支援を受けているという回答した4万人分についても、文科省調査にYesかNo

で言うとＹｅｓだと回答したに過ぎないので、質と量ともに十分かどうかは疑問が残ります。

## 子どもに丁寧に向き合うからこそ、長時間労働が起きている

こうした事情を踏まえつつ、先生たちが過重労働となっているのには、さらに別の理由もあります。

その前に、少し話は飛びますが、ミヒャエル・エンデの『モモ』（大島かおり訳）という本をご存じでしょうか。子どもの頃に読んだという方も多いかもしれません。独特な表紙の絵を見ると思い出すかもしれませんね。

友人のお子さん（当時小6）が「私は、『モモ』は大人が子どもに読ませるのではなく、子どもが大人に読ませる本だと思いました」と感想を言っていたのですが、私もそのとおりだなと思います。この物語のなかには、大人にとって、働き方、そして生き方を見つめなおすヒントがふんだんにあります。

この物語は、10歳前後の身寄りのないちいさな女の子モモが、時間どろぼう（人々の時間を奪う悪役）の灰色の男たちとたたかっていく様子が後半描かれています。

私が率直に感じたことのひとつは、時間どろぼうの手口がうまい、ということです。

人間に、「あなたはこれほど時間を浪費している。もっと節約したほうがあなたの人生のためですよ」と灰色の男たちは詰め寄ります。その説得の仕方が実に巧妙で、**なににどのくらいの時間を使ったか、たとえば、睡眠、仕事、食事、母の世話、インコの世話など、秒単位ですべてリストアップし、「見える化」してみせる**のです。

そのうえで、灰色の男たちは、「あなた（人間たち）が時間を節約できたら、そのぶんは時間貯蓄銀行にためておける（しかも、時間の利子もつく）」とウソをつきます。本当は、灰色の男たちはその節約された時間をエネルギーにして取り込み、増殖していくというのが話の筋です。

『モモ』の中では時間どろぼうは悪役でしたが、彼らの手口自体は役に立ちます。彼らの手法にならい、教員の勤務時間を「見える化」してみましょう。

図3－10をご覧ください。文科省が２０１６年に実施した教員勤務実態調査（前述）をもとに、過労死ラインを超える水準で働いている小中学校教師の1日（週60時間以上働く人の平均像）と、そうでない人の1日（週60時間未満の人の平均像）を比較したものです。

なお、少し前に神林さんの研究成果で１９５０～60年代と２０１０年前後の比較をみましたが、その分析では、２０１６年のこの調査は反映されていません。

## 図3−10　小中学校における教諭の1日、週60時間以上の人と未満の人との比較

| 小学校教諭の平日1日 | 週60時間以上 | | 週60時間未満 | | 時間差（分） |
|---|---|---|---|---|---|
| | 従事時間（分） | 比重 | 従事時間（分） | 比重 | |
| 授業 | 268 | 36.5% | 264 | 42.3% | 4 |
| 授業準備★ | 99 | 13.5% | 66 | 10.6% | 33 |
| 学習指導（補習・個別指導等） | 16 | 2.2% | 14 | 2.2% | 2 |
| 朝の業務◇ | 37 | 5.0% | 35 | 5.6% | 2 |
| 成績処理、試験の作成・採点、提出物確認等★ | 41 | 5.6% | 29 | 4.6% | 12 |
| 学校行事、生徒会・児童会★ | 38 | 5.2% | 24 | 3.8% | 14 |
| 給食、掃除、登下校、休み時間等の指導◇ | 65 | 8.8% | 58 | 9.3% | 7 |
| 個別の生徒指導、進路指導、カウンセリング | 5 | 0.7% | 5 | 0.8% | 0 |
| 部活動・クラブ活動 | 9 | 1.2% | 5 | 0.8% | 4 |
| 学年・学級経営（学活、連絡帳、学級通信等） | 29 | 3.9% | 21 | 3.4% | 8 |
| 学校経営、校務分掌業務等 | 26 | 3.5% | 20 | 3.2% | 6 |
| 会議、打ち合わせ◇ | 34 | 4.6% | 26 | 4.2% | 8 |
| 事務 | 20 | 2.7% | 15 | 2.4% | 5 |
| 研修 | 27 | 3.7% | 26 | 4.2% | 1 |
| 保護者・地域対応 | 9 | 1.2% | 6 | 1.0% | 3 |
| その他 | 12 | 1.6% | 10 | 1.6% | 2 |
| 合計 | 735 | 100.0% | 624 | 100.0% | 111 |

| 中学校教諭の平日1日 | 週60時間以上 | | 週60時間未満 | | 時間差（分） |
|---|---|---|---|---|---|
| | 従事時間（分） | 比重 | 従事時間（分） | 比重 | |
| 授業 | 207 | 28.4% | 205 | 33.4% | 2 |
| 授業準備★ | 93 | 12.8% | 78 | 12.7% | 15 |
| 学習指導（補習・個別指導等） | 10 | 1.4% | 9 | 1.5% | 1 |
| 朝の業務◇ | 37 | 5.1% | 36 | 5.9% | 1 |
| 成績処理、試験の作成・採点、提出物確認等★ | 43 | 5.9% | 32 | 5.2% | 11 |
| 学校行事、生徒会・児童会★ | 40 | 5.5% | 24 | 3.9% | 16 |
| 給食、掃除、登下校、休み時間等の指導◇ | 65 | 8.9% | 58 | 9.4% | 7 |
| 個別の生徒指導、進路指導、ｶｳﾝｾﾘﾝｸﾞ | 20 | 2.7% | 15 | 2.4% | 5 |
| 部活動・クラブ活動★ | 51 | 7.0% | 27 | 4.4% | 24 |
| 学年・学級経営（学活、連絡帳、学級通信等）★ | 43 | 5.9% | 30 | 4.9% | 13 |
| 学校経営、校務分掌業務等 | 23 | 3.2% | 19 | 3.1% | 4 |
| 会議、打ち合わせ◇ | 35 | 4.8% | 30 | 4.9% | 5 |
| 事務 | 21 | 2.9% | 16 | 2.6% | 5 |
| 研修 | 17 | 2.3% | 17 | 2.8% | 0 |
| 保護者・地域対応 | 12 | 1.6% | 7 | 1.1% | 5 |
| その他 | 11 | 1.5% | 11 | 1.8% | 0 |
| 合計 | 728 | 100.0% | 614 | 100.0% | 114 |

出所）中央教育審議会の事務局資料（2017年10月20日）を加工・編集のうえ作成

★がついている項目は、1日のうち一定の比重を占めるものであり、かつ過労死ラインを超えている人と超えていない人の間で比較的差が付いているものです。**「授業準備」「成績処理」（採点、添削業務などを含む）「学校行事」「部活動」**などがこれに当たります。[67] 過労死ラインを超えている先生は、これらの業務をより丁寧ないし長くやっているということが確認できました。

なお、高校については、国の2016年実施のデータはありませんが、東京都や石川県が公立高校教員について調べたところ、過労死ライン超えか否かで、部活動の時間が圧倒的に違いました。

もう一度、小中学校のデータに戻ります。どの教員にもほぼ共通する1日の時間の比重の重い業務として、「朝の業務（朝学習、朝の会等）」「給食、掃除、昼休みの見守り」「会議、打ち合わせ」などがあります（◇がついている項目）。これらについても、大きな時間を割いているわけですから、対応を考えていかねばなりません。

つまり、こういうことです。学校の先生は、**授業準備や採点・添削、学校行事の準備、部活動指導、朝の活動、給食、掃除、休み時間の見守りなど、多種多様な業務で子どもた**

**ちと向き合って忙しくなっている。**ＯＥＣＤ・ＴＡＬＩＳ２０１８のデータからもこの傾向が見て取れます。日本の中学校教員について労働時間別に筆者が再集計し、分析したところ、労働時間が長いグループほど、授業準備、採点・添削、課外活動（主に部活動）などの時間が大きく増える傾向がありました。たとえば、労働時間が週40時間以上50時間未満の人と比べて、週80時間以上の教員は、授業準備は約１・５倍、採点・添削には約１・９倍、課外活動は約２・９倍も長く従事しています。

しかも、発達障害の児童生徒や日本語が困難な子をはじめとして、よりきめ細かなケアが必要な子も増えてきたので、授業準備や児童生徒の相談にも一層時間がかかります。事務作業もたいして減っていませんし（エビデンスや説明責任が求められるなか、調査などが増えているものもあります）、会議も相変わらずかなりあります。しかも、小学校高学年から中学校、高校と行くと、学力差も大きくなってきて、通常の授業がわからない、つまらないという子もいますから、苦労します。

さらに、調査データなどでは現れにくいことですが、理不尽な保護者等がいれば、時間的にも精神的にも、先生たちはたいへん疲弊します。ある教員は、「モンスターペアレン

67　この表の分析は平日についてですが、土日については、部活動がもっと重くなります（中学校教員）。

トと呼ばれることもあるが、理不尽な保護者が多いというわけではない。だが、1人でもそうした親がいると、そのために多大な時間がかかってしまう」と述べています。

このように多忙の背景、要因を踏まえたうえで、対策を考えていく必要があります。このことは、第6章で解説します。

## 第3章のまとめ

○日本の教師は多くが過労死ラインを超えた働き方をしており、いつ過労死等の悲劇が繰り返されてもおかしくない状況にある。しかし、教師たちの感覚も麻痺していて、その状況が放置されている。

○教師の多忙化が進む背景には、特別支援や日本語支援のニーズの増大、使命感の問題、1年目から酷使されてしまう問題、多種多様な業務を引き受けていることなどがある。

○これらの問題は、教師の健康はもちろん、授業の質も含めた日本の教育に大きな影を落としている。

第4章

クライシス4

# 学びを放棄する教師たち

## 理不尽な校則、画一的な指導、考えなくなった先生

## 「ブラック校則」はいまだに続いている[68]

**茶髪禁止、スカートは膝下5センチ、下着は白のみ、夏は日焼け止め禁止、冬でもストッキングやタイツ、マフラーなどをしてはいけない**など、理不尽とも思える厳しい校則が問題になっています。2019年には『ブラック校則』と題した映画も公開されました。

2017年には、生まれつき茶色い髪を黒く染めるよう、学校から何度も指導され精神的な苦痛を受けたとして、大阪府立高校3年の女子生徒が府を相手取った裁判を起こしました。報道によると、**教員から「母子家庭だから茶髪にしているのか」と中傷を受けたり**、指導の際に過呼吸で倒れ、救急車で運ばれたりしたこともあったそうです。文化祭や修学旅行には茶髪を理由に参加させてもらえなかったり、授業への出席も禁じられたりもしました。

同じ年の朝日新聞の調査によると、生徒が髪の毛を染めたり、パーマをかけたりしていないかを確認するため、全日制の**都立高校の約6割で「地毛証明書」（くせ毛や髪の色などの特徴を届け出るもの）を提出させている**こともわかりました（朝日新聞2017年4月30日）。

2018年に「『ブラック校則をなくそう！』プロジェクト」という団体が15歳以上の

### 図4－1　中学時代の校則の体験比率

| | 髪の毛の長さが決められている | スカートの長さが決められている | 眉毛を剃ってはいけない | 整髪料を使ってはいけない | 下着の色が決められている | 帰宅途中に買い物をしてはいけない |
|---|---|---|---|---|---|---|
| 10代 | 26.6% | 57.0% | 44.3% | 38.6% | 15.8% | 50.0% |
| 20代 | 16.7% | 38.1% | 20.2% | 19.6% | 4.8% | 23.2% |
| 30代 | 13.7% | 23.7% | 8.1% | 10.4% | 1.9% | 31.3% |
| 40代 | 32.0% | 40.4% | 11.2% | 10.0% | 3.2% | 30.0% |
| 50代 | 25.4% | 34.7% | 8.5% | 7.0% | 0.9% | 19.7% |

出所）荻上チキ・内田良（2018）『ブラック校則　理不尽な苦しみの現実』東洋館出版社をもとに作成

10～50代にアンケート調査をしたところ、10代の回答者の6人に1人が、中学時代に校則で「下着の色」が決められていたことなどがわかりました。高校時代の校則についても10代の約1割がそう答えています。

この調査によると、そうした校則があったという回答割合は10代のほうが高いものも目立ちます（図4－1）。高校時代の校則の体験比率についても、似た傾向があります。たとえば、「スカートの長さが決められている」は、10代が48・1％、20代が32・1％、30代が27・5％、40代が25・6％、50代が30・5％、「眉毛を剃ってはいけない」は、10代が

68　本書でも、かなり広く認知されてきた用語である「ブラック校則」という言葉を用いますが、「ブラック＝黒は悪で、ホワイト＝白は善」といった偏った見方を助長しかねない表現なので、あまり好ましくないとも考えます。

**図4－2　ブラック校則データベースのサイト**

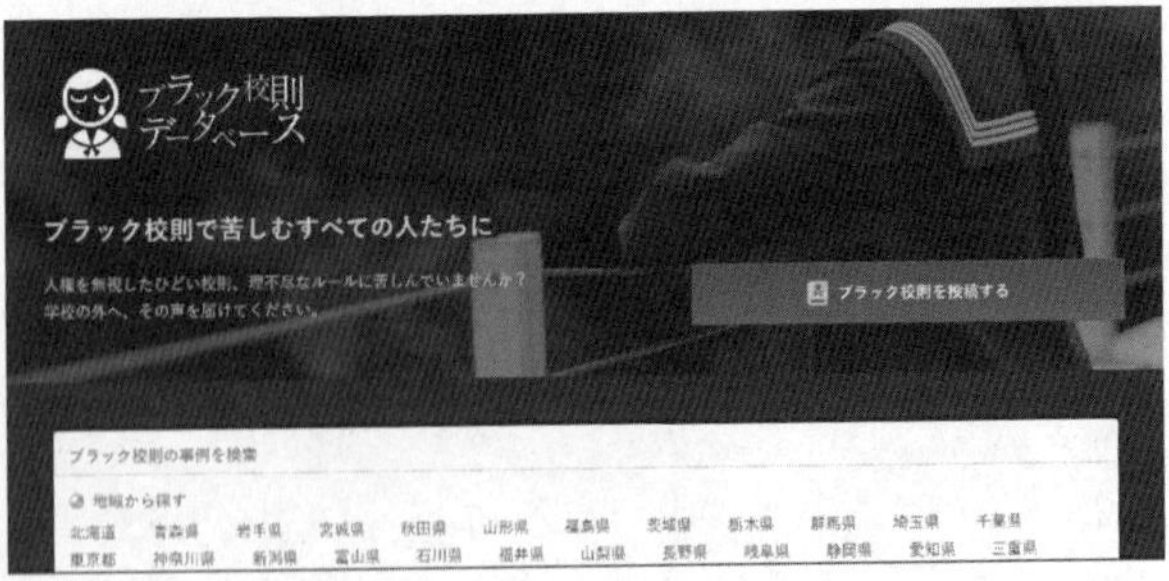


出所）https://ksk.black/（2020年2月28日確認）

26・6%、20代が11・9%、30代が6・2%、40代が7・6%、50代が6・1%など、10代のほうがこれらの校則があったという回答割合が高いです。調査をリードした評論家の荻上チキさんは「10代の方がより記憶している面もあるが、管理強化の傾向がある。予想外の結果だった」と話しています。[69]

NHKが2019年に情報公開請求したところ、愛知の県立高校の4分の1で、地毛証明書（届出書）を提出させるルールがあったといいます（NHKニュース2019年12月28日）。都立高校で話題になったとき、多くの批判が出たにもかかわらず、いまだに続いているのです。

2018年12月には「ブラック校則データベース」というサイトが立ち上がり、さまざまな校則の事例や生徒、保護者等の声を掲載しています（図4－2）。

さて、「校則の話とティーチャーズ・クライシスの何が関係あるんだ?」と思われた方もいると思います。

こうした校則は、なにも最近始まったものばかりではありません。また、校則への批判や疑問も以前から(たとえば1980年代にも)出されていました。にもかかわらず、改善されないどころか、校則によってますます子どもたちが生きづらくなっている学校もあります。

あとで詳しく解説しますが、この背景には、学校や教師たちが「ルールはルール」という固定観念に縛られて、思考停止していることが挙げられます。

校則のせいで生きづらさを抱えている生徒への配慮がないこと、必要に応じてルールは見直していくべきなのに、それを考えなくなったこと。

そういう意味で、理不尽な校則がいまだ続いていることは、まさに「ティーチャーズ・クライシス」のひとつであり、「教師崩壊」が進行していることを〝炭鉱のカナリア〟のように知らせてくれている事例ではないか、と思います。

69　朝日新聞2019年12月1日、荻上チキ、内田良(2018)『ブラック校則――理不尽な苦しみの現実』東洋館出版社

## 厳しすぎる校則が「子どもの思考力を奪っている」

さて、「ブラック校則」、いったい何が問題なのでしょうか。

ここでは4点に整理したいと思います。

### ①健康上の悪影響

髪の毛を染めるよう強要するのは、頭皮が傷む、アレルギー反応が出るなど健康被害が起こる可能性があります。夏場の日焼け止め禁止、冬場のストッキング、タイツ禁止などは、子どもたちの健康上よくありません。

### ②子どもの人権上の問題

下着の色の指定やチェックは、セクハラとも言えます。また、服装や容姿について校則に従わないからといって、一部の授業や行事（修学旅行など）を受けさせないとなると、児童生徒の学習権を侵害する措置に当たる可能性もあります。校則の厳しい管理がストレスや苦痛になって、不登校になる子もいます。

## ③多様性を尊重しない風土

外国にゆかりのある子どもたちや外国人観光客らも増えているなか、黒髪でなければならないといった風潮は、時代錯誤も甚だしい、と多くの方が感じると思います。また、特定の服装、容姿などの強要は、ＬＧＢＴ（性的少数者）の子らを傷つけてしまうこともあります。

## ④従順で、考えない子どもを増やしている問題

第２章で、日本の子どもたちは従順で、創造性や思考力は弱いのではないかという問題提起をしました。このことを校則や管理強化の「指導」は助長してしまいます。

ＮＰＯ法人ストップいじめ！ナビ代表理事でもある荻上チキさんは、インタビューに次のように答えています。

> 暗黙のうちに、「年上や先生には逆らってはいけない」「和を乱してはいけない」「理不尽なルールであったとしても、それに従う方が個人の権利を主張するより重要だ」という価値観を子どもたちに伝えている。「社会のおかしなルールは変えられる」という考えを失わせ、「声を上げる人は生意気で痛いヤツ」という感覚を育ててしまう。

18歳選挙権が始まった時、「主権者教育」が盛んに叫ばれましたが、学校は校則を決める主権を子どもたちに譲っていないし、いざ18歳になって権利を行使しようとしても、子どもたちは社会の理不尽さを変えようという議題設定から締め出され続けている。秩序を自分たちで変えていく力を奪っていることが、あしき教育効果だと思います。

（東京新聞2019年12月30日）

福岡県の高校7校の生徒（2年生）を対象にした調査によると、「校則を守ることは当然」と考える高校生の割合（「そう思う」「どちらかといえばそう思う」の合計）は、68・3％（2001年）↓75・4％（2007年）↓87・9％（2013年）と増えています（図4－3）。

これは、推薦入試やAO入試などが増えて、学校の日常的な評価が進路に影響しかねないことも一因にあると思います。ですが、同時に心配なのは、決められたものには従うという姿勢が強くなっているかもしれないことです。

「忖度する主体性」が評価されているのではないか、「従順な羊」が育っているだけではないかという第2章の分析結果とも符合する話です。

**図4−3 【高校生向け調査】**
**「校則を守ることは当然のことだ」に対する態度**

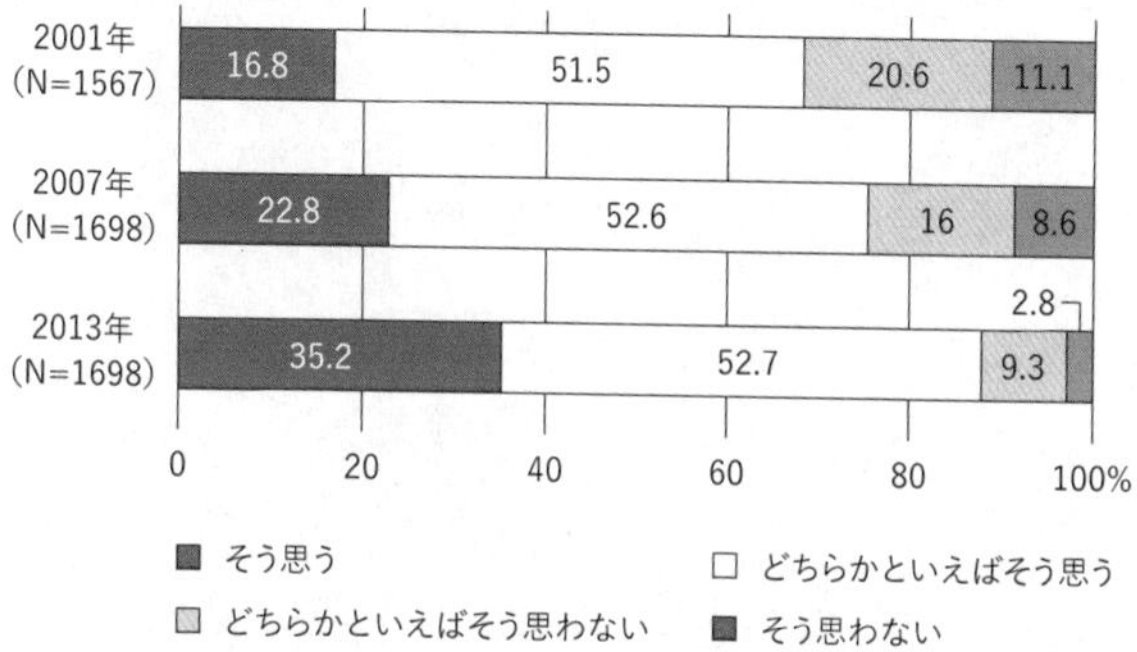


出所）平野孝典「規範に同調する高校生」より引用。
友枝敏雄編（2016）『リスク社会を生きる若者たち』大阪大学出版会

## 「自浄作用」が働かない学校組織

これ以外の問題もありますが、少なくとも以上4点の大きな問題が挙げられます。

にもかかわらず、多くの学校、教職員は、なかなか校則を見直そうとしてきませんでした。地毛証明などは教育委員会がやめるように呼びかけている例もあるようですが、学校には〝自浄作用〟はないのでしょうか？

歴史をたどると、1980年前後に校内暴力など「荒れる学校」が問題となり、校則が厳しくなったと言われています。

いまでも、「校則をゆるめると、学校、学級が荒れないか心配。服装指導などは生徒指導の一環」「決められたルールを守るのは、社会に出ても当然」などという言葉を教員から度々聞きます。

ですが、これはおかしな理屈だと思います。理由は3点あります。

第一に、これらは、校則の理不尽さや問題、副作用が大きいことを正当化する理由にはなりません。

第二に、「児童生徒は校則に従わなければならない」という法令はどこにもありません（学習指導要領を含めて）。児童生徒に守らせるべきなのは、法令のほうです。たとえば、人の身体や心を傷つけるのは、暴行罪、傷害罪や名誉毀損罪になりえます。

「社会に出たらルールを守る」というのは、まずは法令を遵守するという意味で使われるべき話で、理不尽な規則を無批判に受け入れたらよいという話ではないはずです。

「就職活動や入試の面接などのときに茶髪等では不利になる」と言い訳する教員も多くいます。社会の側ももっと寛容になってほしいとは思いますが（こだわらない企業等も増えてきています）、その問題を生徒に伝えて、自分で選ばせたらよいでしょう。

第三に、校則をゆるめるくらいで、学校、学級が荒れたり、うまく運営できなくなったりするのなら、たいてい、真の問題は別のところにあります。たとえば、家庭の問題だったり、交友関係でストレスがあったり、あるいは授業がほとんど理解できず、つまらなかったり。

教員は、真の問題にもっと向き合うべきです。むしろ、厳しい生徒指導で生徒を締め付けようとすると、反発を招くこともあります。

## 身震いするほど怒っても「指導」と言い張る教師

福井県池田町立池田中学校に通う中学2年生の男子生徒（当時14歳）が2017年3月に自殺しました。池田町学校事故等調査委員会がまとめた報告書（要約版）によると、「本生徒は、担任、副担任の双方から厳しい指導叱責を受けるという逃げ場のない状況に置かれ、追い詰められた」「担任、副担任の厳しい指導叱責に晒され続けた本生徒は、孤立感、絶望感を深め、遂に自死するに至った」のです。

一例を挙げると、マラソン大会当日、伴走ボランティア実行委員長の本生徒は、挨拶の準備が遅れたことを理由に、担任から、校門の前で大声で怒鳴られました。「目撃していた生徒は、（聞いている者が）身震いするくらい怒っていた、すごい怒鳴っていた、本生徒が可哀想と感じたなどと述べている」そうです（同報告書）。

ここでは、「ブラック校則」による生徒指導、生活指導と似たものを感じます。この例ほどではなくても「指導」という名のもとで、教師たちは自身の行いに疑問を抱かなくなっている側面もあるのではないでしょうか。

## 「筆算は定規を使わないと減点」に見る思考停止

どうも学校がおかしくなっているのではないか。そう感じる事例はほかにもたくさんあります。

少し前に、算数の宿題で、筆算で定規を使わずに提出したところ、160問やり直しを指示された、というニュースが話題になりました。また、別の学校でも、筆算で定規を使わなかったところ、テストで減点されたという話もあるそうです。

「なぜ筆算の横線を、全て定規で引く必要があるのでしょう」。福岡県内の小学校に通う小学5年男児の親族の女性(34)から、特命取材班に相談が寄せられた。夏休みの宿題を提出したところ、横線が手書きだったとして、担任に「書き直し」を命じられたという。指導の背景を探った。

女性によると、担任は日ごろから定規を使うように指導。男児は疑問を抱きつつも注意されるのが嫌で基本的に従ってきた。今回、筆算の一部は「別にいいだろう」と自分で判断し、手書きで線を引いたという。

すると、担任から保護者に書き直しを求める電話があった。対象は160問分。理由を尋ねると「計算ミスが減るし、みんなにやらせている」。女性は「計算のリズムが崩れるし、自分なりのノートの取り方を見つけるのも勉強ではないか」と不思議がる。

（西日本新聞2019年9月24日）

どうしてこんな「指導」になってしまうのか、不思議に思われた読者もいるのではないでしょうか。

私が聞いたかぎりの話ですが、いくつかの小学校では定規の使用を奨励している例があるとのことです。中高ではほとんどなく、むしろ定規を試験中に使うと不正行為とみなされることもあります（それはそれでどうかという問題もありますが）。

小学校教員に聞いてみたところ、主に次の2点の理由があります。

①計算ミスを減らし、確実な筆算の方法を習得するために、定規の使用は有効だから。

②一部の児童に手書きを例外的に認めると、授業、学級がうまくいかなくなるから。

①については、小学校では児童の発達状況がさまざまで、フリーハンドで線を引くのが難しい子もいます。定規を使わないと桁がズレて、計算ミスをよくする場合もあるので定規の使用を奨励している、ということです。

しかし、そうであれば、フリーハンドである程度線を引けるようにする練習をしたほうがよいのであって、定規の使用を徹底させる必要はない、という意見もあります。それに、まさにさまざまな子が学級にいるのですから、その子の特性や発達段階に応じて考えればよい（全員に強要させる必要はない）、と捉えることもできると思います。

そうすると、②の問題が出てきます。「定規なしでも筆算ができる子は、定規を使わなくていいよ」と言うと、できない子も定規を使わなくなって、結局、筆算の習得が遅れるという意見です。[70] たしかにそういう意見があることもわかります。

一方で、そこは先生の伝え方や指導次第なのでは、という気もします。全員に同じことをさせなくても、うまく学級運営している教員もたくさんいることでしょう。

校則のところで述べたとおり、定規のことくらいで学級がうまくいかないのなら、問題は別のところにあるのではないかとも思います。それに、「なるべく例外を認めたくない」という頑なな姿勢では、発達障害などで教員の指示のとおりに進めるのが難しい子は、どうなるのでしょうか。

さらに、①や②のような理由があるとしても、それで160問もやりなおしをさせたり、テストで減点したりするのは、はっきり言ってやり過ぎです。そんな経験をした児童は、それがきっかけで算数嫌いになってしまうかもしれません。

## 自分の頭で考えなくなった教師たち

理不尽な校則を強要させる。「指導」という名のもと生徒に怒鳴り散らす。定規の使用に頑なにこだわる。

これらには共通点があるように思います。

それは、「指導」ではなく、教員による生徒への「いじめ」である可能性です。

前述の池田中で自殺した生徒の母親の手記には「教員と生徒の間の為、叱責という言葉で表現されてはいるものの、私達遺族は、叱責ではなく『教員による陰険なイジメであった』と理解しています」とあります（福井新聞2017年10月18日）。

生まれつき茶色い髪を黒く染めるよう指導された大阪の生徒は不登校になっており、

70 https://teachers-job.com/n-jougi/

「指導の名の下に行われたいじめだ」と裁判で訴えています。筆算の事例では、定規を使っていないだけで160問もやりなおせ、というのでは、苦痛に思う児童はいることでしょう。

私が懸念しているのは、**「指導」の一環ということで、教員は自ら行っていることを安直に正当化し、本当にこれでよいのだろうかという疑問をはさんだり、見直したりすることができなくなっている**のではないかということです。これは、教員個々の問題にとどまりません。学校という組織がどこかで思考停止になってはいないでしょうか。

そもそも、教師が行うことは児童生徒への影響（その後の人生への影響も含めて）が大きいことです。したがって、何のための「指導」なのかという目的、ねらいを改めて確認すること、またその目的に照らして、手段が適切・妥当なものなのかを常に問いなおす必要があります。

「以前からやっていることだから」「教育的な意義があるから」といくらいっても、児童生徒の学習権を侵害したり、児童生徒の心に傷を負わせたりするのが、「教育」「指導」ではないはずです。学校の先生たちには、目的と手段を分けて考えること、その手段にも効用と副作用（別の言い方では、機能と逆機能）があるということをもっと考えてほしいのです。しかし、混同している例や複眼的な見方ができていない教員をよく見かけます。

もちろん、こうした「指導と呼べない指導」をしている学校、教員は全体からみれば、一部かもしれません。ですが、考えない教師、思考停止状態の教師が一定数いることは、非常に危ない状態（クライシス）だと思います。

仮に学習塾や習い事でおかしな「指導」や理不尽な規則などがあれば、すぐにやめて、他のところに移ればよいかもしれません。しかし、学校の場合は教員を選べるわけでもありませんし、転校もかなりハードルが高い選択肢です。

たとえると、あなたは、近所のレストランに来ました。しかし、料理はあまりおいしくなく、店員の対応もとてもお粗末です。しかし外食できるところは地域に1軒しかないので、それでガマンしています。お客さんが自動的に来てくれる、逃げることがほとんどないからといって、学校がこういう状態でいいわけはないですよね[71]。

教育機関であり、かつ、ほかに転出しにくい学校という場では、児童生徒に望ましくな

71　私は、学校選択制（小学校や中学校について選べるようにすること）については副作用も大きいので、慎重な考えです。たとえば、現在教育に困難を抱えている学校は、これによって一層困難な状況になるリスクがあります。

い影響があることにはことさら慎重であるべきでしょう。危険性の高い組体操をやめることも同様です。子どもの死亡事故や重大な障害が残る事故も起きています。過去には通用していた「指導」も見直していく必要があります。

## 忙しすぎて、刃を研ぐ時間なんかあるもんか！

先生たちが思考停止状態になっている。

その理由として挙げられるのが、第2章で解説した「多忙化」の影響です。

次のたとえ話がわかりやすいと思います。


森の中で、必死で木を切り倒そうとしている人に出会ったとしよう。

「何をしているんです？」とあなたは聞く。

すると男は投げやりに答える。

「見ればわかるだろう。この木を切っているんだ」

「疲れているみたいですね。いつからやっているんですか？」

あなたは大声で尋ねる。

「もう5時間だ。くたくただよ。大変な仕事だ」

「それなら、少し休んで、ノコギリの刃を研いだらどうです?

そうすれば、もっとはかどりますよ」とあなたは助言する。

すると男ははき出すように言う。

「切るのに忙しくて、刃を研ぐ時間なんかあるもんか!」


これは、大ベストセラーの『7つの習慣』というビジネス書の一節です。7つ目の習慣として、「刃を研ぐ」ということを述べたシーンです。[72]

みなさんもおわかりかと思いますが、ノコギリの刃を研いだら、もっと効率的に仕事が片付くはずなのに、その暇がないんだよと言って、目の前のことに集中する。

これって、学校の先生たちにも当てはまらないでしょうか?


ここでの「刃を研ぐ」というのは2通りの意味があると私は捉えています。

ひとつは、少し立ち止まって、業務の見直しを図るということ。校則でも、日ごろの授業等の指導方法でも、自分や学校の状況を振り返り、修正を加えていくということです。

72 スティーブン・R・コヴィー著、フランクリン・コヴィー・ジャパン訳(2013)『完訳 7つの習慣 人格主義の回復』キングベアー出版もうひとつは、自己研鑽《けんさん》、自己投資という意味です。

この2つの意味で、いまの先生たちは、「刃を研ぐ」ことが疎かになっているのではないか、というのが本書（とりわけ本章）の問題意識です。

## 「メシ・風呂・寝る」だけでは生産性は上がらない

もうひとつ、関連するエピソードを紹介しましょう。

出口治明さんという方がいます。日本生命保険相互会社で長く勤務したあと、60歳近くで起業（現在のライフネット生命保険株式会社）。同社を軌道にのせたあと、2018年（69歳のとき）から立命館アジア太平洋大学学長をしている、たいへんユニークな人です。非常に博識で「知の巨人」とも呼ばれています。私も出口さんの本を10冊以上読んでいますが、どれもおもしろく、役立つものばかりです。

さて、その出口さんが「人は3つのことから学ぶ」（学びのルートはおおむね3つに整理できる）という話をよくされています。

この3つとは、なんだと思いますか？

答えを言う前に、出口さんのインタビュー記事をご紹介しましょう。[73]

> なぜ日本は生産性が低いのかということを考えてみましょう。
> 例えば、出版社にAとBという2人の編集者がいたとします。Aは、朝8時に出勤し、夜10時まで働きます。昼食も、自分の席でサンドイッチをかじり、仕事に励んでいます。しかし、頭が固くて、いい本を生み出すことができません。
> 一方、Bは、朝10時くらいに出社し、すぐにスタバで誰かと話をしています。そのままお昼を食べて会社に帰ってきません。夜は、6時になったら飲みに行って、会社に戻りません。しかし、たくさんの人に会ってアイデアをもらっているので、ベストセラー本を年に3回くらい出します。

AさんとBさん、あなたならどちらを評価しますか?

もちろんふつうは、売れる本をたくさん出しているBさんでしょう。

ここが、発想力や創造性（クリエイティビティ）が大事な仕事での特徴のひとつです。

長い時間頑張ったからといって、必ずしもよい成果が伴うとは限りません。むしろ、Aさ

73　白河桃子「出口治明氏『メシ・風呂・寝る』から『人・本・旅』へ」NIKKEI STYLE WOMAN SMART内連載「すごい働き方革命」2017年8月23日
https://style.nikkei.com/article/DGXMZO1982197009082017000000/

んの場合は、机にかじりついていることで、多様な経験を逃し、発想力が乏しくなっているきらいもあります。

いまは昔、人口が増え続けて、モノをたくさんつくって売れていた時代は、ちがいました。なるべく長時間働いて（あるいは働かせて）、たくさん生産するほうが会社等には貢献していました。「24時間働けますか」というCMが流れていた時代ではそうだったのかもしれません。

でも、いまはどうでしょうか。たくさんつくっても、売れない時代になってきています。こうなると、労働時間の多さや生産量だけでは評価できない時代になっているのです。

出口さんは、Aさんのような、うちに帰って「メシ・風呂・寝る」だけの生活では、知的生産が大事な仕事ではうまくいかない、と説きます。

## 4割の教師が「月に1冊も本を読んでいない」

出口さんはこう述べています。「仕事を早く終えて、人に会ったり、本を読んだり、ときには旅したりと、脳に刺激を与えないと、画期的なアイデアは生まれないでしょう」[74]。

そう、クイズの答えは、**「人・本・旅」**です。

「人から学ぶ」というのは、言うまでもありませんね。職場のなかでの学び、それから職場の外の人からの学び、両方大事です。

「本から学ぶ」とは、過去の反省や歴史上の失敗などを学ぶのに非常に豊富な情報が本（書籍）には詰まっているからです。しかも安価でアクセスしやすい。人と会って話を聞いてもいいのですが、その人の時間を取りますし、お互いに都合がつくとは限りませんが、読書にはそういう心配はありません。

「旅から学ぶ」とは、旅行という意味だけでなく、気になる現場に出かけて行くことを指しています。事件は会議室で起きているのではないのですから。

出口さんの指摘は、学校の先生にもよく当てはまると思いますが、実態はどうでしょうか。

横浜市立小中学校への調査（N＝521）によると、教師の1か月当たりの読書冊数は、0冊が32・4％、1冊が33・6％、2冊が16・1％です。3冊以上は2割もいません。[75]

この結果が多忙のせいかどうかの検証はできていませんが、とても熱心に学び続けてい

74 出口治明（2019）『知的生産術』日本実業出版社

75 辻和洋、町支大祐編著、中原淳監修（2019）『データから考える教師の働き方入門』毎日新聞出版 P80

ると は言えない人が大半と言えそうです。

筆者の独自調査でも、教師の1か月の読書量について聞いたところ（小説、漫画などは除く）、**小学校教員の約3割、中学校、高校の教員の4割以上が「0冊」**と回答しました。多くの本を読んでいる人も一定割合いますが、大半が0冊または1冊という結果でした（図4－4）。おおよそ6～8割の教員は本からの学びを得ておらず、1～2割の教員はたいへん熱心に本から学んでいる。そんな二極化した状況が見て取れます。

同じデータを年齢別に分けたものが図4－5です。先ほど指摘した二極化は、どの校種・年齢層にも言えます。

また、29歳以下で読書量ゼロという人が4～5割にも達することは、たいへん心配です。教員として伸び盛りのときに、1冊も本を読まない教員がほぼ半数というのは、問題なのではないかと思います。

## 自らの学びを放棄し始めた教師たち

労働経済学が専門の玄田有史教授（東京大学）は、『働く過剰』という本の中で「データから垣間見られる長時間労働のもたらしている最大の弊害とは、**能力開発の機会喪失**で

## 図4－4　教師の1か月の読書量

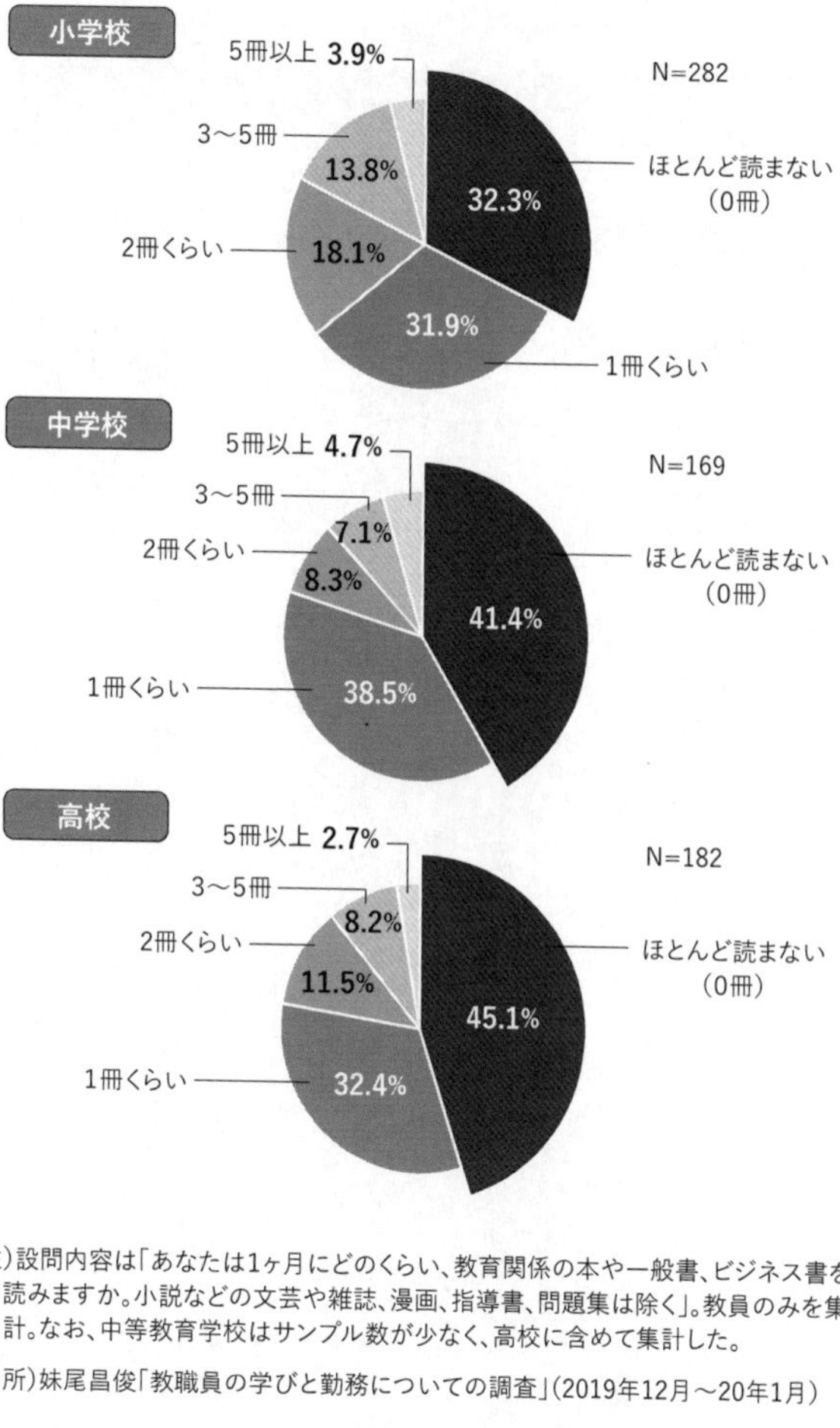


注）設問内容は「あなたは1ヶ月にどのくらい、教育関係の本や一般書、ビジネス書を読みますか。小説などの文芸や雑誌、漫画、指導書、問題集は除く」。教員のみを集計。なお、中等教育学校はサンプル数が少なく、高校に含めて集計した。

出所）妹尾昌俊「教職員の学びと勤務についての調査」（2019年12月～20年1月）

**図4−5　校種別・年齢別　教師の1か月の読書量**

| | | 回答者数 | ほとんど読まない（0冊） | 1冊くらい | 2冊くらい | 3冊～5冊くらい | 5冊以上 |
|---|---|---|---|---|---|---|---|
| 小学校 | 29歳以下 | 69 | 40.6% | 27.5% | 10.1% | 15.9% | 5.8% |
| | 30～39歳 | 78 | 29.5% | 37.2% | 20.5% | 11.5% | 1.3% |
| | 40～49歳 | 58 | 34.5% | 24.1% | 19.0% | 19.0% | 3.4% |
| | 50～60歳 | 96 | 26.0% | 35.4% | 22.9% | 11.5% | 4.2% |
| 中学校 | 29歳以下 | 30 | 46.7% | 33.3% | 13.3% | 6.7% | 0.0% |
| | 30～39歳 | 51 | 45.1% | 45.1% | 5.9% | 2.0% | 2.0% |
| | 40～49歳 | 40 | 47.5% | 27.5% | 12.5% | 10.0% | 2.5% |
| | 50～60歳 | 55 | 32.7% | 40.0% | 5.5% | 9.1% | 12.7% |
| 高校 | 29歳以下 | 40 | 55.0% | 30.0% | 5.0% | 7.5% | 2.5% |
| | 30～39歳 | 44 | 45.5% | 34.1% | 9.1% | 6.8% | 4.5% |
| | 40～49歳 | 23 | 43.5% | 30.4% | 13.0% | 13.0% | 0.0% |
| | 50～60歳 | 83 | 36.1% | 33.7% | 18.1% | 9.6% | 2.4% |

注）教員のみを集計。なお、中等教育学校はサンプル数が少なく、高校に含めて集計した。

出所）妹尾昌俊「教職員の学びと勤務についての調査」（2019年12月～20年1月）

ある」と指摘しています。[76]

これは一般の企業について分析したものですが、学校においても、多忙化により、ゆとりを失った教職員が、本を読んだり、旅に出かけたりして、視野を広げる、または思考を深めるといった能力開発の機会と時間を犠牲にしている可能性がある、と思います。[77]

つまり、いまの学校の最大の問題のひとつは、**教職員の学び（「人・本・旅」のような自己研鑽を含めて）の余裕がなくなってきていること**、言い換えれば、学びが貧しくなってきていることです。子どもたちには、「勉強しろ、本を読め」などと言っているにもかかわらず、たいして勉強しない教員も多数いるのです。

そのため世の中の動きに鈍感だったり、世

間の認識とズレた副作用の大きい「指導」に疑問を感じなかったりする教員もいるのではないか、と私は見ています。

なお、独自調査では、外部のセミナーや勉強会等に参加しているかも尋ねています（教育委員会主催などの公的な研修は除く）。その結果、小学校教員の約25％、中学校教員の約31％、高校教員の約34％は、直近1年間「まったくない」と回答しています（一定のサンプル数があった労働時間が週40時間以上のみを集計）。

一方で、小中高とも1割近くの教員は年間7回以上参加したと回答しています。ここでも勉強する教師としない教師の二極化が進行していることがわかります。

さて、保護者あるいは児童生徒の目線に立ったとき、次のどちらの先生がいいでしょうか。ここでは、ある2人の社会科の先生を例にします（仮名）。

76 玄田有史（2005）『働く過剰――大人のための若者読本』NTT出版

77 ただし、独自調査をクロス集計分析したかぎりでは、労働時間が過労死ラインを超えるほど長くても、そこまでいかなくても、読書量が多い人もいれば、少ない人もいるという結果でした。もっとも、労働時間が短くても、家事・育児等もあって読書の時間が取りにくいケースなどもあるでしょうから、背景等の分析は今後の課題です。なお、前掲の横浜市の調査によると、約8割の小中学校の教員が「自己啓発（読書など）の時間が足りていない」と回答しています。

山田先生は最低限の授業準備はしていますが、「メシ・風呂・寝る」の毎日で、採用試験に受かって以降、20年あまり知識をアップデートできていません。教科書と指導書（教師向けの教科書の解説本、〝虎の巻〟）からはみ出た話はあまりしないので、少し退屈です。最近はストレスが溜まっているのか、授業中に大声で怒鳴ることもあり、怖い先生です。

川原先生は、日ごろからよく本を読み、たまに学会や勉強会にも顔を出していて、最新の学説にも詳しい様子です。休日はたびたび史跡めぐりに訪れていて、その写真や動画を授業中も使っています。川原先生の授業を受けた生徒は「社会は暗記ものというイメージが変わった」と言っています。

どちらがいいか、言うまでもありませんよね？

もうひとつ質問です。ここで、山田先生が部活動にとても熱心で、あなたのお子さんを部活を通じてよく面倒をみてくれている先生だとしましょう。その場合、どうでしょうか。

保護者としては、日ごろの授業のことはよくわからないことも多いわけですし、「山田先生もとてもいい先生だな」と思うのではないでしょうか。

しかし、実際には部活が忙しいことも影響して、山田先生は社会科の知識や教師のスキルを磨くことを疎かにしているわけです。「データ上も二極化が確認できた」と私が申し上げているのは、こういうことが日本中で起きているのではないか、ということです。

果たして、教師の本業、コア業務は何なのか、どこにより時間とエネルギーをかけるべきなのかを問い直す必要があります。[78]

## 教師は6時間睡眠もキープできない？

労働時間との関係が明確に出てきやすいのは、睡眠不足の問題です。

必要な睡眠時間は個人差がありますが、一般的に6時間以上はほしいという人は多いでしょう。厚生労働省の「睡眠指針2014」でも、医学的見地から、必要な睡眠時間は6時間以上8時間未満あたりと考えておいたほうがよい、とあります。

筆者の独自調査の集計では、労働時間が長い教職員ほど、6時間未満の睡眠となっている割合が増えています（図4－6）。**週70時間以上働いている教職員の場合、なんと半分**

78　関連して、法律上も「教育公務員は、その職責を遂行するために、絶えず研究と修養に努めなければならない」とあり、公立学校の教員は一般の公務員よりも研修が重視されています（教育公務員特例法第21条）。

## 図4－6 教職員の労働時間別、平日の睡眠時間が6時間未満の比率

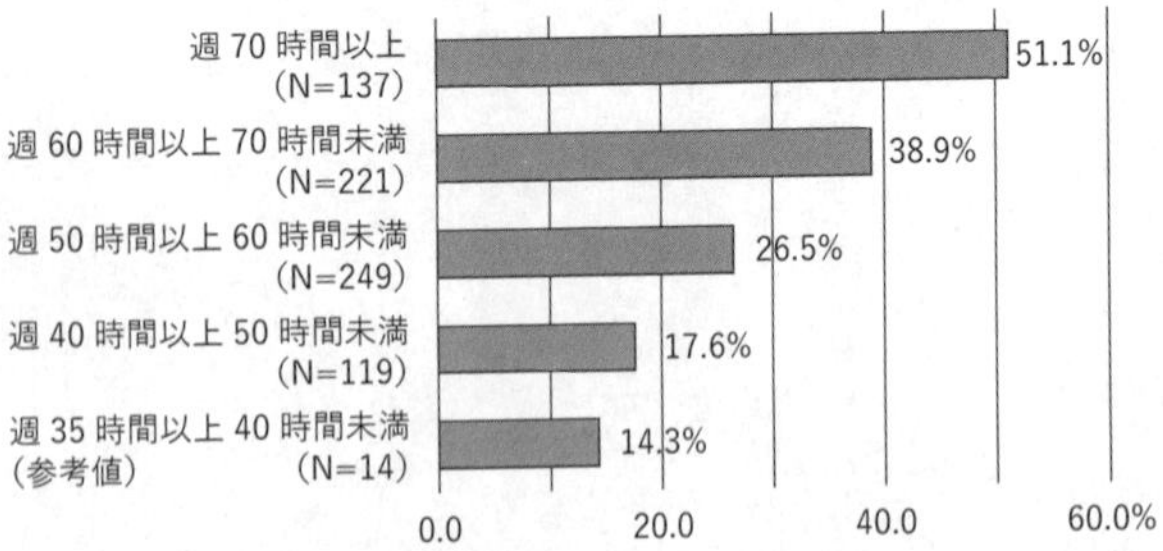


注）労働時間には、学校内での勤務時間に加えて、自宅等での持ち帰りも含めている。なお、集計には、学校事務職員や講師等も含まれている。週35～40時間はサンプル数が少ないため、参考値。

出所）妹尾昌俊「教職員の学びと勤務についての調査」（2019年12月～20年1月）

**以上が６時間も眠れていません。**

日本の成人約２万８０００人に調査したところ、睡眠時間が６時間未満の人は、男性12・９％、女性14・４％でした。[79] この調査と比較しても、学校がいかに異常な労働環境かがわかります。

睡眠不足は生活習慣病やうつ病にもつながりやすいと考えられますが、これはなにも健康上の問題だけではありません。こんなに余裕のない状態では、深く思考したり勉強したりするゆとりがないだろうと思います。

つまり、日本の教育は、**先生たちが勉強して視野を広げたり、深く思考したりする時間が不足しているのに、子どもたちの思考力や創造性を高める授業をせよ**と言っているのです。

こんな状況は無茶です。著名なコピーライター糸井重里さんもこう述べています。**「ちゃんとメシ食って、ちゃんと風呂に入って、ちゃんと寝てる人には、かなわないよ」**（AERA2016年11月21日号）。

もちろん、教師の勉強不足や睡眠不足は、個々人の意識の低さに原因がある、と片付けるのは乱暴です。日本の教師は世界でも類を見ないほど忙しく、そのために自己研鑽等をするエネルギーと精神力が枯渇してしまっているのです（第3章）。

ある市が2016年度に実施した教員向けストレスチェック調査によると、小学校教員の61・5％、中学校教員の58・8％が「いつもひどく疲れた」「しばしばひどく疲れた」と回答し、小学校教員の50・2％、中学校教員の47・1％が「いつもヘトヘトだ」「しばしばヘトヘトだ」と回答しています。

## 先生のワーク・エンゲイジメントは、それほど高くない？

今回の独自調査では、先生たちのワーク・エンゲイジメントについても尋ねています。

79 Kaneita, Y. et al.(2005)Excessive Daytime Sleepiness among the Japanese General Population. Journal of Epidemiology.15(1).1-8.

ワーク・エンゲイジメントとは、一般的には、仕事に対するポジティブな心理状態を指し、「活力」「熱意」「没頭」の3つの要素で把握されるものです。[80] 平たく言えば、イキイキと働けているかどうかを示す指標です。

先行研究に倣ってワーク・エンゲイジメントに関する9つの項目（「仕事をしていると、活力がみなぎるように感じる」「仕事に熱心である」「私は仕事にのめり込んでいる」など）について、どのくらいの頻度で感じるかを回答してもらいました。[81]

調査の結果、スコアの平均は0（まったくない）から6（いつも感じる）の間で分布しますが、教員の場合、とても高い人（平均4以上）がいる一方で、とても低い人（平均2未満）も相当いることがわかりました。これもまた二極化していることが見て取れました（なおこうした分布が二極化しているケースでは、小学校教員の平均スコアはいくつといった平均値だけを見ても、あまり意味はありません）。

この結果は、実は少し意外でした。というのも、教育委員会や教職員組合等がこれまで実施してきた多くの意識調査では、教員の9割以上は仕事への意欲は高い、やりがいを感じているという結果ばかりだったからです。

「やりがいはありますか？」とざっくり聞かれたら、子どもたちの成長に携わる仕事なのですから、Ｙｅｓという人が多いですよね。ワーク・エンゲイジメントではもう少し掘り下げて把握したために、このような結果になったと思われます。

## 「教育熱心な教師が多い」は思い込み

以上を踏まえて、先生たちを４つのタイプに分けてみたいと思います。

ひとつめの軸は、長時間労働かどうかです。本来は残業ゼロがいいのでしょうが、ほとんどの先生が定時で帰れていない現実があるため、ここでは過労死ラインとされている月80時間以上の時間外労働があるかどうかで線引きします。

もうひとつの軸は、ワーク・エンゲイジメントです。ここでは、平均スコアが０〜３未満を「低い」とし、４以上を「高い」としました。[82] この中間層（平均スコア３以上４未満）もかなりいますが、ここではいったん置いておきます。

すると、特徴的な教師像として、４タイプに分けることができます（図４－７）。

Ｉは、労働時間が長く、かつ、エンゲイジメントが高い人です。イメージとしては、長

80　島津明人「健康でいきいきと働くために：ワーク・エンゲイジメントに注目した組織と個人の活性化」『心身健康科学』２０１７年13巻1号など。
81　興味のある方は、島津明人教授らの研究を参考になさってください。https://hp3.jp/tool/uwes
82　日本人男性の平均スコアは２・９、日本人女性は２・６であること（島津教授の研究より）も参考にしたうえで分類しました。

図4－7　教師の4類型

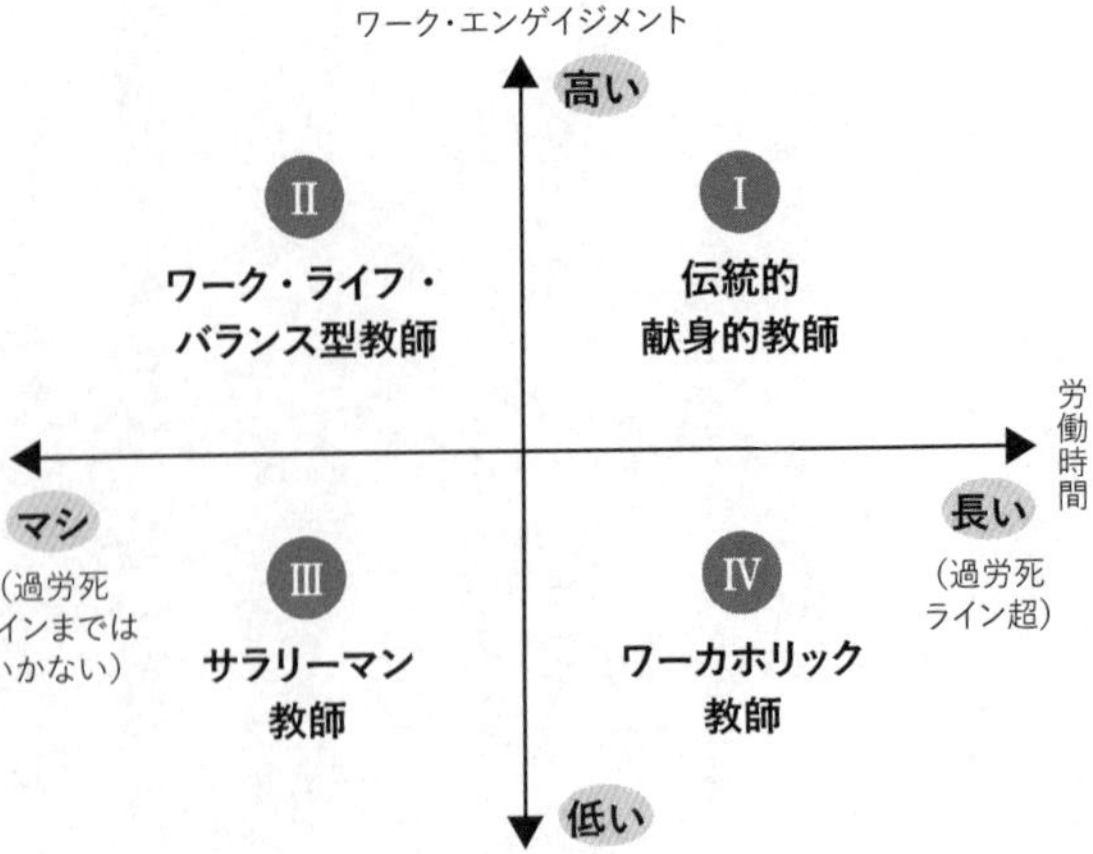


時間働いているが、子どもたちから元気をもらって、イキイキと頑張っている先生が典型的な例です。部活動を好きで頑張っている教員もここに入る人が多いでしょう。このタイプを「伝統的献身的教師」と名づけました。

Ⅱは、労働時間が比較的短く（といっても過労死ラインを超えない程度の残業はしています）、かつ、エンゲイジメントが高い人です。「ワーク・ライフ・バランス型教師」と名づけます。熱心に前向きに頑張っているが、遅くまで働き続けることは少ないタイプです。生産性が高いと言えるかもしれません（教育の生産性とはそう単純に評価できる話ではありませんが）。

Ⅲは、労働時間が比較的短く、エンゲイ

## 図4−8　教師の4類型とおおよその分布比率

| 類型 | 定義 | 小学校 | 中学校 | 高校 |
|---|---|---|---|---|
| I　伝統的献身的教師 | 週60時間超労働、かつワーク・エンゲイジメント4以上 | 14.5% | 20.5% | 14.9% |
| II　ワーク・ライフ・バランス型教師 | 週60時間未満労働、かつワーク・エンゲイジメント4以上 | 15.3% | 12.9% | 17.1% |
| III　サラリーマン教師 | 週60時間未満労働、かつワーク・エンゲイジメント3未満 | 22.2% | 11.7% | 17.1% |
| IV　ワーカホリック教師 | 週60時間超労働、かつワーク・エンゲイジメント3未満 | 20.0% | 25.1% | 19.3% |

注）労働時間（自宅残業等を含む）が週40時間以上と回答した教員のみ集計。なお、中等教育学校はサンプル数が少なく、高校に含めて集計した。

出所）妹尾昌俊「教職員の学びと勤務についての調査」（2019年12月〜20年1月）

ジメントは低い人です。「サラリーマン教師」と名づけました。別にサラリーマンが悪いというわけではないのですが、児童生徒に対する情熱が低く、定時になったらさっさと帰る教師のことをそう揶揄する用例がもともとあったので、それに近いタイプとして、そう呼びたいと思います。

IVは、過労死ラインを超える長時間労働で、かつ、エンゲイジメントが低い人です。「ワーカホリック教師」と名づけました。英語で言うと、〝I want to work〟というよりは〝I have to work〟という義務感、やらされ感のある仕事が多い人です。ひょっとすると、事務仕事に忙しい副校長・教頭らはこのタイプが多いかもしれません。

さらに、私が調査した限りでは、分布は図4－8のとおりです。この数字はサンプル数をもっと増やして調査すると、比率は変動すると思いますので、あくまで目安と捉えてください。

注目していただきたいのは、比較的分布はまんべんなく広がっており、どれかのタイプに偏っているわけではない、ということです。つまり、当たり前のことではあるのですが、**いろんなタイプの先生がいる**のです。

もちろん、多くの教師は、子どもたちのために日々頑張っています。子どもたちと一緒にいて、熱意がまったく湧かないという人は少ないと思います。ですが、「はじめに」で紹介したように、トラブルや悩みを抱えていて、しんどい人も少なくありません。

検証は今後の課題ですが、おそらくワーク・エンゲイジメントが高い、IやⅡのタイプの先生は、読書をしたり、外部セミナーに出かけたりして、友人・知人も多い人が多いかもしれません。その一方で、なかなかやる気が出ない、教育に意義は感じるが、ストレスのほうが大きいという先生も一定数いるのです。部活動指導だって、大好きな人もいれば、イヤイヤやっている先生もいます。

ともすれば、私たちは、タイプIの伝統的献身的教師が多いという、なんとなくの前提で、これまで学校や政策を語ったり、物事を進めたりしがちだったかもしれません。しかし、その前提は一度取り払う必要がある、と言えそうです。

とりわけ、タイプⅢのサラリーマン教師、タイプⅣのワーカホリック教師のようなワーク・エンゲイジメントの低い先生たちの声や悩みは、子どもたちのために一生懸命やろうという空気の強い職員室等では、普段は聞こえてきにくいのではないかと思います。弱音とも捉えられかねないことは、言い出しづらいからです。ですが、このタイプⅢ、Ⅳの先生たちにも寄り添って、ケアして、少しずつ職場を活性化しないと、教育の質はよくなりません。

## 熱血教師は「見えない過労死リスク」をはらんでいる

さらに言えば、ワーク・エンゲイジメントの高いタイプⅠの伝統的献身的教師にも、注意やケアが必要です。教育的な意義や必要性を感じて、教師本人としてはイキイキと働くうちに、どんどん残業してしまう、熱血教師タイプでもあります。

しかし、子ども（児童生徒）のためになると思って、もっと頑張ろう、働こうとすると、自分ではストップがかからず、疲労が溜まってしまいます。[83]伝統的献身的教師は、メンタルヘルス上は一見良好に見えるのに、過労死リスクが高い状態になってしまいます。実際、このタイプに近いと思われる先生で、過労死事案も起きています。

横浜市の小中学校向けの調査によると、「教育の質の改善のために労力を惜しみなくかける」という問いに「あてはまる」「ややあてはまる」と回答した人（N＝207）の1日の平均在校時間は11時間54分で、「どちらともいえない」「ややあてはまらない」「あてはまらない」と回答した人（N＝302、11時間25分）よりも29分長いです。[84]熱意ややる気が、長時間労働是正の邪魔をする部分もあるのです。

## 「授業で勝負できる人材を育成できていない」学校組織

「授業で勝負できる人材を育成できていない」

先日、国の審議会の場で、全国の小中学校の副校長・教頭を代表する方（全国公立学校教頭会）がこう訴えました。[85]

どういうことかと言えば、「本来、教頭は職場の人材育成に時間を割きたいが、事務作業やトラブル対応などが膨大で、そこに時間を割けていない。若手も増えて、育成が必要な人はたくさんいるにもかかわらず」というのが大筋の意味です。

**図4−9　授業力や授業改善についての学校の状況**

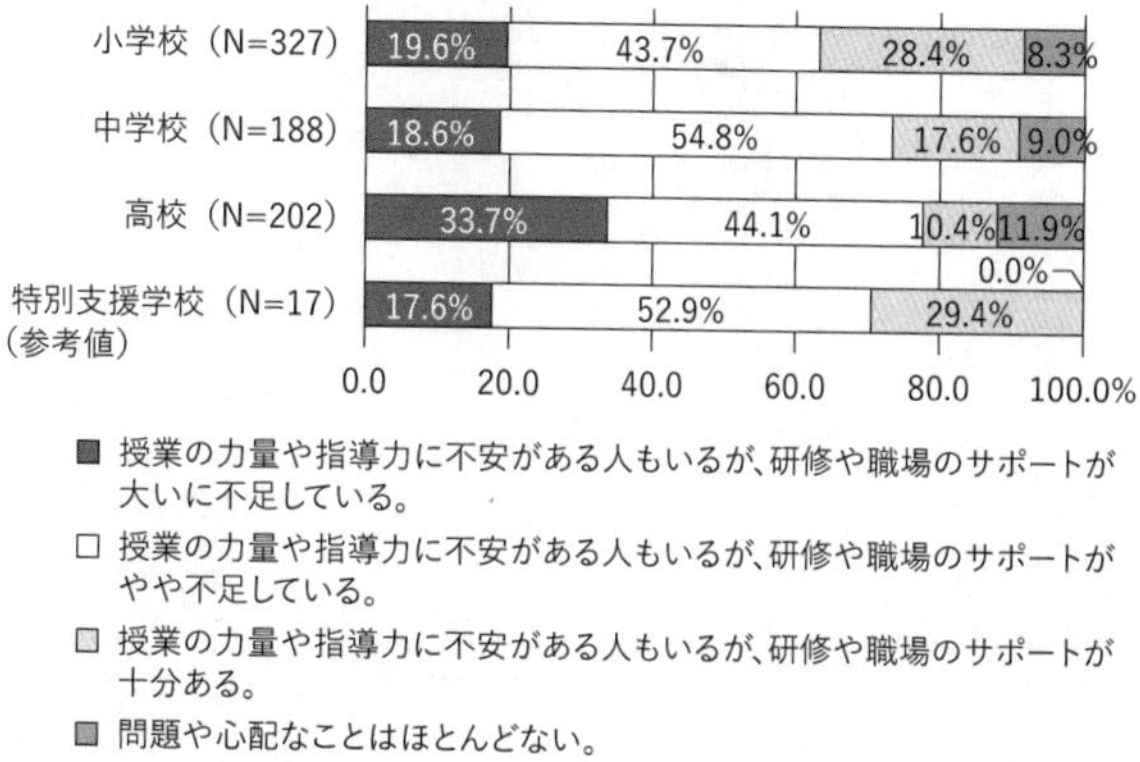


出所）妹尾昌俊「教職員の学びと勤務についての調査」（2019年12月～20年1月）

本書で何度も強調していますが、教師は授業で勝負する職です。決して部活動ではありません。ところが、教頭会のこの一言に象徴されているように、「授業で勝負できる」人材が育っていないのが、多くの学校での現実です（第2章）。

独自調査でも、勤務校の様子として「授業の力量や指導力に不安がある人もいるが、研修や職場のサポートが大いに不足している」「やや不足している」という回答は多く寄せられました（図4－9）。実に小学校教員の

83　詳しくは拙著『こうすれば、学校は変わる！「忙しいのは当たり前」への挑戦』（教育開発研究所、2019年）などを参照。

84　辻和洋、町支大祐編著、中原淳監修（2019）『データから考える教師の働き方入門』毎日新聞出版

85　中央教育審議会「学校における働き方改革特別部会（第13回）」2018年5月18日

約6割、中学校、高校教員の7割以上がそう答えていて、「研修や職場のサポートは十分」「問題や不安なことはほとんどない」という回答は少ないです。

つまり、教師の多くは自ら学ぶ時間と機会が乏しく、OJTもOff-JTも不十分なため、育成される機会はほとんどないのです。本来、教師は「学びのプロ」であるにもかかわらず。「クライシス4．学びを放棄する教師たち」とネーミングした意図がおわかりいただけたと思います。

また、付言すれば、一口に人材育成などと言っても、先ほどの4タイプにも留意しながら、育成の仕方、アプローチをそれぞれ考える必要があると思います。「教師は熱心であるはずだ」という固定観念に基づく画一的なアプローチはたいへん危険です。

## 第4章のまとめ

○ブラック校則や筆算定規問題など、世間の感覚とズレた常識を持つ教員が一定数いる。
○その理由として、「教師自身の学習のゆとりと習慣」が欠如している点が挙げられる。
○長時間労働の是正により、学びのゆとりを教師に持たせることが何より先決である。

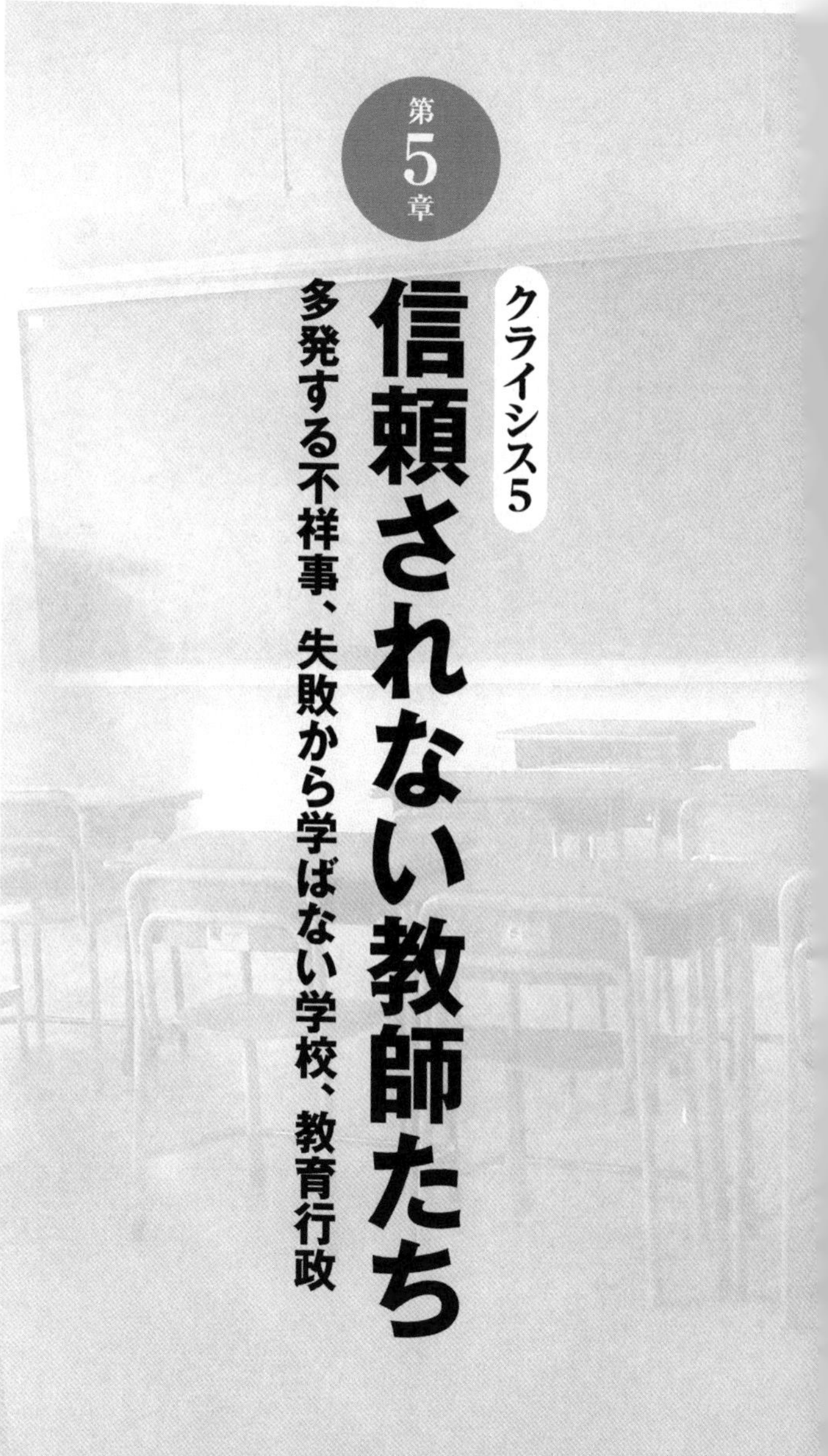

第5章

クライシス5

# 信頼されない教師たち

## 多発する不祥事、失敗から学ばない学校、教育行政

## 子どもといる時間が幸せだった――神戸の教員間暴力問題

２０１９年10月、神戸市立東須磨小学校で、25歳の男性教員が同僚の教員４人から、いじめ、悪質な嫌がらせなどを受けていた事件が発覚しました。激辛カレーを目にこすりつけられる映像は、ニュースやワイドショーなどで嫌になるほど見かけた読者もいることでしょう。ほかにも、新車の屋根に土足で乗られる、尻を叩かれるなど、いじめや嫌がらせというより、傷害・暴行事件と呼ぶべき事案です。弁護士による調査委員会は計１２０を超すハラスメント行為を認定しました。

被害にあい療養に追い込まれたこの男性は、３年目の先生でしたが、２０１７年、つまり新任の頃から嫌がらせは始まっていました[86]。先輩を見習おうと授業見学をお願いしたときに、加害教員のひとりは、「来るな、教室が汚れる」と言い放ったそうです。

事件の報道がエスカレートするさなか、被害男性は児童に向けたメッセージを新聞社に寄せました。以下がその全文です。

子供達へ

急に先生が変わってびっくりしたね。ごめんね。

私は3年連続して同じ子供達を担任してきた。初めは2年生から上がってきた小さい小さい子供達。それが最後は6年生に向かう大きくなった子供達。とても素直な児童で、行事にはまっすぐ一生懸命、学年の仲が良くみんな前向きな児童であった。「そんな子達が大好きですよ」学級通信を通じて子供のいいところを発信していたが、ほんとに毎日が成長であった。初めは小さな事で喧嘩もありながら、ちゃんと自分で反省し、仲間に優しくできる子達である。**職員室が怖かった分、毎日子供といる時間が幸せでたまらなかった。**「ずっとこの子達と一緒にいたい」そう思える子達だった。クラス全員で誕生日に手紙を本にしたプレゼントを用意してくれる温かい心も持っている。失敗しても「ドンマイ」と声をかけられる思いやりもある。どんな先生やお友達でも同じ目で、平等な目で見られる正義感のある子達である。運動場で「めんどくさい」とも言わず、クラス全員で遊ぶ無邪気な一面もある。**これからもずっとずっと**

86 神戸新聞2019年10月25日。より詳しくは「神戸市立小学校における職員間ハラスメント事案に係る調査委員会報告書」を参照。

**君たちの笑顔は先生の宝物であり、生きがいです。**ありがとう。

そして、一つ、、

先生はよく「いじめられたら誰かに相談しなさい」と言っていましたね。しかし、**その先生が助けを求められずに、最後は体調まで崩してしまいました。「ごめんなさい」**今の先生だからこそ、お願いです。辛い時、悲しい時自分一人で抱え込まずに、誰かに相談してください。必ず、誰かが手を差し伸べてくれます、助けてくれます。いつか、みんなの前でまた元気になった姿を必ず見せに行きます。その日を夢見て先生も頑張ります。

（神戸新聞2019年10月10日より引用。強調は引用者）

自身があれほどの被害にあい、つらい状態にもかかわらず、子どもたちを気遣っている様子がありありとわかります。こんな先生が暴行を受ける、学校に行けなくなるというのは、なんともやりきれない気持ちになります。

しかも、東須磨小では、ほかにも男性教員1人と女性教員2人が被害にあっていました。男性教員に対して、ポンコツを意味する「ポンちゃん」と呼ぶ嫌がらせがあったこと、女性教員へのセクハラ行為もあったことなどが確認されています。

## 神戸の教員間暴力がもたらした「教師不信」「学校不信」

東須磨小の一件をもとに、ほかの学校でもそうなのかと安易に一般化して考えるのは禁物です。ですが、この事件が日本全国にもたらした影響は甚大です。

あえて一言でまとめるなら、**「教師不信」「学校不信」がかつてないほど高まった**と言えるのではないでしょうか。これが本章で扱うクライシスです。

本章では、この「不信」を次の３つの視点から考えたいと思います。

### ①「児童生徒」の教師不信、学校不信

この事案では、いじめはいけないと言ってきた教員自身が暴行・傷害を起こしたことが、子どもたちに大きなショックを与えました。しかも、加害者のひとりは、人権教育の推進担当でした。子どもたちの様子は次のように描かれています。

> 加害教員、被害教員が担任していた学級の子どもたちが心境を紙に書く時間が設け

られた。言葉にならず絵で表現した子どももいれば、書いたものをビリビリに破く児童もいた。別室で号泣するケースもあれば、起きたことが信じられず「(加害者は)先生じゃない」とつづったものもあった。

(神戸新聞2019年10月25日)

2人の子供を通わせる保護者は「『いじめを見たら声を上げて』と普段から話している同僚の先生たちが黙っていたことがショックだったようだ」と話す。

(毎日新聞2019年11月16日)

## ②「保護者や世間」の教師不信、学校不信

今回の事件では、保護者や世間からの教師、学校に対する信頼も失墜しました。センセーショナルな報道等とも相まって「小学校の先生ってあそこまで幼稚なの?」「うちの学校の先生は大丈夫?」「先生たちってそんなにヒマなの?」という不信感、イメージが広まりました。本書をここまで読んでくださった読者の方なら、小学校の先生はとても忙しいことを理解してくださっていると思いますが。一度世間に定着したイメージを払拭するのは容易ではありません。

日本経済新聞の最新の世論調査によると、機関や団体、公職をあげてそれぞれの信頼度を尋ねたところ、「教師を信頼できない」という回答は27％にのぼり、信頼できない割合としては上位にランクしています（2019年10～11月実施、回答数1677）。「国会議員」の46％、「マスコミ」の46％よりはマシですが、「国家公務員」も25％となっています（日本経済新聞2020年1月10日）[87]。

さらに事件の発覚後、加害教員がコメントを発表しましたが、これが火に油を注ぐことになりました。ある教員は「ここまで被害教員を大切に育ててこられたご家族の皆さま、このたびはこのようなあってはならない事態を引き起こしてしまい、大変申し訳ありません」などと綴りましたが、「全然反省していない」「家族に対してよりも、まずは被害者に謝るべきだ」などと批判が殺到しました。

加害行為の悪質さに加えて、その後の学校と神戸市教育委員会の対応が、保護者ならびに世間の学校不信を増幅させたように見えます。

87　回答者数は100名程度なので、あくまで参考のデータですが、2018年実施のときの教師を信頼できないという割合は18％でした。

東須磨小の2019年の現校長は、前年度まで教頭でした。もちろん「知らぬ存ぜぬ」のはずはない、と考えるのが普通の感覚かと思いますが、会見の場では涙ぐみ、2019年の7月になって初めて深刻な事態を知ったと述べているのは、とても不可解です。

前校長は事件発覚以降、学校を休んでいて、雲隠れ状態。教育委員会に異動扱いになったあとも、ほとんど説明責任を果たしていません。

これでは、なんのために校長がいるのか、わかったものではありません。管理職には職員の心身の健康を守る安全配慮義務があるにもかかわらず、その責任を自ら放棄しているように見えます。

**教育委員会の対応も実にお粗末**です。神戸市では2016年に女子中学生がいじめを苦に自殺した事件で、市教育委員会が証言メモを隠蔽した問題があり、再発防止の提言がまとまったばかりでした。教育委員会としては、さまざまな情報をオープンにして信頼回復に努める必要があった矢先の事件でした。

しかも、この事案は神戸新聞が10月に報道して初めて明るみに出ました。被害教員は9月に市の相談窓口を訪れていて、遅くともその時点では、市教委も事の詳細を把握していました。にもかかわらず、市教委は、会見等で細切れに事態を発表し、社会の不信感を増幅させました。詳細は弁護士による委員会が調査すると言って、何がどうして起きたのかの説明も、再発防止に向けた対策も、教育委員会はほとんど述べていません。[88]

ちなみに、神戸市では今後の対策として、教員を3日間、民間企業に派遣する研修を始めるということです。「学校の職場環境の閉鎖性が問題だから、企業に出向いて勉強して来い」という趣旨のようですが（神戸新聞2020年1月14日）、今回のような悪質な暴力事案やいじめが、企業への派遣研修で防止できるとはまったく思えません。

職員室の風通しをよくしたいのであれば、企業研修よりも、もっと別のことをするべきです。たとえば、校長等のマネジメントや、ハラスメントをテーマにした研修であったり、職員が悩み等を気軽に相談できる場を設けたりすることです。

88　加えて、市教委は神戸方式と呼ばれる独自の人事制度のせいにしている様子がありますが、これも疑問です。神戸方式とは、教員本人の異動希望に基づいて、現在の勤務校と異動先の校長が人事の素案をつくり、それを市教委が追認する独自の慣行を指します。1960～70年頃から始まったようです。たしかに神戸方式だと、校長がお気に入りの教員で周りを固めて、一部の教員の発言力が高まる可能性はあるかもしれません。ですが、同じ慣行をしてきた他校では深刻な事態は起こらず、東須磨小では起きたのは、別の要因もありそうと考えるべきでしょう。調査委員会も、神戸方式を事件の原因とまでは認定できない、としています。神戸方式を見直す必要性は否定しませんが、そのせいにするよりは、市教委には、不適格な教員を採用した責任、問題と、現場に放置してきたことへの反省があるべきではないでしょうか。

現時点での神戸市教委の対応は、問題の本質に迫ろうとせず、ちぐはぐでその場しのぎ的です。とても、保護者や世間からの信頼回復につながるものになっているとは言えません。

### ③「教員志望者」の教師不信、学校不信

第1章で紹介したように、小学校の教員採用試験の受験者数は、全国的には近年減少傾向にあります。教員免許を取得したとしても、教員採用試験を受けない人も大勢います。教員になろうかどうか考えている人にとって、神戸の事案は大きく影を落としました。

ただでさえ、忙しく過酷な職場であることが知れ渡り、過労死等による犠牲者まで出ています（第3章）。これに加えて、「あんな暴力やいじめを受けるかもしれない」となると、いくら給与等が安定している、または、子どもの成長に関われることへのやりがいがあるといっても、教員に就職（転職）したいと思う人は減るでしょう。

「児童生徒からの不信」「保護者、世間からの不信」「教員志望者からの不信」――少なくとも、以上3つの不信が全国的に波及しています。

## 学校でのハラスメントは、特別なことではない

神戸の一件以降、私は全国の教職員に聞き取りを行いました。そこで多くの人が口をそろえて、「あのような幼稚で陰湿ないじめや暴力事件はまさに前代未聞。だが、学校という職場でもハラスメントやいじめが起きていることは事実」と言います。

神戸の事件と同じ時期に、奈良県大和郡山市の小学校の教諭4人が同僚によるいじめとパワーハラスメントを訴えました。現時点で詳細な事実までは不明ですが、ひとつの小学校で4人の先生が休んでいるのですから、異常事態です。子どもたちへの影響も心配です。

神戸の事件を受け、文科省は直近の調査から「パワーハラスメント等教職員同士のトラブルに係るもの」として懲戒処分等を受けた件数を把握しはじめました。2018年度は32人（全教職員の0・003%。懲戒処分9人、訓告等23人）と報告されています。[89]

ただし、これは処分等を受けた件数なので、教育委員会や校長が取り合わなかったケー

89 文部科学省「平成30年度公立学校教職員の人事行政状況調査について」

スや、被害者が泣き寝入りしたケースなどは表に出てきません。この統計データは氷山の一角である可能性が高いです。

神戸市教育委員会は事件を受けて、教職員約1万2000人のハラスメント被害を調査しました（2019年10月）。その結果、約1600人から1755件のハラスメント申告がありました。

申告すべてがハラスメントや暴力事案にあたるわけではありませんが、教職員の約1割にもあたる数の訴えがあったことは、重く受け止めなければならないと思います。

## 教師によるわいせつ事件は過去最多を記録

いまの教師、学校への信頼が確実に落ちている理由は、ほかにもあります。

ひとつは、**教員の不祥事や体罰、不適切な指導などが事実として多くある**からです。

図5－1は、小学校から高校等までの公立学校の教員（教育職員）の不祥事等の状況です。上の表の懲戒処分とは、「免職、停職、減給、訓戒」の4つの合計を指します。たとえば、飲酒運転で死亡事故を起こした場合などは、一発アウトで懲戒免職となる場合が多いようです。下の表の訓告等は、懲戒処分よりも軽い扱いで、厳重注意等を指します。

ここ10年近くを概観すると、教員の不祥事等は増えているとも、減っているとも言えま

## 図5－1　公立学校教員の不祥事等の状況

■ 懲戒処分の状況（教育職員）

| | 2010年度 | 2011年度 | 2012年度 | 2013年度 | 2014年度 | 2015年度 | 2016年度 | 2017年度 | 2018年度 |
|---|---|---|---|---|---|---|---|---|---|
| 交通違反・交通事故 | 349 | 326 | 286 | 284 | 273 | 255 | 266 | 217 | 240 |
| 体罰 | 131 | 126 | 176 | 410 | 234 | 174 | 162 | 121 | 141 |
| わいせつ行為等 | 152 | 151 | 168 | 180 | 183 | 195 | 197 | 187 | 245 |
| 個人情報の不適切な取扱い | 53 | 39 | 41 | 31 | 31 | 36 | 23 | 29 | 40 |
| その他 | 220 | 218 | 298 | 257 | 231 | 283 | 275 | 223 | 232 |
| 合計 | 905 | 860 | 969 | 1,162 | 952 | 943 | 923 | 777 | 898 |

■ 訓告等（諭旨免職含む）の状況（教育職員）

| | 2010年度 | 2011年度 | 2012年度 | 2013年度 | 2014年度 | 2015年度 | 2016年度 | 2017年度 | 2018年度 |
|---|---|---|---|---|---|---|---|---|---|
| 交通違反・交通事故 | 2,287 | 2,280 | 2,939 | 2,813 | 2,642 | 2,773 | 2,739 | 2,746 | 2,521 |
| 体罰 | 226 | 278 | 2,077 | 3,543 | 718 | 547 | 492 | 464 | 437 |
| わいせつ行為等 | 23 | 19 | 19 | 25 | 22 | 29 | 29 | 23 | 37 |
| 個人情報の不適切な取扱い | 168 | 174 | 341 | 224 | 806 | 273 | 325 | 297 | 287 |
| その他 | 695 | 708 | 4,483 | 1,727 | 4,537 | 1,755 | 3,530 | 802 | 1,798 |
| 合計 | 3,399 | 3,459 | 9,859 | 8,332 | 8,725 | 5,377 | 7,115 | 4,332 | 5,080 |

出所）文部科学省「公立学校教職員の人事行政状況調査（平成22年度～30年度）」

せん。ただし、**わいせつ行為で処分されたの件数が２０１８年度に過去最多を記録する**など、心配な点もあります。

体罰についても、一貫した傾向があるようには見えません。２０１２、13年度に件数が急増しているのは、２０１２年12月に大阪市立桜宮高校での体罰事件があったからで、体罰に関して厳しく調査するようになった影響かもしれません。

この事件は、バスケットボール部主将だった男子生徒（当時17歳）が、顧問からの暴力を苦に自殺した事案です。体育館に響きわたるほどの平手打ちを何度も浴びせられ、自殺する前日、男子生徒は「30発は殴られたかな」と母親に話しています。[90]「体罰」と言うと本人が何か悪いことをしたようなニュアンスがありますが、本件はそういう類のものではありません。教員による暴行、傷害事件です。

## 80件以上「指導死」が起きている

みなさんは**「指導死」**という言葉をご存じでしょうか？

先ほどの桜宮高校の事件がまさにそうですが、顧問は体罰や暴力を「指導のひとつ」と捉えていました。裁判でも、顧問は「何とかこれで強くなってほしいと思っていました」と述べています。しかし、本人が「指導」と思い込んでいる体罰や暴力によって、生徒がその命を奪われること、これが「指導死」です。[91]

新聞報道などをもとに武田さち子さんがまとめたところ、**1989年から2018年の間に「指導死」は少なくとも82件起きています**（未遂10件を含む）。ここ5年を見ても毎年のように起きています。[92]

第4章にて、2017年3月に福井県池田町で中学2年生の男子生徒（当時14歳）が自殺した事例を紹介しました。これも「指導死」のひとつと言えるでしょう。

## 体罰の多くは学校現場の中に隠されている

かつては「愛のムチ」などとも呼ばれ、少々の体罰は容認する空気が学校にも社会にもあったかもしれませんが、いまはずいぶん状況がちがっています。体罰が発覚すると大きく報道され、批判されるようになりました。にもかかわらず、処分（懲戒処分・訓告等）を受けるほどの重大な体罰は毎年５００〜６００件近く発生し続けています。しかも、ここには表に出てこない体罰、不適切指導等も多数あると思われます。

最近でも２０１９年に兵庫県尼崎市立尼崎高校で体罰が発覚しました。バレー部でコーチの臨時講師の体罰が常態化していましたが、４月には3年生に10回以上平手打ちし、鼓

---

90　産経新聞２０１３年９月10日

91　「指導死」親の会によると、「指導死」の定義は４点あります（同会ウェブサイト）。
①不適切な言動や暴力等を用いた「指導」を、教員から受けたり見聞きしたりすることによって、児童生徒が精神的に追い詰められ死に至ること。
②妥当性、教育的配慮を欠く中で、教員から独断的、場当たり的な制裁が加えられ、結果として児童生徒が死に至ること。
③長時間の身体の拘束や、反省や謝罪、妥当性を欠いたペナルティー等が強要され、その精神的苦痛により児童生徒が死に至ること。
④「暴行罪」や「傷害罪」、児童虐待防止法での「虐待」に相当する教員の行為により、児童生徒が死に至ること。

92　http://www.jca.apc.org/praca/takeda/takeda_data.html

膜損傷の怪我を負わせました。生徒が失神しても救急搬送されないままだった、というのですから、耳を疑います。この様相は桜宮高校の事案とも似ています。同校では野球部でも体罰があったことがわかっています。

この事件を受け、尼崎市教育委員会は2019年に全市立学校、幼稚園、保育園を対象にした体罰実態調査を実施しました。その結果、**小中高65校のうち88％の57校で児童・生徒本人、340人が体罰を受けたと回答しました**（ただし、児童生徒が答えたものすべてが厳密な意味での体罰に該当するかどうかは、精査が必要です）。

この尼崎市の調査では、教職員に加え、児童生徒（小4以上）と保護者も調査範囲に入れていて、丁寧な実態把握を進めています。ところが、文部科学省の調査では、公立学校について体罰があったと教育委員会が認定しているのは、全国で550校、578件に過ぎません（2018年度）[93]。全国の小中学校、高校、特別支援学校等は約3万6000校ありますから、単純計算すると1・5％（550÷3万6000）です。

尼崎市だけが取り立てて体罰が多い可能性は極めて低いと思われます。したがって、教育委員会が発表している数字を見る限り、**体罰として認識されていないケースが多数ある、あるいは教育委員会に体罰の事実が伝わっていない**可能性があります（加害教員が隠していたり、校長まででとどまっていたりするケース）。

先ほどの尼崎市の調査は、「パンドラの箱」を開けたようなものなのかもしれません。

## 生徒の命を奪った「教育委員会」のずさんな対応

ここまで教師の不祥事について見てきましたが、それに拍車をかけているのが教育委員会のずさんな対応です。

埼玉県川口市では、2019年9月に特別支援学校高等部1年の男子生徒が「**教育委員会は、大ウソつき**」「いじめた人を守って嘘ばかりつかせる。いじめられたぼくがなぜこんなにもくるしまなきゃいけない」というメモを残して自殺しました。

この生徒は中学生のころにいじめにあい、被害を訴えて3度も自殺未遂をしていました。ところが、学校も川口市教育委員会もいじめを重大事態とはなかなか認めず、事態を放置してしまいました。やっと市教委が重大事態と認めて調査委員会を開いたのは、3回目の自殺未遂があった日から7か月後、1回目の自殺未遂からは1年2か月も経ってのこ

93　文部科学省「平成30年度公立学校教職員の人事行政状況調査について」

とでした。さらに川口市は、本件と別のいじめ事案でも裁判になっています。

大阪府吹田市では、2015年から17年にかけて、小学生の女児が暴言や暴行のいじめを受けて、骨折したり、ストレスから目が見えにくくなったりしました（1～2年生の頃）。女児はPTSD（心的外傷後ストレス障害）と診断されました。

女児は校内アンケートでいじめられていることを訴えましたが、担任教員は深刻ないじめだとは思わず、女児への聞き取りや加害児童への指導をせず、管理職にも報告しませんでした。結果、**学校は約1年半にわたって、いじめを放置しました**。さらに保護者が被害を訴えた後も、吹田市教育委員会は第三者による調査を検討しませんでした。

千葉県流山市では、2014年に当時小学生の男子児童が、ほかの児童から暴力を振るわれてひどい怪我を負いましたが、流山市教育委員会は重大事態と認定しませんでした。男児は中学進学後もいじめにあい、自殺未遂をしました。

市教委が重大事態と認めたのは2017年のこと。**約3年間も放置していた**ことになります。しかも、第三者機関への調査依頼も、4か月間放置していました。

この男子生徒は今も家からあまり出られない状態が続いています。保護者はコメントを寄せ、「子どもは深刻な人間不信にある。子どもたちのために働くはずの教育委員会が、法令を守らず、子どもを裏切り、苦しめている実態があることを知ってほしい」と訴えています（東京新聞２０１９年10月22日）。

これらは最近わかった事案の一端です。過去に遡れば、もっと事例はたくさんありますし、報道等がなされていない事案もあると思います。学校や教育委員会が迅速に適切な対応をしていれば救えたかもしれない命があるのです。

## 教育行政は「失敗から学ばない組織」から抜け出せるか？

ここまで見てきたように、不祥事や教職員等の問題の背景は、多様です。わいせつ事件・神戸の事案などは、当人の資質が問われていることも多いと思います。一方、組織的な問題や仕組み上の問題も多くあります。ここでは、学校や教育行政が**「失敗から学ぶ組織」**になれているかどうかが問われています。

たとえば、児童生徒の重大ないじめや自死が起きた場合、第三者委員会が立ち上がることが多いですが、前述のとおり、立ち上がること自体が遅い、あるいは、対応が遅いといった事例が散見されます。

その後、調査検証の報告書が出てきます。ところが、そこでの知見や反省点が、他の地域の教育委員会や学校に共有され、活かされているという話は、ほとんど聞きません。

さらに驚くべきことに、わいせつ、体罰、パワハラ、教員間暴力などの場合、検証する組織すら立ち上がらないことがほとんどです。記者会見をして、教育委員会のエライ人が頭を下げて、加害者や管理職を処分して、幕引き。しかも体罰の場合、「指導」の一環だったなどという、おかしな言い訳をして、他よりも甘い処分になることも実際に多いのです。[94]

加えて、学校や教育行政は、ミスを組織全体で共有して、ミスから学ぶ仕組みも不十分です。内部通報制度等が活用され、機能した事例は少ないのではないかと思います。それどころか、神戸の教員間暴力がまさにそうだったように、校長、あるいは加害教員までで情報がとどまり、教育委員会等と共有されない（隠蔽される）ことも少なくありません。

私の目には、学校や教育行政は、「失敗から学ぼうとしていない」ように見えます。[95]

さらに最近、驚くべきニュースがありました。東須磨小とは別の神戸市の学校で、教員間いじめがまた発覚したというのです。

具体的には、2人の教員が後輩の男性教員に、蚕のさなぎを食べさせる、職員室や教室で丸刈りにさせる、10万円分のかばんや時計を購入させるといった十数件のハラスメント行為をしたとのことです。さらに驚愕なのは、市教委は「被害感情がなく、今回の処分発表で調査は終わりにする」と説明したのです（毎日新聞2020年2月28日）。

またしても幼稚で卑劣な事件が起きてしまいました。悪いのはもちろん加害者ではありますが、ただでさえ、社会に教師不信、学校不信が広がっているのに、この市教委の対応は大問題ではないかと思います。子どもたちや保護者の不安に向き合い、きちんとした事実確認を行い、事情を説明し、再発防止に向けた動きを明示するべきでしょう。

子どもたちが学んでいく過程で、失敗やミス、試行錯誤はつきものです。失敗やミスから学び、改良したり、新しい道を探したりすることが、子どもたちに必要な力です。ところが、教師や教育委員会の側は、そうなっていません。ミスを過度に恐れ、チャレ

94 内田良「教師叩きに終始しないで… 子どもにも先生にも安全・安心な学校を！」Yahoo!ニュース2019年10月11日

95 少し話は変わりますが、2019年は英語の民間試験の活用など、大学入試改革をめぐってのゴタゴタがありました。早い時期から問題が提起されていたにもかかわらず、文科省内でそれを重く受け止め、検討することがなかった可能性があります。そこに問題やリスクから目をそらす組織風土がなかったのかどうか、検証が必要です。

ンジすることなく無難に過ごそうとし、都合の悪いことが起きると、隠したり誤魔化したりしています。

もちろん、全国の教職員や教育行政関係者がそういう人ばかりではありません。ですが、個人の問題としても、組織の問題としても、そう批判されるに十分な材料があります。学校と教育行政が自浄作用ある組織になり、教師、学校への不信を取り除かない限りは、よい教育なんてできないのではないでしょうか。

## 第5章のまとめ

○教師の不祥事は大幅な増加傾向にあるわけではないが、体罰や指導死などの深刻な事案も依然として多い。
○教師によるわいせつ事件は2018年に過去最多となるなど、深刻な状況が続いている。
○教師個人のレベルだけではなく、学校や教育委員会などの組織も自浄作用が弱く、システムとしての問題をはらんでいる。

# 第6章

# 教師崩壊を食い止めろ！

## ティーチャーズ・クライシスの打開策

## 学校はもはや「沈みかけの船」

2019年11月、第200回国会、参議院、文教科学委員会。とある現役の高校教師が参考人として語りかけました。彼の名前は西村祐二。Twitterなどでは「斉藤ひでみ」というペンネームで、現役教員の立場から精力的に問題提起と提案を続けています。西村さんは最初にこう述べました。

ある大学生はこう言いました、今の公立学校は沈みかけた船だと。変形労働は、その船に積荷を更に積むようなものです。大学生たちは、国がこうした制度について話合いをしている時点で、教員になるのをやめる、その踏ん切りが付いたと言います。現職の教員からも、この法律ができたら辞めざるを得ないという声をたくさんいただいています。

「変形労働」とは、公立学校の教員に1年単位の変形労働時間制を導入できるようにする法改正を指します。教員の正規の勤務時間は1日7時間45分なのですが、4月など特に忙

図6−1　学校はもはや「沈みかけの船」

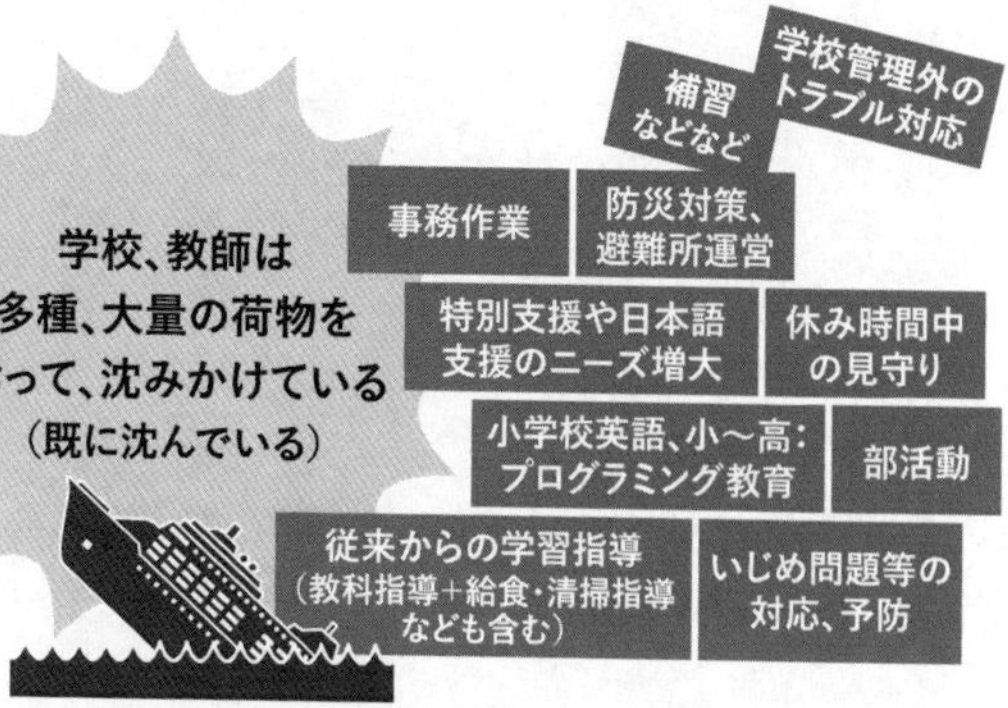


**「欲ばりな学校」のままでは、学校、教師はもたない。
子どもたちや社会にも悪影響が出始めている。**

しい時期の勤務時間を8時間45分とか9時間に延ばして、そのぶん、8月の夏休み中に教員もまとめて休みを取りやすくするものです。

ただし、これは長時間労働是正の抜本的な解決にはなりません。ただ単に残業を付け替えているようなものだからです。しかし、変形労働時間制は、〝カネのかからない〟施策のため、文科省や教育委員会にとっては導入を検討しやすいということで、その法改正が進められています。

この法改正に対して、西村さんをはじめ、現場の教員は、「そんな小手先の対応では困るし、教員志望者は増えない。むしろ、もう教師は目指さないと言う若者が増えるだけだ」と主張しているわけです。

西村さんの冒頭の発言は、日本中の学校が、教師の業務（＝積荷）を増やすばかりで、かつ、効果のある対策も打てず（＝舵取りもうまくできず）、沈没しようとしている、という意味かと思います（図6－1）。本書でこれまで解説してきた5つの「ティーチャーズ・クライシス」を踏まえると、無理もない光景です。

## 複雑に絡み合う「5つのクライシス」

本書で紹介してきた5つの「ティーチャーズ・クライシス」は、それぞれが独立して存在しているわけではありません。

それらは互いに影響し合って、複雑にもつれた糸のようになっています。

その関係をまとめたものが、図6－2です。

**「クライシス1．教師が足りない」**は、**「クライシス2．教育の質が危ない」**に直結します。

教師不足によって採用と育成の両面で問題が深刻化すると、**「クライシス4．学びを放棄する教師たち」**が広がり、その傾向を助長してしまいます。学ばなくなった教師たちが増えると、教育の質も落ちます（クライシス4からクライシス2への影響）。

授業の質が落ち、不祥事や学級崩壊などの問題が起きると、**「クライシス5．信頼され**

**図6－2　「ティーチャーズ・クライシス」の相互関係**

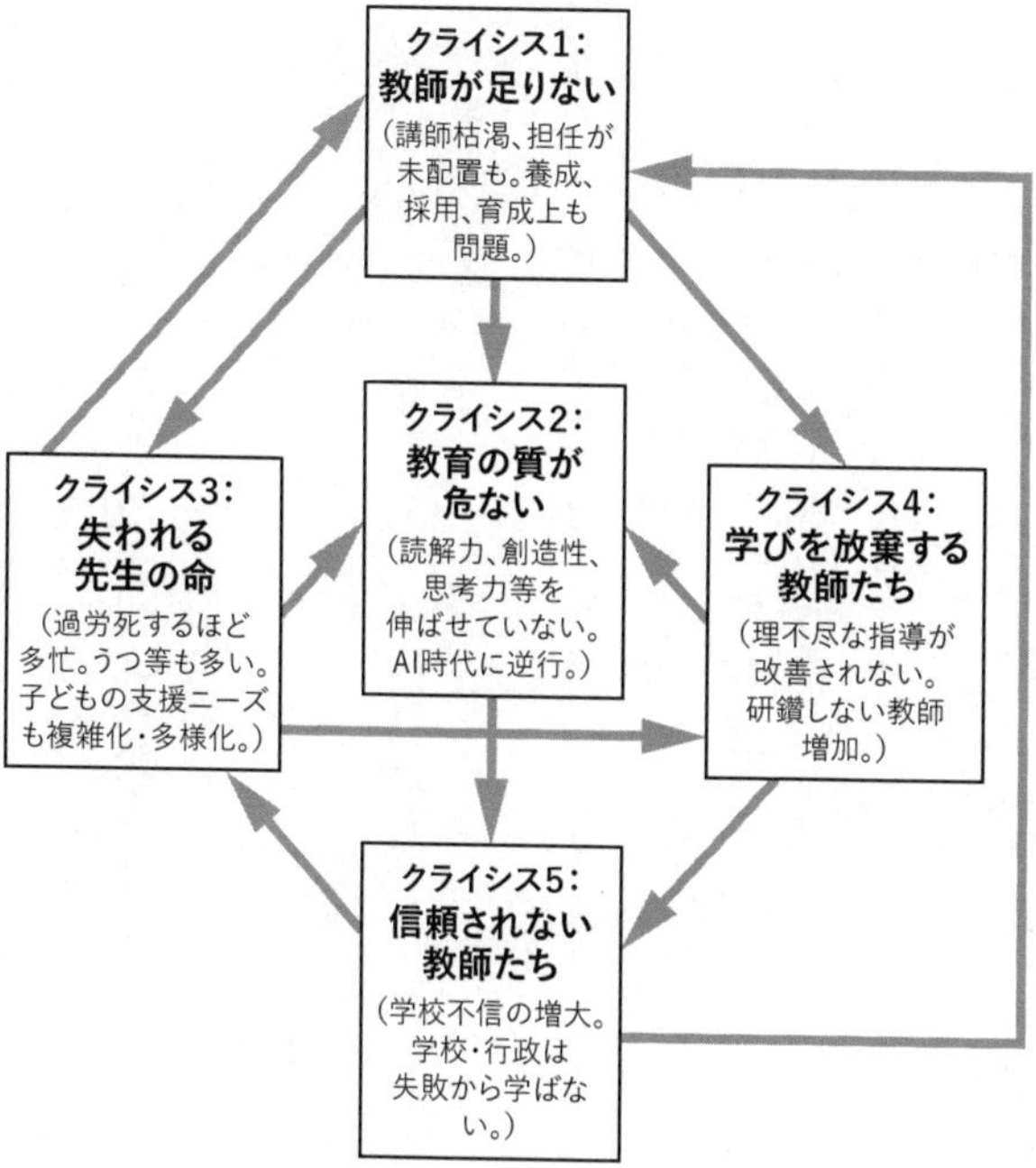
クライシス1：
教師が足りない
（講師枯渇、担任が
未配置も。養成、
採用、育成上も
問題。）
クライシス2：
教育の質が
危ない
（読解力、創造性、
思考力等を
伸ばせていない。
AI時代に逆行。）
クライシス3：
失われる
先生の命
（過労死するほど
多忙。うつ等も多い。
子どもの支援ニーズ
も複雑化・多様化。）
クライシス4：
学びを放棄する
教師たち
（理不尽な指導が
改善されない。
研鑽しない教師
増加。）
クライシス5：
信頼されない
教師たち
（学校不信の増大。
学校・行政は
失敗から学ばな
い。）

**ない教師たち」**が増幅されます。そして、保護者や世間に教師、学校に対しての不信感が広がれば、現場は余計に仕事がやりづらくなります。学校での仕事は増え、教師のストレスも高まると、**「クライシス3．失われる先生の命」**に代表される健康リスクが高まります。このような状況下では、教育の質はよくならず、教員人気も下がります（クライシス3からクライシス2、1への影響）。

もちろん、これ以外にも相互作用をあげればきりがありません。現状を放置すれば、この5つの「ティーチャーズ・クライシス」は互いに増幅し合い、さらなる悪循環を生み出すことが予想されます。

## 教師たちこそ、「イシューからはじめよ」

複雑にもつれた「悪循環」を見て、どこから手をつけたらよいかわからない、あるいは、はたして解決可能な問題なのかと、途方に暮れた方も多いでしょう。

私たちは、この問題をどう考えたらよいのでしょうか。

そのヒントとして、ひとつお話をしたいと思います。

慶應義塾大学教授で、ヤフー株式会社ＣＳＯ（最高戦略責任者）を務める安宅《あたか》和人さんの著書に『イシューからはじめよ』（英治出版、２０１０年）という本があります。

安宅さんは本書で、問題解決においては、解決策をあれこれ探す前に、**重要性の高い問題や課題（＝イシュー）は何かを見定めることが重要だ**、と述べています。

この本で例に挙がっているのは、社を挙げて長期的な低迷からの立て直しを図っている、とある飲料ブランドです。こうしたときにありがちなのは、「今のブランドで戦い続けるべきか」「新ブランドにリニューアルするべきか」といった議論をすることです。

しかし、この場合、まずはブランドの低迷要因をはっきりさせる必要があります。仮に市場そのものが縮小しているのであれば、ブランドの修正以前に、狙うべき市場ははたして今のままでいいのかを見直す必要があります。こう考えると、ブランドを刷新するべきか否かは、まったく重要度の低い問題になります。

なぜこのような話をしたのかというと、学校現場にもこれとまったく同じことが言えるからです。つまり、学校や教育行政は、**重要度の低い問題に貴重な時間とエネルギーを投下して疲れはて、重要度の高い問題（イシュー）に取り組めていない**ということです。

「子どものためだから」という号令のもとで、あれもやれ、これもやれと現場の教師に重荷を課す教育行政の施策の数々は、私の目にはそう映ります。[96]

## 「欲ばりな学校」は、もうやめよう

もちろん、現実の世界は複雑でややこしく、「ここが真に重要なイシューだ！」と簡単に決められるわけではありません。子どもを扱う学校教育の世界ではなおさらです。

とはいえ、最低限、ここをおさえておく必要があるというところや、「てこの原理」のように、ここをおさえると、より大きな力が働くといったポイントはあるはずです。

そこで、これまでの分析を踏まえ、私はこのひとつの大きな「てこ」として、「学校の役割の肥大化を食い止めること」に注目すべきではないかと考えます。一言で申し上げるなら、**「欲ばりな学校」をやめることが最重要課題である**ということです（図6－3）。

学校や教員の役割、業務を、いまよりもっと絞り込んで限定して、その真に大切な部分に時間とエネルギーと予算とを集中してつぎ込んでいくこと。いわば、学校から贅肉を取り除いて、筋肉質にしていくダイエット作戦、シェイプアップ活動を進めることが、「ティーチャーズ・クライシス」の5つの危機すべてに効いてくることだと考えます（その理由については、後ほど説明します）。

**図6−3　「ティーチャーズ・クライシス」の最重要課題**

**最重要課題：「欲ばりな学校」をやめる**
学校と教員に大きな役割と業務をお願いし過ぎている。
学校、教員の仕事を大胆に仕分けをする。
教師のやるべきことを限定し、集中させる。

**これまでの問題点**

- ✓ 世界的に見ても稀にみる、マルチタスク（広範な役割）。その結果として忙し過ぎる。
- ✓ 教員の養成、採用、育成の各局面でほころびが大きくなっている。教師不足の問題、副校長・教頭らが人材育成に時間を割けないことなど。
- ✓ 教師のコア業務である、授業準備や研鑽が少ない。
- ✓ OECD中、ワースト水準の教育予算。

**Must Do（今後必要なこと）**

- ▶ 学習指導要領が求める学習量と時間を2割以上減らす。
- ▶ 学校、教員がやって当たり前だったことの一部を切り離していく。たとえば、給食、休み時間の見守り、部活動指導などは別のスタッフで。
- ▶ 教員が本来の仕事に集中するのを妨げる、国等の政策はやめる（全国学力・学習状況調査、教員免許更新制など）。
- ▶ カネのかからない政策だけでは限界。小学校教員増や教師以外のスタッフ増に予算をかけていく。

## 日本の教師は「任されすぎ」でつぶれている

第2章で、日本と外国の中学校教員の勤務実態（残業時間など）に大きな差があることを指摘しました。なぜこれほどに勤務時間が異なるのかと言えば、その理由のひとつは、**日本ほど学校と教員が広範な役割を担っている国は珍しいから**です。

かつて杉並区立和田中学校の民間人校長を務めた藤原和博さんはこう述べています。[97]

96　詳しくは、拙著『「先生が忙しすぎる」をあきらめない――半径3mからの本気の学校改善』（教育開発研究所、2017年）を参照。

97　藤原和博（2013）『負ける力』ポプラ社

> 一人の教員が教科を上手に教え、生活指導とすべての児童生徒に関わる事務手続きをし、防犯や防災に気をつけながら、一人一人のアレルギーをチェックし、ＡＥＤ（心肺蘇生用の医療機器）を使えるようにし、環境教育や情報教育に慣れ、福祉ボランティア教育と国際理解教育を教え、さらに食育にも消費者教育にも気を配り、尖閣諸島や北方領土への意識を盛りたてて日本人として誇りを持たせ、おまけにスポーツ指導や部活を担当しながら、要望が強くなりがちな保護者の声に応える……
> なんて、一人の人間のやることとして明らかに無理があります。

藤原さんが指摘したころ（２０１３年）よりも、いまではもっとやることが増えています。小学校での外国語教育の拡大、小中高でのプログラミング教育の必修などが、その典型例です。日本の教育は、いい加減このような、**ひとりの教員、生身の人間に、あれもこれも仕事と責任を背負わせ続けるのはやめるべき**です。

ビジネスパーソンにとってはおなじみの経営学者、ピーター・ドラッカーは、こう述べています。[98]

> 実は、本当に行うべきことは優先順位の決定ではない。優先順位の決定は比較的容

易である。集中できる者があまりに少ないのは、劣後順位の決定、すなわち取り組むべきでない仕事の決定と、その決定の遵守が至難だからである。（中略）
優先順位の分析については多くのことがいえる。しかし、優先順位と劣後順位に関して重要なことは、分析ではなく勇気である。（中略）
すなわち第一に、過去ではなく未来を選ぶことである。第二に、問題ではなく機会に焦点を当てることである。第三に、横並びではなく自らの方向性をもつことである。第四に、無難で容易なものではなく、変革をもたらすものに照準を合わせることである。

劣後順位、つまり「優先順位の低いもの、やらなくていいことを明確にせよ。勇気をもって決断せよ」というわけです。今日の日本の教育にも重要な指摘だと思います。

## 5つの「ティーチャーズ・クライシス」の解決策

ここまで述べた5つの「ティーチャーズ・クライシス」について、「欲ばりな学校をや

98 P・F・ドラッカー著、上田惇生編訳（2000）『プロフェッショナルの条件――いかに成果をあげ、成長するか』ダイヤモンド社

める」＝「学校のシェイプアップ、教師の役割の縮小」によってどう改善するのか、それぞれ指摘しておきたいと思います。

**○「クライシス1．教師が足りない」**

・教師が本来のコア業務である「授業とその準備」にもっと集中できるようになれば、教員人気も再び高まる可能性がある。
・多忙な教員の現状が解消されることで、育児・介護等の事情があっても、教師を続けられる人が増え、人材流出も抑制される。すでに退職した人のなかから、復帰する人（再任用も含めて）も増える。
・副校長、教頭の負担を減らすことで、教頭らの本来のコア業務である「職場の人材育成」にもっと時間を割くことができる。

**○「クライシス2．教育の質が危ない」**

・先生たちが読書をしたり、学校の外に出かけたりして、自らの視野を広げる機会を増やすことは、中長期的には授業の質を高めることにつながる。
・正規の勤務時間中に授業準備が終えられる職場環境にすることで、〝流すような授業〞はなくなり、子どもたちが学び合いながら、創造性・思考力等を高められる授業になる。

**○「クライシス3．失われる先生の命」**

・教師の役割を縮小していくことで、過重労働が解消される。

・新人教師に、いきなり学級担任等の重責を負わす体制を改めることで、過労死、過労自死、精神疾患などの防止を進める。

**○「クライシス4．学びを放棄する教師たち」**

・教師の日常に精神的、時間的なゆとりを取り戻すことで、自らの能力を高める時間と機会を与える。校則など日常的な指導も見直す動きにつながる。

・副校長や教頭、主任層らの業務を減らすことで、教職員の間で相互に学び合う機会と習慣を広げられる。

**○「クライシス5．信頼されない教師たち」**

・コア業務以外の教員の負担を減らし、様々なスタッフがケアすることで、児童生徒の事件、事故のリスクが下がり、ＳＯＳ等に早期に気づくこともできるようになる。組織的な対応も行いやすくなる。
・クライシス１〜４が改善した結果、教師や学校、行政への信頼は高まる。

もちろん、こんなにうまく「ティーチャーズ・クライシス」が解消されていくのか、と言われれば、楽観視することはできません。これまで多くのデータや実例をもとに考察してきたとおり、問題は山積みです。

本書の提案は、医療でたとえると、**外科治療と漢方薬を組み合わせたようなもの**です。学校、教員の役割を限定したり、必要な人的、予算的な措置を講じたりしていくことは、外科手術に近い治療法です。しかし、それだけでは十分ではありません。あわせて、個々の教員の力に依存しすぎず、学校が組織的に改善、進化し続ける職場へと体質を改善していく必要があります。そこは漢方薬のように、じわじわとしか改善できない部分だと考えています（後ほどもう少し具体的に説明します）。

この私の提案に近いことを、ずっと前から主張されていた方がいます。教育社会学者の苅谷剛彦教授（オックスフォード大学、元東京大学教授）は『欲ばり過ぎるニッポンの教育』

（講談社、２００６年）のなかで次のように述べています。少し長くなりますが、重要な指摘なので、引用します。

「自ら学び、考える力」の教育が大事だというかけ声の割には、それをいかに実現するか、どのような条件整備が必要か、そのために人的、物的、財政的な教育環境の改善をどう行うのか、といった点については、ほとんど具体策を出さないまま、教育改革はスタートした。（中略）

より高度な教育を求めるのであれば、それを実行するための高い資質と能力をもった教員が必要である。新しい能力の育成をめざすのであればなおのこと、現職教員の能力を高めるための研修プログラムや、授業開発のための十分な時間的余裕、それを指導する専門家といったリソースも必要となる。ところが、実際に始まった改革では、このような研修や授業開発のための十分な時間が与えられることはなかった。より高度な教育実践を指導できる十分な数の専門家もいなかった。（中略）

子ども一人ひとりに目をかけることを必要とする教育を求めておいて、そのための条件整備にはお金を出さない。時間的余裕も与えない。それでも「自ら学び、考える力」の教育が大切だというのは、欲ばり過ぎというほかない。（中略）

（引用者注：そのうえ、英語教育や道徳教育の充実・強化を求めるのは）ニッポンの学校の身の丈（基本的な条件を含めた実力）を知ろうともせず、その改善を怠ったまま、要求のリストだけを増やしてきたとしか見えない。

それでも、制度として改革が行われるようになれば、学校現場はそれに従わざるを得ない。ただ、何もかも十分にはできなくなるから、余裕がなくなり、はみ出したりした分を、外からは見えないように、やめてしまったり、形だけは整えても手を抜くようになったりするだけである。まじめに取り組みすぎて、燃え尽きてしまうより、見えないところで、これまでより手をかけないようにする。

第2章で紹介したとおり、日本は教育に最もカネをかけていない国のひとつです（家庭負担が重く、公的負担・支出が少ない）。仮に、教員の増員をはじめとして、教育にカネをかけることが難しいのであれば、学校や教員の役割を減らす発想をするのがまっとうでしょう。

ところが、苅谷教授が指摘するように、これまでは予算をあまり増やさずに、学校（教職員）のやることを増やし続けてきました。この「欲ばりな学校」「欲ばりな教育政策」は、転換点に来ているのではないか、というのが本書の問題意識です。

## 「マルチタスク地獄」にいる日本の教師

「欲ばりな学校はやめよう」というのは、学校の役割や教員の仕事のスリム化です。学校のシェイプアップとも申し上げました。

その際に参考になるのが、日本と海外の比較データです。図6－4は、いくつかの国と日本における教員が担う業務を比較したものです。

日本では学校がやって当たり前、教員の仕事として当然と思われているものでも、国や文化、歴史がちがえば、ずいぶん異なっていることが見て取れます。

たとえば、登下校時間の見守りや欠席児童への連絡、朝のホームルームなどは、日本の小中学校などでは教員が担っていることも多いのですが、家庭の役割あるいは別のスタッフの仕事として、教員は関与しない国もあります。

また、日本の小中学校では、給食や昼休み中の見守りや指導（食育を含め）、清掃指導などは教員がやっていて当たり前とみなされていますが、欧米などでは教員の仕事ではないとされている国もあります。

このほか、学校の広報や児童生徒の転出入事務、家庭訪問などは日本では先生たちが行っていますが、外国ではそういう業務はなかったり、別のスタッフが担っていたりすると

## 図6−4　諸外国と日本における教師が担う業務

| | 業務＼国名 | アメリカ | イギリス | 中国 | シンガポール | フランス | ドイツ | 日本 | 韓国 |
|---|---|---|---|---|---|---|---|---|---|
| 児童生徒の指導に関わる業務 | 登下校の時間の指導・見守り | × | × | × | × | × | × | △ | × |
| | 欠席児童への連絡 | × | × | ○ | ○ | × | ○ | ○ | ○ |
| | 朝のホームルーム | × | ○ | ○ | × | × | × | ○ | ○ |
| | 教材購入の発注・事務処理 | × | × | △ | × | × | × | △ | × |
| | 成績情報管理 | ○ | × | △ | ○ | ○ | ○ | ○ | ○ |
| | 教材準備(印刷や物品の準備) | ○ | × | ○ | ○ | ○ | ○ | ○ | ○ |
| | 課題のある児童生徒への個別指導, 補習指導 | ○ | × | ○ | ○ | ○ | ○ | ○ | ○ |
| | 体験活動の運営・準備 | ○ | × | ○ | ○ | ○ | ○ | ○ | ○ |
| | 給食・昼食時間の食育 | × | × | × | × | × | × | ○ | ○ |
| | 休み時間の指導 | ○ | × | ○ | △ | × | ○ | ○ | ○ |
| | 校内清掃指導 | × | × | ○ | × | × | × | ○ | ○ |
| | 運動会, 文化祭など | ○ | ○ | ○ | ○ | × | ○ | ○ | ○ |
| | 運動会, 文化祭などの運営・準備 | ○ | ○ | ○ | ○ | × | ○ | ○ | ○ |
| | 進路指導・相談 | △ | ○ | ○ | ○ | × | ○ | ○ | ○ |
| | 健康・保健指導 | × | × | ○ | ○ | ○ | ○ | △ | ○ |
| | 問題行動を起こした児童生徒への指導 | △ | ○ | ○ | ○ | ○ | × | ○ | ○ |
| | カウンセリング, 心理的なケア | × | × | ○ | ○ | ○ | × | △ | × |
| | 授業に含まれないクラブ活動・部活動の指導 | △ | × | ○ | △ | × | △ | ○ | △ |
| | 児童会・生徒会指導 | ○ | ○ | ○ | × | × | ○ | ○ | ○ |
| | 教室環境の整理, 備品管理 | ○ | × | △ | ○ | ○ | ○ | ○ | ○ |
| 学校の運営に関わる業務 | 校内巡視, 安全点検 | × | × | ○ | × | × | ○ | △ | × |
| | 国や地方自治体の調査・統計への回答 | × | × | △ | × | × | ○ | △ | × |
| | 文書の受付・保管 | × | × | △ | × | × | ○ | △ | × |
| | 予算案の作成・執行 | × | × | × | × | × | ○ | × | × |
| | 施設管理・点検・修繕 | × | × | △ | × | × | × | × | × |
| | 学納金の徴収 | × | × | ○ | × | × | ○ | △ | × |
| | 教師の出張に関する書類の作成 | × | × | △ | × | × | ○ | × | × |
| | 学校広報(ウェブサイト等) | × | × | △ | × | × | ○ | ○ | × |
| | 児童生徒の転入・転出関係事務 | × | × | ○ | × | × | × | △ | × |
| 外部対応に関わる業務 | 家庭訪問 | × | × | ○ | × | × | × | ○ | △ |
| | 地域行事への協力 | ○ | ○ | △ | × | ○ | × | △ | △ |
| | 地域のボランティアとの連絡調整 | × | × | △ | × | × | ○ | △ | × |
| | 地域住民が参加した運営組織の運営 | △ | × | × | × | × | △ | △ | × |

※教員の「担当とされているもの」に○を、「部分的にあるいは一部の教員が担当する場合があるもの」に△を、「担当 ではないもの」に×を付けている。三か国以上の国で△又は×が選択されている業務をグレー表示している。全部で 40 業務設けたが、「出欠確認」、「授業」、「教材研究」、「体験活動」、「試験問題の作成、採点、評価」、「試験監督」、「避難訓練、学校安全指導」等全ての国で「担当とされているもの」7 項目は掲載していない。

出所）国立教育政策研究所『学校組織全体の総合力を高める教職員配置とマネジメントに関する調査研究報告書』2017年3月

ころも多いようです。

図6－4全体を眺めると、日本は○や△が外国より多いことがわかります。**日本の教員ほどマルチタスクに、しかも多種多様な仕事を、学級担任らがほぼ「ワンオペで」担っている国は珍しい**のです。

## 「徹底的な分業制」のフランスの教員

特に参考になるのは、フランスです。[99] フランスでは、「生徒指導専門員」という教員とは別の専門スタッフがいて、教員と同等の学歴要件（修士号取得）で採用される国家公務員として中学校・高校に配置されています。

**フランスの中・高の教員には、生活指導・生徒指導に関する職務は基本ありません。** 代わりに「生徒指導専門員」が、欠席生徒への連絡、体験活動の運営・準備、給食・昼食時間の指導、休み時間の指導、避難訓練、学校安全指導、問題行動を起こした児童生徒への指導、生徒会の指導、校内巡視、安全点検、保護者対応、家庭訪問、地域行事への協力などを担います。「生徒指導専門員」の採用倍率は高く、希望者は多いそうです。

99　フランスについては、次の書籍をもとに作成。藤原文雄編著（２０１８）『世界の学校と教職員の働き方——米・英・仏・独・中・韓との比較から考える日本の教職員の働き方改革』学事出版。なお前述の諸外国の一覧とは少し異なる記述もあります。

一方のジャパニーズスクールでは、これらはすべて、学級担任等がこなしています。

なおかつフランスでは、「生徒指導専門員」とは別に、**教育補助員が公立中学校・高校に、なんと、1校当たり10人程度配置**されています。

教育補助員は「生徒指導専門員」の監督のもと、課題のある児童生徒への個別指導、補習指導、体験活動の運営・準備、給食・昼食時間の指導、休み時間の指導、避難訓練、学校安全指導、健康・保健指導、問題行動を起こした生徒への指導、学校広報（ウェブサイト等）を担当します。

さらには、「進路指導心理専門員」というスタッフもいます。「進路指導心理専門員」は、学校から独立した情報進路指導センターに所属し、中学校や高校を訪問し、生徒の受け入れ、進路情報の提供、キャリア・カウンセリングなどに従事します。ただし、平均1人で3～4校を担当するため、支援が充分に行き届いていないとの声もあります。

国がちがえば、文化も歴史もちがいます。もちろんいいことづくめではなく、問題もあることでしょう（たとえば、フランスでも校内暴力やいじめの問題は深刻なようです）。

したがって、一概にどこの国がいいという話ではないのですが、フランスの学校スタッフの充実ぶりは、日本の先生たちが聞けば、腰が抜けるほど驚くのではないかと思います。日本の場合、小中学校には、教員以外のスタッフは、学校事務職員や特別支援教育支援員、給食調理員、用務員など、ごく限られた人数の人たちしかいません。

実は日本の文科省でも、補助員に近い、スクール・サポート・スタッフ（あるいは教師業務アシスタント）の配置促進を始めています。教員の長時間労働の是正を目的として、やっとここ2、3年で予算が付き始めました。しかし、それでも全校にいるわけではありませんし、いても1校に1人の場合がほとんどです。フランスの1校10人とはまだまだ大きな開きがあります。

日本でもスクール・カウンセラーやスクール・ソーシャルワーカーが活躍していますが、複数校をかけもっており、1校にいられるのは、1～2週に1回という地域も少なくありません。これでは児童生徒や保護者の重い事案を分担できないケースが多いです。多少のアドバイスをもらうというくらいの関わりにとどまります。

## それは、本当に先生がやるべき仕事ですか？

実は国の審議会（中教審）でも、こうした国際比較や日本での役割分担を規定する根拠（法令、慣習など）を確認、検討して、**これまで多くの学校で、学校や教員の仕事とされてきた業務を仕分けして整理しています**。それを示したのが図6－5です。

たとえば、登下校に関する対応について、教職員が横断歩道に立って児童生徒の安全を呼びかけたり、集団下校に付き添ったりしている例があります。しかし、学校保健安全法を確認すると、学校の役割として、交通安全のルールを教えるなどの指導は規定されていますが、子どもたちの通学中の見守り、安全確保までの責任があるとはされていません。

これは少し考えてみれば、ごく自然なことです。地域の交通安全や治安を守るのは警察、あるいは市役所や県庁等の道路管理者の仕事であって、学校や教員の仕事ではありません。

さらに日常的な児童生徒の通学の安全確保については、保護者の役割でもあります。外国では、日本より治安が悪いので、保護者が送迎している例もあるようです。

もちろん、私を含めて、大多数の保護者が児童生徒の通学に付き添うほどの時間的な余裕はなかなかないのが実情です。ですが、だからといって、通学中の安全確保や見守りを

## 図6−5　これまで学校・教員が担ってきた業務についての今後の方向性

| 基本的には学校以外が担うべき業務 | 学校の業務だが、必ずしも教師が担う必要のない業務 | 教師の業務だが、負担軽減が可能な業務 |
| --- | --- | --- |
| ①登下校に関する対応<br>②放課後から夜間などにおける見回り、児童生徒が補導された時の対応<br>③学校徴収金の徴収・管理<br>④地域ボランティアとの連絡調整<br>※その業務の内容に応じて、地方公共団体や教育委員会、保護者、地域学校協働活動推進員や地域ボランティア等が担うべき。 | ⑤調査・統計等への回答等（事務職員等）<br>⑥児童生徒の休み時間における対応（輪番、地域ボランティア等）<br>⑦校内清掃（輪番、地域ボランティア等）<br>⑧部活動（部活動指導員等）<br>※部活動の設置・運営は法令上の義務ではないが、ほとんどの中学・高校で設置。多くの教師が顧問を担わざるを得ない実態。 | ⑨給食時の対応（学級担任と栄養教諭等との連携等）<br>⑩授業準備（補助的業務へのサポートスタッフの参画等）<br>⑪学習評価や成績処理（補助的業務へのサポートスタッフの参画等）<br>⑫学校行事の準備・運営（事務職員等との連携、一部外部委託等）<br>⑬進路指導（事務職員や外部人材との連携・協力等）<br>⑭支援が必要な児童生徒・家庭への対応（専門スタッフとの連携・協力等） |

出所）中央教育審議会　学校の働き方改革に関する答申

学校や教員の責務だとみなしていいわけがありません。むしろ、そんな時間があれば、授業準備に充ててもらう方が有意義だ、と多くの保護者も思うのではないでしょうか。

### 学校は「24時間営業」の便利屋さんではない

この登下校のケースと似た例が、夜間等のトラブル対応や非行防止です。

たとえば、小中学生が下校途中または家に帰ったあと、コンビニに行って、他校の生徒と殴る蹴るのトラブルになったとします。すると、学校に電話がかかってきて、担任や生徒指導の先生（あるいは教頭ら）が急いで駆けつけて、店や他校に迷惑をかけたと謝る、といったことがこれまで普通に見られる光景でした。

しかし、これは学校の管理外（管理責任の外）で起こっていることであり、本来、学校が謝ることではありません。これは家庭の責任です。学校、教員の仕事は、授業や学級活動などを通じて、暴力やいじめは許されないと教えることであり、管理外で起こったことに対して謝罪することではありません。

少し前にタレントの若槻千夏さんが「18時以降学校は対応しませんというのでは、寂しい」という趣旨の発言をして、炎上騒ぎになったことがありました（２０１９年７月）。これは、次のようなシチュエーションを想定した話かと思います[100]。

保護者が帰宅しても子どもが帰ってきていない。心配になって学校に電話したが、留守番設定になって取り合ってくれない、あるいは、学校は探しに行ってくれない。「先生という立場にある人間が、本当にそれでいいんですか？」という問題提起です。

読者のみなさんはどう考えますか？　このように書くと、若槻さんに共感される方も少なくないのではないかと思います。

しかし、こうしたケースも、学校の管理責任外で起きていることですから、学校、教職員が捜索に出る義務はない、と考えられます。子どもが帰ってこず心配なら、警察を頼ってください、ということになります。

もっとも、実際には、心配なのは教職員も同じですから、捜索に協力する人も少なくないかもしれません。しかし、それは、あくまで任意のボランティアであり、強制されるものではありません。ちなみに、学校は17時頃までが正規の勤務時間のところが多いので、18時以降などに電話をしても誰もいない、といったことも起こりえます。

最近も新型コロナウイルスの影響で休校（臨時休業）になったことを受けて、愛媛県下では、小中学校や高校（公立も私立も）の教員らが、毎日、ゲームセンターやショッピングモールのパトロールまでやっています（愛媛新聞2020年3月7日、南海放送同年3月10日）。保護者や警察、地域の方とも連携した動きではありますが、学校が家庭責任の領域に踏み込むことに関係者は疑問を感じていない事例のひとつかと思います。しかも、県教育委員会らがこれを促しているようですから、自分たちで教員の仕事を増やしているわけです。

100　妹尾昌俊「『18時以降、学校、教師は対応しません』についてどう考えるか」Yahoo!ニュース2019年7月22日

最もグレーで、白黒はっきりとつけ難いケースは、学校でのいじめを苦に、自宅など、つまり学校の管理外の場所で、自殺をほのめかしている子どもがいたときに、学校、教職員はその子のもとに向かうべきかというシーンです。

子どもの命が関わることですし、学校生活が原因のひとつとなっているわけなので、「学校は知りません」では疑問が残ります。管見の限り、裁判例もないので、断定はできませんが、学校側がいじめや自殺の可能性を認識、予見（予想）できた場合は、学校に何らかの責任が問われうる話かもしれません。

実際は、夜間の留守番電話対応にしている学校でも、こうした緊急時は連絡できる体制にしていることが多いです（教育委員会が電話を受けて、校長らに連絡するようにしているなど）。実際は、ほとんどの場合、学校側はなんらかの対応をしようとするでしょう。自宅等に駆けつけようとする教員もいると思います。

しかし、だからといって、こうしたケースもすべて学校、教職員は対応するべきだと考えるのも疑問です。全国どこの学校にも、24時間体制のシフトを組んでいるところなどありません。警察や救急病院とはちがうのです。然るべき人員体制もないまま、善意にすがるのは、問題だと思います。学校、教師の役割のひとつは、子どもたちに、悩みがあれば学校に相談してほしいと伝えることに加えて、24時間体制の相談窓口の存在と連絡方法を周知することかと思います。なお、家に電話のない家庭も増えており（携帯電話のみ）、公衆電話のかけ方がわからない子どももいます（教えるのは家庭の役割でしょうが）。NTT東日本が2017年12月に実施した調査によると、公衆電話を使った経験のない小学生が約85％に上りました。

## 国の提言はまだまだ踏み込み不足

登下校や夜間の対応は一例ですが、これらを見ても、「子どものため」という大義名分のために、学校や教員が行う仕事が際限なく増えてしまった理由がわかるかと思います。学校や教員がこれまで行ってきた「当たり前」を見直す動きは、国レベルでも提言されています。先ほど教師の業務を仕分けした中教審の答申には、私も委員の一人として、その策定に深く携わりました。これは過去の教育政策の多くが、学校や教員の責任と業務を増やす一方だったのとは対照的に、減らすことに切り込んだものです。この点については、画期的かつ重要な一歩だったと、私は考えています。

ですが、この方針でも十分とは言えません。「ぬるい」と言ったほうがよいかもしれません。

なぜなら、本書でご紹介した5つの「ティーチャーズ・クライシス」を踏まえると、もっと抜本的に学校、教員の積荷を減らしていかないと、必要なところに教員の時間もエネルギーも向かわないからです。

## 「時間外労働が前提」となっている教師の現場

「ぬるい」と申し上げた理由のひとつは、次の問題に十分に踏み込めていないからです。それは、日本の多くの学校で、**児童生徒の登下校時刻が、教職員の正規の勤務時間外に及んでいる問題です。**

たとえば、正規の勤務時間は朝の8：15や8：20から開始という小中学校は多いのですが、国の教員勤務実態調査によると、多くの教員は7：30頃から仕事をしています。なぜかというと、7：30～8：15頃に登校してくる子もいるし、授業が始まる前の準備なども必要だからです。また、部活動の朝練や進学校等では朝の補習（「朝課外」と呼ばれます）があることもありますが、これらも勤務時間外です。

下校についてはどうでしょうか。教職員の勤務は1日7時間45分と自治体の条例で定まっているところがほとんどです（他の一般の地方公務員も同様。私学は別です）。したがって、正規の勤務時間は16：45や17：00などとなるはずです。

## 図6−6　教員の一日の時間イメージ

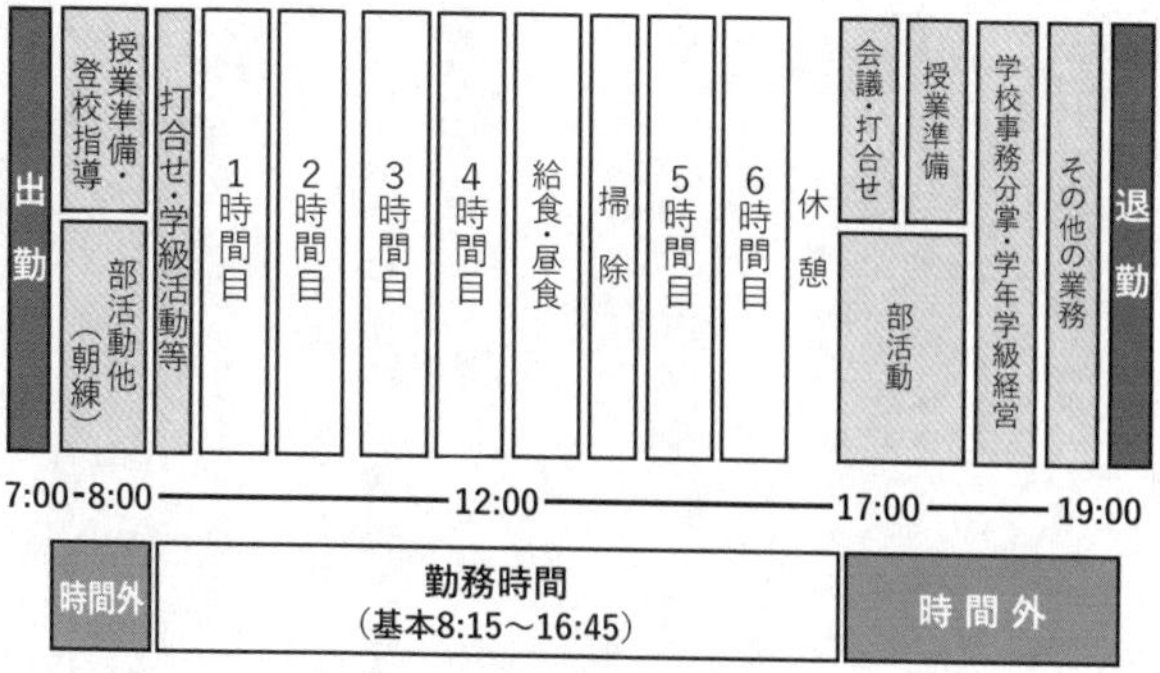


【平成25年度「横浜市立学校 教職員の業務実態に関する調査」における1日の総勤務時間平均（11時間27分）を当てはめた場合のイメージ図】

出所）横浜市「横浜市立学校 教職員の働き方改革プラン」

しかし、部活動や行事の準備などで、この時間は優に超えてしまっている教師がほとんどです。また勤務時間外であっても、保護者等からの電話、相談が来ることは度々あります。

図6−6は横浜市の資料で、教師の一日のイメージを図示したものです。

見るとわかるとおり、朝と夜に勤務時間外の仕事が多く入ってきています。説明文のなかにも「**正規の勤務時間（7時間45分）には到底収まりきらない業務を抱えている状態です**」とあります。

しかも、公立学校の場合、教員の残業代は出ていませんので（教職調整額という月給の4％の定額のものは出ていますが）、こうした朝の時間や夕方・夜の業務は実質、サービス残業ということになります。

ちなみに、私立学校や国立学校（国立大学教育学部の附属学校）では、公立学校のような特殊な制度はないので、本来は時間外勤務手当を出さないといけないのですが、出していない学校も多くあります。それどころか、勤務時間の把握すらなおざりというところもあり、公立よりも遅れている学校もあります。

このように、**教員の献身性と善意に甘えている問題は、国公立私立を問わず、教育界全体に見られる「病」**なのです。


どのように対処していけばよいでしょうか。早朝については、対策は2種類あります。

ひとつは、家庭や社会の理解、協力を得て、児童生徒の登校時間を勤務時間より後にずらすことです。しかし、それは働く上で厳しいという声も多数あるでしょう。

もうひとつは、学童保育の朝版をつくることです。もちろんその場合、保護者側が料金を負担する必要があるでしょう。

「どちらも嫌だ」「そこまでする必要があるのか」と思われる方もいらっしゃるかもしれませんが、そんなことでは、なにも改善しないと私は思います。

ある保護者が、「今日は仕事が早いんで」と言って、朝7時に児童を学校に送ってきたという例もあります（その学校では教頭が出勤していたので、受け入れてしまったそうです）。

しかし、学校は保育園ではないのです。保育園でも延長保育料は取っています。学校だけが「善意に甘えられる」対象でいてよいわけがありません。

夕方・夜間については、部活動や補習を、学校あるいは教員の業務から切り離していくことがひとつの課題です。ただし、その受け皿があるのかという問題は残ります。

## 「学校に携わるスタッフ」を増やせ！

私は、こうした「欲ばりな学校」をやめるために、教員とは別のスタッフを増員して（あるいは一部は家庭や地域、外部機関にお願いして）、**学校のなかを分業と協業（コラボレーション）できるようにしていく**ことを志向しています。

もちろん、この提案には、相応の予算と人材育成が必要となりますので、簡単な話ではありません。ですが、「ティーチャーズ・クライシス」を防いで、教育の質を上げていくための手立てとしては、このくらい思い切った政策が必要だと思います。

たとえば、フランスの例を参考に、**給食や休み時間にも、ランチスタッフなどの教員とは別のスタッフを配置して、**見守りにあたっていただくほうがよいと考えています。

こうすれば、先生たちは、昼休み中に少し休憩をとって、リフレッシュして仕事にあたることができます。少し休憩を入れたほうが、集中力やパフォーマンスも高まります。

ただし、給食中はアレルギー事故などのリスクも高いので、その場合は、栄養教諭をはじめとした専門性のある人材の関わりも必要です。


部活動についても、技術的な指導ができればこしたことはありませんが、指導力もあり、かつ平日の夕方空いていて、土日も試合の引率等までしてくれる〝都合のいい人〟など、そうはいません。東京などではスポーツ団体（競技連盟や企業、ＮＰＯ等）と連携してある程度の人数のコーチを雇えるかもしれませんが、地方はそんなに人材はいないところがほとんどでしょう。

そこで、部活動についても、技術指導を求めるよりは、安全確保のための見守りを地域の方や教職員のＯＢらにお願いするというほうが現実的だと思います。中長期的には、部活動は、学校教育から切り離して、地域のスポーツや文化活動としていくことも考えていくべきですし、少子化のなかで一部の部活は休止、廃止していく必要もあります。

実は、休み時間や部活動の時間は、小学生や中高校生にとって、最も怪我が多い時間帯

## 図6－7　2017年度の学校事故の状況（負傷、疾病の場合）

■ 小学校

| | 件数 | 割合 |
|---|---|---|
| **休み時間** | **169,315** | **48.0** |
| **体育・保健体育** | **80,227** | **22.8** |
| 登下校中 | 28,339 | 8.0 |
| 教科指導（体育、保健体育を除く） | 19,938 | 5.7 |
| 特別活動（行事、給食、掃除を除く） | 14,183 | 4.0 |
| 学校行事（運動会、体育祭等） | 13,482 | 3.8 |
| 日常の清掃 | 11,080 | 3.1 |
| 運動部活動 | 7,132 | 2.0 |
| 給食 | 6,580 | 1.9 |
| 上記以外その他 | 2,149 | 0.6 |
| 合計 | 352,425 | 100.0 |

■ 中学校、高校

| | 件数 | 割合 |
|---|---|---|
| **運動部活動** | **329,076** | **54.1** |
| **体育・保健体育** | **136,589** | **22.4** |
| 休み時間 | 50,862 | 8.4 |
| 学校行事（運動会、体育祭等） | 41,975 | 6.9 |
| 登下校中 | 23,904 | 3.9 |
| 教科指導（体育、保健体育を除く） | 9,587 | 1.6 |
| 特別活動（行事、給食、掃除を除く） | 5,599 | 0.9 |
| 日常の清掃 | 3,473 | 0.6 |
| 給食 | 1,131 | 0.2 |
| 上記以外その他 | 6,294 | 1.0 |
| 合計 | 608,490 | 100.0 |

出所）日本スポーツ振興センター『学校の管理下の災害　平成30年版』をもとに作成

です。学校で怪我をすると、医療費などは独立行政法人日本スポーツ振興センターの保険が適用されることが多いです。図６－７に、その２０１７年度のデータを示しました（骨折、打撲などの怪我に加えて、熱中症などの疾病を含む）。

小学校では、事故の約半数は「休み時間中」に起きていてトップです。つまり、休み時間が〝死角〟なのです。その次に、約20％が体育、登下校中が８％と続きます。掃除の時間でも１万件ほどあります。中高の場合、運動部活動が約54％でダントツ。保健体育が約20％です。

こうした事情を考えると、見守りのスタッフには、応急措置や救急時の連絡体制等を研修しておく必要があります。

さらに、休み時間や部活動は、怪我だけでなく、いじめや嫌がらせが起きやすい空間でもあります。そのため、教員としては、他人任せにせず、自分たちで見ておきたいと考える人も多いでしょう。

その気持ちもわかりますが、現実には、多忙で、目が行き届かないケースも存在しています（たとえば、部活動顧問の来られない時間を狙って、いじめが起こったりしています）。そう考えると、複数の大人で見守ったほうが、子どもたちのサインに気づくことも多いと思われます。

教員の役割としては、授業も休み時間も、掃除や給食も、部活動も、ぜんぶ面倒をみて、子どもたちの成長やSOSをキャッチするというものではなく、本来業務である授業等にもっと集中してもらうことが必要だと、私は考えます。

教員の役割を狭くしたら、これでは、子どもたちのいじめやSOSに先生たちは気づけないのではないか、という反論、心配もあるかと思います。

しかし、想像してみてください。先生たちが多少なりともゆとりを持って子どもたちと向き合い、おもしろい授業等ができれば、相談などもしやすくなるはずです。あわせて、スクール・カウンセラーをはじめとした専門職スタッフの来校頻度も増やして、児童生徒が相談しやすくしていくことも重要です。

仮に、登下校指導、掃除、給食、休み時間、部活動などが教員の手から離れると、1日当たり90分~2時間近くの時間が生み出されます。これは教員勤務実態調査（2016年）で業務の内訳別の所要時間を計測し、そのデータをもとに推計したものです。

とはいえ、フランスのようにスタッフが充実するのは、予算上の問題と人手の問題ですぐには難しいことなので、別の方策ともあわせて進める必要があります。

## 小学校の先生は「空きコマほぼゼロ」の出ずっぱり

ここまで授業の外のシェイプアップに着目してきましたが、ここからは「授業」「学習内容・カリキュラム」の削減について、お話ししたいと思います。

ここで取り上げたいのは、**「小学校教師のスケジュールの過密さ」**です。小学校の先生は、中高と比べても、1日のスケジュールが非常にタイト、過密です。休憩時間もなく、「膀胱炎が職業病だ」と言われるほどです（お手洗いに行く暇さえありません）。

その背景にあるのが、**空き時間（授業を担当しない空きコマ）がないこと**です。図6-8は、小中学校教諭の1週間の持ち授業数を示したものです。小学校教員の場合、週26コマ以上持っている人が47・4％、21~25コマも39・7％もいます。中学校では16~20コマが

## 図6−8　小中学校教諭の1週間の持ち授業数

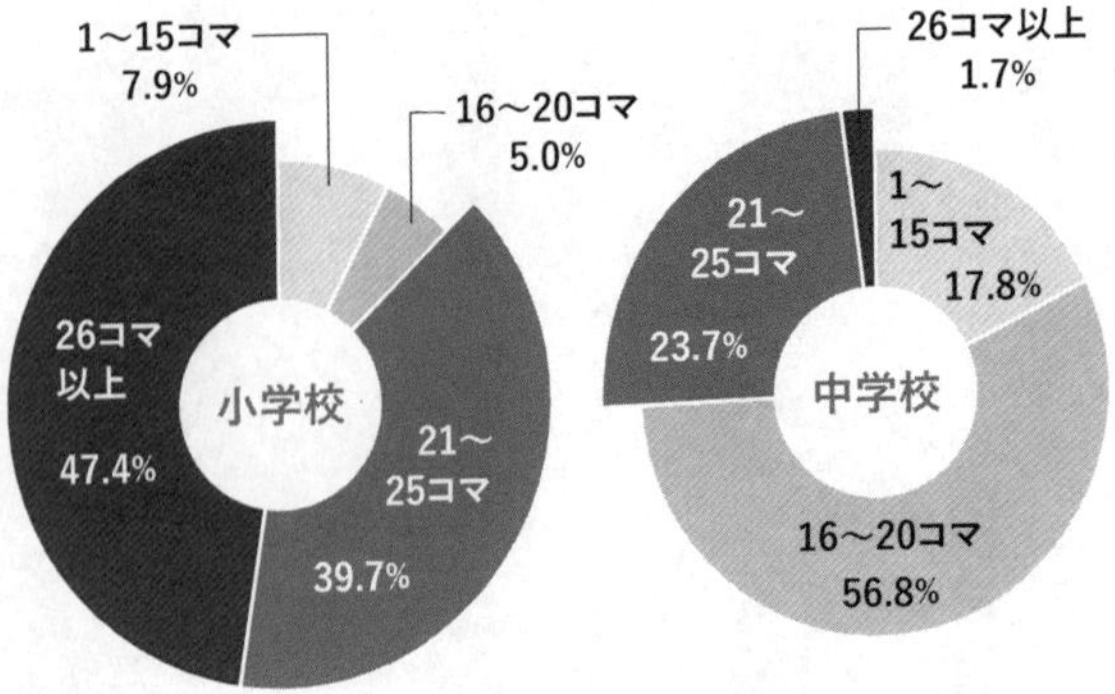


出所）文部科学省「教員勤務実態調査」（2016年実施）

56・8％、21〜25コマが23・7％で、26コマ以上は1・7％です（いずれも0コマ、無回答を除いた割合）。

26コマというと、5コマ×4日＋6コマ×1日ということなので、ほとんど授業に出ずっぱりということです（週で3コマ前後しか空き時間はありません）。私もPTA活動で感じましたが、保護者が日中に連絡を入れようにも、職員室に担任の先生がいることはほとんどない、ということは多いです。

そして、多少生まれた空きコマも、休憩時間ではなく、授業準備、宿題などのチェックとコメント書き、各種事務、会議などが入ります。そして6時間目が終わったあとも、授業準備や部活動（小学校は中学校ほどではありませんが、一部に吹奏楽部や合唱部などが実施

## 図6－9　小学校（高学年）の時間割の変化

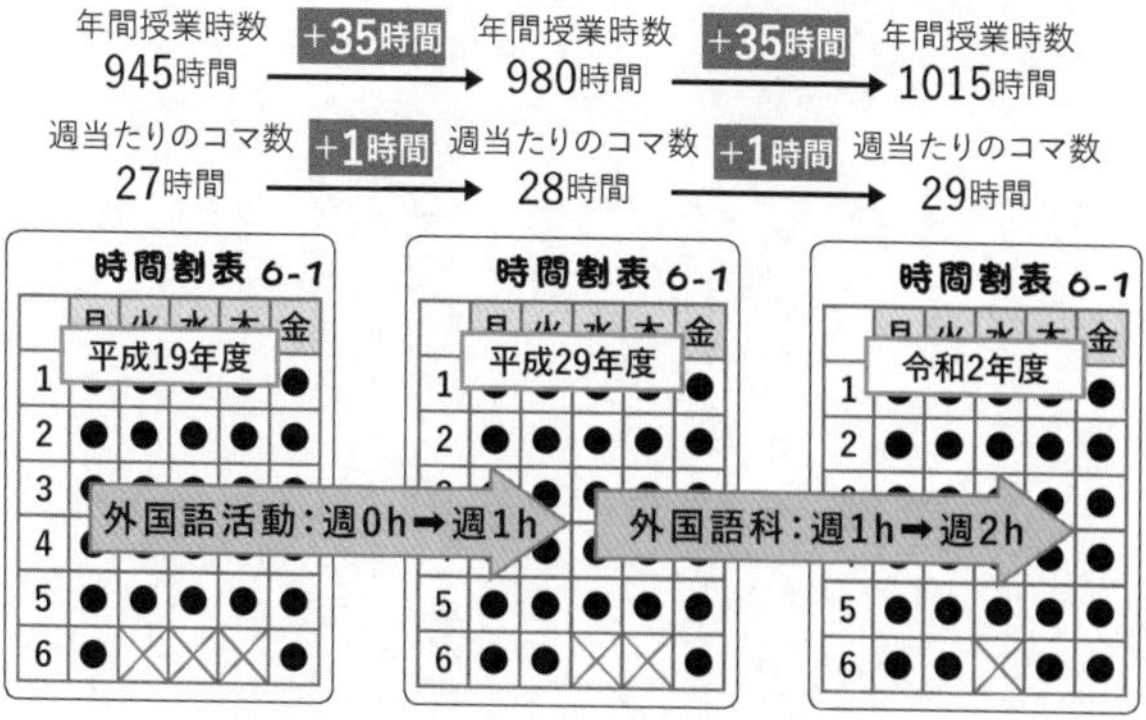


注）●のところには国語、算数などの授業が入ります。
教科とは別に、学級活動や行事が入ることもあります。

出所）「四日市市の公立学校における働き方改革取組方針」

されている学校もあります）、会議、事務作業等もあります。しかも、新しい学習指導要領になるなかで（小学校では２０２０年度から、中学校は２０２１年度から全面実施）、小学校では授業数はさらに増えます。

図６－９は四日市市の資料で、小学校高学年の時間割の変遷をイメージしたものです。一部の教科は別の教員が担当する例もありますが（音楽など）、ほとんどの時間を各学級担任が担っています。しかも、これまで見てきたように、採用1年目の新人や採用試験に不合格だった講師などがいきなりこれを任される現実があるわけです。

なお、この点については、高校はかなり恵まれています。国の学校教員統計調査（２０１６年度）によると、公立高校の場合、週20

コマ未満の教師は86・1%を占めますし、授業をもつ教師の平均は週に15・4コマです。なぜこれほど違うかと言うと、中学校、高校では教科担任制のため、先生の数が小学校よりも多めに配置されているためです。一方の小学校は学級担任制を前提としているため、9教科も10教科も1人の担任がみる「ワンオペ」体制の予算と人手しか、国もずっと付けてこなかったのです。

## 学習指導要領の「2割削減」を目指せ

先ほどは1週間の時間割をもとに、小学校の先生たちの負担が増えていることをお話ししました。同時に、子どもたちにとっても大きな負担です。授業時間数は、学習指導要領という、日本の教育の根幹となる基準の影響でそうなっています。ちょうど平成の約30年間は、学習指導要領が4回改訂された時期と重なります。

学習指導要領の主な変遷を図6-10にまとめました。細かな説明は省きますが、2点、注目していただきたいと思います。

第一に、その時々のキーワードや力点の置き方に少しちがいはありますが、基本的な路線はあまり変わっていません。要するに、自ら考える力や創造性、そしてそれらの土台となる基礎的な学力が大事だということは、繰り返し言われ続けてきたわけです。

### 図6−10　平成・令和期の学習指導要領改訂の変遷

| | | | | |
|---|---|---|---|---|
| 改訂年<br>実施年 | 1989(H元)年<br>改訂<br>小:92実施<br>中:93実施<br>高:94実施 | 1998(H10)<br>改訂(高99年)<br>小:02年実施<br>中:　〃<br>高:03年実施 | 2008(H20)<br>改訂(高09年)<br>小:11実施<br>中:12実施<br>高:13実施 | 2017(H29)<br>改訂(高18年)<br>小:20実施<br>中:21実施<br>高:22実施 |
| キーワード | 新しい<br>学力観 | ゆとりと<br>生きる力 | 確かな<br>学力 | 主体的・対話的<br>で深い学び |
| 主な内容 | ● 小:生活科の新設<br>● 中:選択履修の拡大<br>● 高:家庭科の男女共修 | ● 完全学校週5日制<br>● 教育内容の厳選(約3割減)<br>● 総合的な学習の時間の創設 | ● 授業時数の増加<br>● 小:高学年で外国語活動<br>● 総合的な学習の時間の縮減<br>● 道徳教育の重視 | ● アクティブ・ラーニング<br>● カリキュラム・マネジメント<br>● 小:外国語科の新設<br>● 高:科目の新設・再編<br>● 道徳の教科化 |
| 年間標準<br>授業時数 | 小1:850<br>小2:910<br>小3:980<br>小4〜6:1,015<br>中1〜3:1,050 | 小1:782<br>小2:840<br>小3:910<br>小4〜6:945<br>中1〜3:980 | 小1:850<br>小2:910<br>小3:945<br>小4〜6:980<br>中1〜3:1,015 | 小1:850<br>小2:910<br>小3:980<br>小4〜6:1,015<br>中1〜3:1,015 |

出所)各学習指導要領、小針誠(2018)『アクティブラーニング』講談社をもとに筆者作成
妹尾昌俊「『欲ばり』な学校教育を続けるのか　平成の教育史を振り返る」Yahoo!ニュース

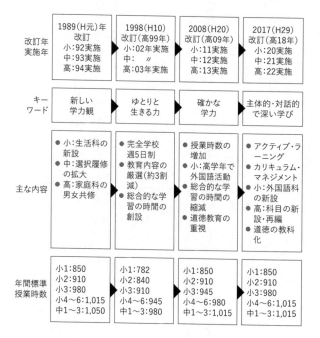

第二に、標準時数といって、日本全国のどこの小学校、中学校でも、「原則この時間以上は授業をしてね」と国が定めているものがあるのですが、この時数は、1998年改訂時には、いったん減りました。週休2日制（週5日制）が学校でも導入されたからです。あわせて約3割カットと呼ばれていますが、教育内容も厳選が進みました。

ところが、この改訂は「ゆとり教育」で学力低下を招いたと批判され（風評被害的な要素も多分にありましたが）、文科省は方針を転換、その後、標準時数も教育内容も（したがって、教科書に記載する内容も）2008年改訂、今般の2017年改訂のたびに増加を続けることとなりました。あわせて、道徳の教科化なども進みました。

小学校について見ると、平成の終わりの改訂で、平成の最初のときと同じ標準時数に戻っていますね。**週休2日制でなかった時代と同じ授業数をこなそうとしており、なおかつ質を上げろと言われているのですから、自ずと、無理が出てきます。**

つまり、2008年の改訂以降は教科書が厚くなっていったことに象徴されるように、まさに「欲ばりな学校」が増幅していった時期でもあります。

私は、授業時数も教育内容も減らしていくべきだと考えます。外国の教育改革の動きを追っても、探究的な学びや思考力等を高める教育活動にしていくために、つまり、質を上げるためには、量は減らす、厳選する動きもあるようです。

２０２０年度からの新指導要領のもとでは、小学校高学年では週29コマ程度実施する学校も多いです。これに加えて、行事の準備や学級活動、クラブ活動が入ることもありますので、週30コマに近く、ほとんど毎日６時間目まである感じになります。

読者のみなさんも、ご自身が小学生だった頃を思い出してみてください。人によって感じ方はちがいますが、毎日６時間目までだと、かなり疲れると思います。

仮にこれを約２割カットして８割ほどにできると、週23コマ程度となります。４時間目までが週２日、５時間目までが週３日となり、子どもたちにとっても、教員にとってもかなり「ゆとり」が生まれます。これに加えて夏休みと冬休みを合わせて１週間～10日ほど短くして、授業日を増やすと、基本４時間目までで済む日が増えるはずです。

実は、**現役の小学校教員の多くも、「学習指導要領の内容を減らしてくれ」と希望しています。**私の独自調査によれば、その割合は**約６割**にも上ります（図６－11）。中学校、高校で見ても、３割前後に同様の声があります。

いずれにしても、これ以上学習指導要領の内容を増やすべきだとは、ほとんどの教員が考えていません。過労死、過労自死の事案まで多発しています。この春（２０２０年度）

## 図6−11　学習指導要領で定める学習量についての教員の意見

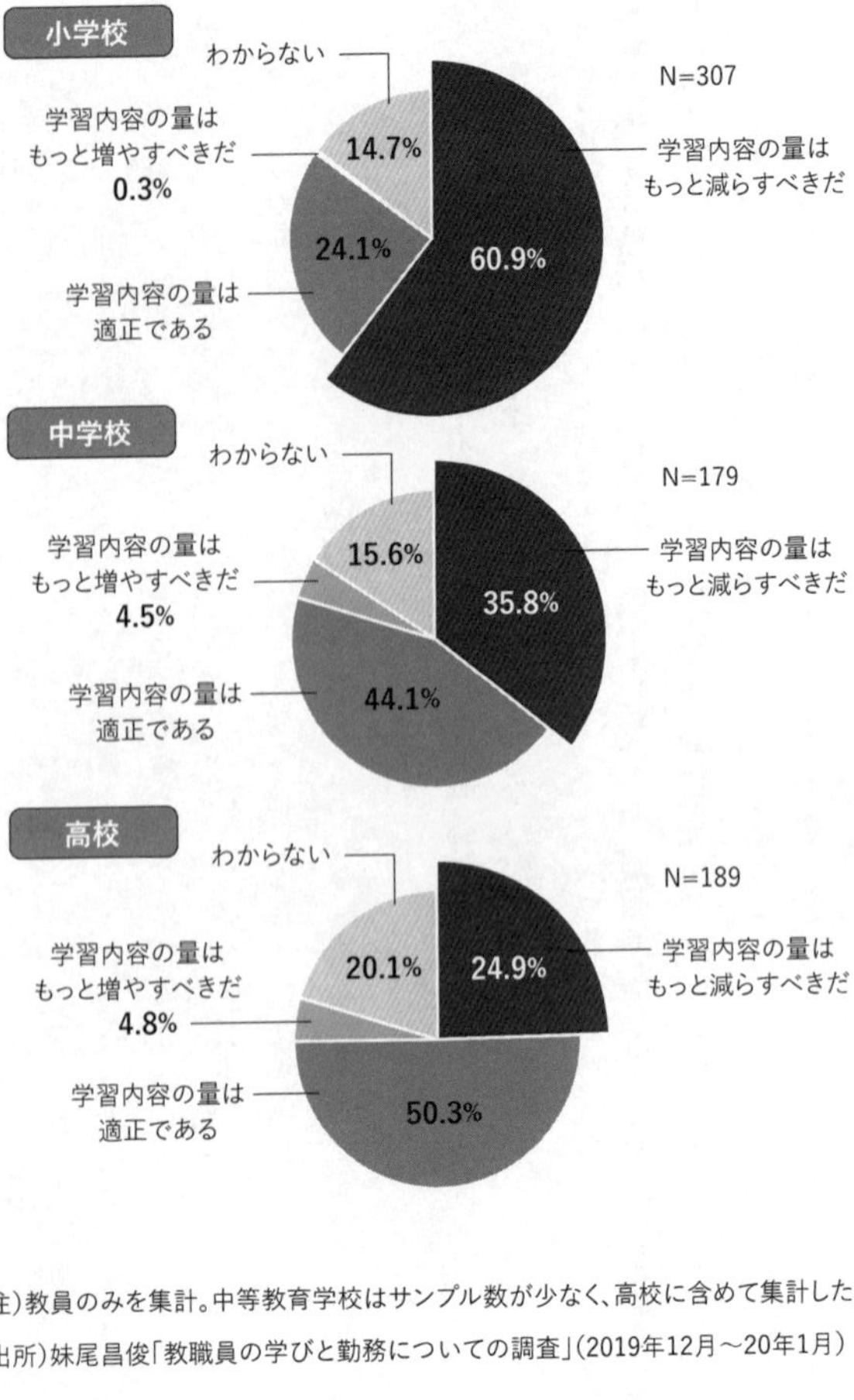


注）教員のみを集計。中等教育学校はサンプル数が少なく、高校に含めて集計した。

出所）妹尾昌俊「教職員の学びと勤務についての調査」（2019年12月〜20年1月）

からスタートした学習指導要領では、コップの水はあふれ出ているのに、さらにつぎたそうとしているのです。

## 授業時間と学習時間が長いほど、学力が高いわけではない

日本では、学習指導要領の内容や授業時間をカットすると、学力低下を招くという恐怖がかなり流布しています。

ところが、興味深いデータがあります。図6－12をご覧ください。この図の横軸は15歳の生徒の週の平均学習時間（学校での学習と学校外での学習を足したもの、2015年調査）、縦軸はOECD・PISA2018の読解力調査の平均点です。

学習時間と読解力の平均点には、相関関係はほとんどありません。北京・上海やシンガポール、韓国などは読解力は高く、学習時間も長い、いわば「ガリ勉タイプ」の国と言えそうです。対照的なのは、フィンランドで、週の学習時間はシンガポールの20時間近くも短いのに、かなり読解力は高いです。日本は、比較的学習時間は短いわりには健闘しているほうです。これはあくまでも平均しか見ていないデータなので限界はありますが、ヒントにはなる部分もあります。

もうひとつのデータは、学力と学習指導要領の関係です。PISA2009のときの15

## 図6−12　生徒の学習時間と読解力スコアとの関係

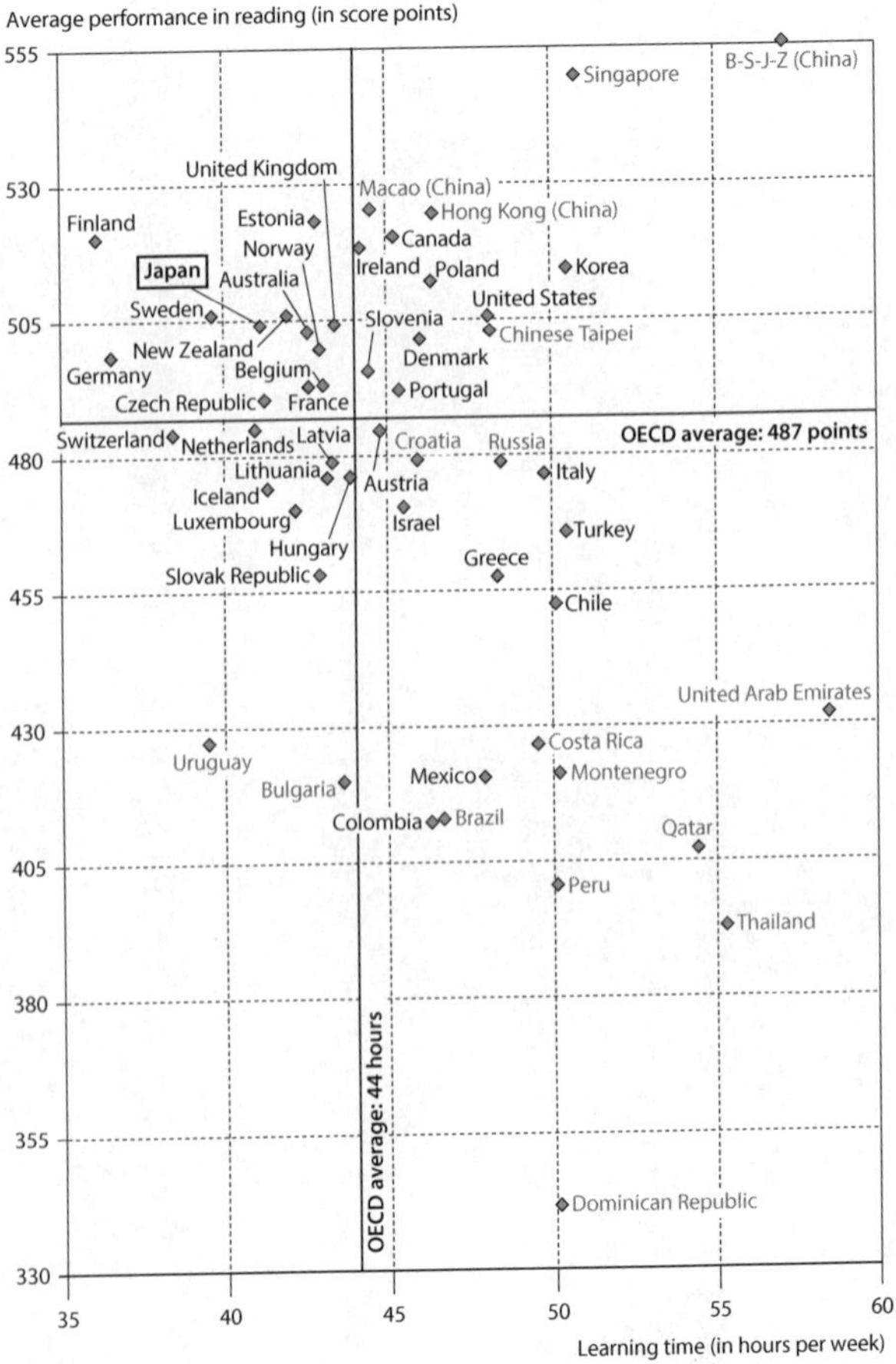


※B-S-J-Zは北京・上海・江蘇・浙江

出所）OECD資料"PISA 2018 Insights and Interpretations" figure10

歳は、小学校3年生からテスト受験時まで１９９８年改訂のいわゆる、ゆとり教育の学習指導要領でのカリキュラムを受けてきた世代でした。ＰＩＳＡ２０１２のときに15歳の生徒は、小学校入学時より１９９８年改訂の学習指導要領での教育を受けてきました。そして、日本のＰＩＳＡの平均得点率と国際的な順位は、２００６、２００９、２０１２となるにつれ、好成績となりました。つまり、**ゆとり教育を長く受けている生徒の方が、ＰＩＳＡ調査の成績が良かった**のです。

こうした事実を踏まえると、学力を上げたいなら、授業時間を長くしたらいい、とは必ずしも言えません。

しかも、第2章でも述べたとおり、読解力をはじめとするＰＩＳＡ２０１８の結果からは、低学力層（レベル1やレベル2以下）の子も多い現実があります。そうした子にとっては、授業等を増やしても、さらに国語嫌いや数学嫌いな子が増える可能性だってあります。

日本はフィンランドやドイツのように、ある程度、授業を減らしつつ、一定の学力を付けていくことを目指したほうがよいのではないか、というのが本書の提案です。

## 授業の関連業務の負担も一緒に減らそう

少し前に戻りますが、1人当たり週26コマ以上も授業を担当している先生が小学校では半分近くになるという事態は、個々の学校や個人の働き方改革だけで解決できる問題ではありません（夏休みを短くして時間割に多少の余裕をもたせるなどはできますが、限界もあります）。

政策として必要なことは2つあります。

ひとつは、先ほど述べたように、授業時間数と教育内容をカットしていくことです。

もうひとつは、やはり、**予算を手当てして、小学校教諭らが労働基準法で定める適切な休憩をきちんと取れるかたちで、また正規の勤務時間内に授業準備等がしっかりできる環境にしていく**ことです。

ひとつの目安として、私は、1人の先生が担当するのは週20コマ以下程度とすることを目指すべきだと考えます。有識者や校長らのなかには、週18コマ、19コマ以下とするべきとの提案もあります。[101] 仮に週20コマ担当すると、1日4時間分の授業を行い、ほかの時間は授業準備やさまざまな仕事を進められます。中学校、高校ではこうした先生は多いのですが、週20コマ以下の人は、小学校では12・9％しかいません（前掲、図6-8）。

# 日本の教育に「カネをかける」ための具体策

もちろん、この提案は、少子化が進んでいるにもかかわらず、小学校教育に莫大な予算を増加させることを伴います。社会の理解、応援が不可欠です。

本書で述べてきた「ティーチャーズ・クライシス」を踏まえるなら、小学校教育が崩壊すると、中学校や高校以降にも大きく響きますから、小学校教育への予算増は、社会的な投資と捉えることもできます。

ざっとした試算をしてみます。1つの小学校に1人の教員が増えると、週に約20コマ持ってもらえるわけですから、20学級ある学校（おおよそ各学年で3クラス＋特別支援の2学級）であれば、単純計算すると、1人の学級担任当たり（1学級当たり）1コマずつ負担が減ります。10学級の学校では1人2コマずつ減るという計算になります。仮に1校に3人増えると、20学級ある学校では1人3コマずつ減り、10学級の学校では6コマずつ減り

101 明星大学の樋口修資教授らは週平均の担当授業数を18時間程度とするべきだと提案しています。また、2010年の全日本中学校長会の提言では「教員1人当たり週担当授業時数は19時間（コマ）が上限」としています。
教職員の働き方改革推進プロジェクト編（2018）『学校をブラックから解放する――教員の長時間労働の解消とワーク・ライフ・バランスの実現』学事出版

ます。なお、全国の小学校のうち、約8割は20学級以下です（令和元年度学校基本調査）。

現状26コマ以上持っている小学校教員は約5割、21～25コマ持っている人は約4割です（前掲、図6－8）。学校の規模や担当する学年、教科によっても持ちコマ数は異なりますから一概には言えないのですが、ざっくりした金額感を持つために、全国の小学校で3人ずつ教員が増えたとしたら、と仮定してみます（現実的には小規模校では1人増、大規模校では4人増などとして、平均して1校3人増と考えます）。

こうした政策と、トータルの年間授業時数のカットをあわせて実行すると、かなりの学校で1人の教員当たり週20コマ以下になります。

全国には約2万の小学校があります（正確には令和元年度調査で1万9738校）。2万校×3人＝6万人の教師が追加で必要ということになります。ちなみに小学校教員は現在約42万人いますが、6万人はその約14％分にも相当します。

仮に1人年間600万円、国と自治体で人件費がかかるとなると、年間3600億円もかかります。令和2年度予算案で国・地方の消費税収見込みが約22兆円ですから、消費税1％当たり約2・2兆円。消費税約0・16％分を小学校教育に回せると、以上の人員配置が予算のうえでは可能となります。あるいは幼児教育・保育の無償化で必要な予算が年間8000億円強かかる見込みですから、その半分くらいです。

これをとんでもない莫大な財政負担と見るか、ＯＥＣＤ諸国の中で公的な教育費が最も低い日本において、このくらいの負担増はやむを得ないと見るかは、それぞれの価値判断や考え方があろうかと思います。

ですが、本書で述べたとおり、このままでは「教育崩壊」は確実に起こり、広がります（すでに起きています）。これを食い止めるためには、また、子どもたちの思考力や創造性などを高める教育にしていくためには、**小学校にもっと人と予算をかける必要がある**と私は思います。

仮にこの規模で人と予算がつくと、数週間前までは学生だった新人に4月からいきなり学級担任を任せるということもなくなります。副担任などのかたちで、まずは先輩教師たちの仕事を見習いつつ、スタートできます。

文科省の調査によると、新規採用者のうち学級担任を受けもっているのは、小学校95・9％、中学校57・6％、高校19・1％、特別支援学校61・8％です（文部科学省「初任者研修実施状況調査結果（平成28年度）」）。教員数が増えれば、この比率を大きく下げることができますし、各校では必ずしも学級担任というかたちにこだわらず、学年担任のようなかたちで、チームで授業やクラス運営等にあたることも行いやすくなります。

なお、本書では特に優先順位の高い政策として小学校教員の増加について提案しましたが、特別支援教育や中学校教育においても、少ない人員体制のなか、多様で複雑化する子どもたちのニーズに対応しているのが日常ですから、今のままでいいとは思えません。

もっとも、今後は少子化によって必要な教員数も自然減しますから、将来ずっと年間3600億円かかるというわけではありません。とはいえ、財政難である日本においてたいへん大きな投資であることは確かです。

あるいは、こんな予算増に国民が納得しないということであれば、別の方法を採る必要があります。公務員の世界は年功で給与が上がる傾向にあります（55歳以降は昇給停止などとしている自治体もありますが）。若手と同じように学級担任や教科指導がメインの教員ならば（つまり、校長や教頭など別の役割を持つ人でない場合）、50代の給与水準を少し下げて、その代わり人員増にもっていくということなども考えるべきかもしれません。あるいは、一度退職したシニアな方を雇うことで、年間1人600万円もかけずに（彼らには退職金もあるので）小学校を救うことができるかもしれません。

もしくは、人と予算の増加を伴いますが、小学校も保育園などと同様に、シフト制をしくという選択肢もあります。具体的には、一例として、退職後のシニアな方は午後出勤にする。朝早くから来ている教員は午後の授業は軽減して、午後からは授業準備などに充てられるようにすることなどが考えられます。ちなみに、同じような話は、部活動の負担が重たい中学校や高校の教員にも言え、午後番の人のみ部活動も見るなど、シフトを組めるようになると、先生たちの負担はずいぶん違ってきます。

こうした代替案にも一定の予算と人手はかかりますし、功罪もありますが、検討していくべきでしょう。[102]

ただし、私の提案には大きな欠陥があります。「クライシス1．教師が足りない」を思い出してください。たとえ、予算が付いたとしても、先生として適した人材を即座に大量に供給することは現実的ではありません。

言い換えれば、小学校教育に予算と人をかけていくことは、数年越しで粘り強く取り組む必要があるのです。定年退職後も希望する方には働き続けてもらうことなども含めて、さまざまな方策を合わせ技で進めていく必要があります。

付言すると、教員免許更新制があるために、10年に一度更新しないと、教員はできませ

102　デメリット、弊害としては、たとえば、多様なシフトの人が増えると、職場でのコミュニケーションが難しくなること、管理する副校長・教頭らの負担が増すことなどが予想されます。

ん。これが育児や介護を理由にいったん離職した人の復帰や、定年退職後も続けることを妨げています。教員免許更新はやめて、教員の資質の向上に必要な研修等を充実させるほうがよいと思います。

## 文科省がいますぐやめるべき「2つのこと」

「欲ばりな学校をやめる」うえでは、学校、教員がこれまでたくさん引き受けてきたことの一部を徐々に手放していくことに加えて、国の政策にもスクラップを進めていくことが不可欠です。

これまで、文科省等の政策は、「スクラップ&ビルド」はほとんどなく、「ビルド&ビルド」でした。学習指導要領が近年増えてきたことは、先ほど説明しましたが、これ以外もたくさんの仕事、負担を現場にいわば「丸投げ」してきました。

文科省がやめるべきことはたくさんありますが、ここでは代表的な例として、全国学力・学習状況調査（以下、全国学力テスト）とキャリア・パスポートについて説明しましょう。

## 全国学力テストをしても、すごい発見はない

読者のみなさんは、全国学力テストにいったいどのくらいのお金が使われているか、ご存じでしょうか。

その答えは、約50億円。これが毎年です。この予算があれば、サポートスタッフという教員のアシスタントを学校に増やしたり、部活動指導員を増員させたりできるにもかかわらず、です。

もちろん、学力調査がすべて無駄というわけではありません。子どもたちの学習到達度や学習に向けた取り組み、生活状況などを把握することは、学校教育や家庭教育の反省点などを考えるうえでヒントが多いからです。

しかし、全国学力テストは２００７年に始まってからすでに10年以上が経過。さすがに、10年以上やっていれば、いい加減、子どもたちの学習の到達度や課題などは、わかったのではないでしょうか？ **果たして、毎年これほどの予算を使ってやる意味が、今日もあるのでしょうか。**

文科省のシンクタンク、国立教育政策研究所が作成した全国学力テストの分析資料（主要なポイントを整理した概要ペーパー、ここでは令和元年度のものを例にします）を読むと、かなり残念な感じがします。

たとえば、「目的や意図に応じて自分の考えの理由を明確にし、まとめて書いたりすることに課題がある」（小学校国語）、「簡単な連立二元一次方程式を解くことについて、改善の傾向が見られる」「事象を数学的に解釈し、問題解決の方法を数学的に説明することに課題がある」（中学校数学）などとありますが、こんなバクっとしたことを国から言われなくても、日々の授業や学校のテストのなかで、教員の多くは把握できているのではないでしょうか？

また、全国学力テストでは、毎年、児童生徒向けにアンケート調査も行っていますが、はじめに来ているのは、「朝食を毎日食べていますか」「毎日、同じくらいの時刻に寝ていますか」「毎日、同じくらいの時刻に起きていますか」「家の人（兄弟姉妹を除く）と学校での出来事について話をしますか」「自分には、よいところがあると思いますか」です。

私なら、ここの5問を見ただけでウンザリします（中学生は全部で69問もあります）。「余計なお世話だ」と言いたくなります。国家権力と貴重な税金を使って、こんな質問調査を続けていいのでしょうか（文科省にこうした助言を行う専門家はいないのでしょうか）。

まだ、有益な知見が出てくるなら、ガマンできるかもしれませんが、文科省と国立教育政策研究所から出てくるレポートは、「朝ご飯を食べているなど生活習慣が整っている児童生徒は、教科の平均正答率が高い」といったものです。それはずっと前の調査からわかっていたことです（今回も調査する必要性は高くありません）。また、単に相関があるというだけで、別の変数（一例を挙げれば、親が教育熱心かどうか）が影響しているかもしれないので、大した知見にはなりません。

全国学力テストは、毎年50億円もかけているのに、こうした体たらくです。

## 子どもたちをテスト漬けにすることが、教育か？

しかも、そもそも、いまの全国学力テストには重大な欠陥があります。それは経年変化を見ることができないことです。調査対象の児童生徒が毎年変わるのですから。難しい統計の話ではなく、当たり前の話です。

これに対して、たとえば、埼玉県が独自に実施している学力調査では、同じ児童生徒がどうなったか追跡調査できるものになっています。さらに埼玉県戸田市では、児童生徒の学力の伸びと個々の教員（学級担任、教科担当など）を紐付けて分析できるようにもしています。断然、埼玉県や戸田市のほうが、国よりも賢くテストを使っています。[103]

103　学力テストの結果は、個々の教員の努力だけの影響ではないので、個々人の教員データと紐付ける際には、慎重な分析と活用が必要です。

実際に、**全国学力テストが真に有用であるならば、私立学校ももっと利用しているはずですが、参加校は約半数**に過ぎません。私学の半数は、使えないテストにそっぽを向いているわけです。

しかも、いくつかの地域では、全国学力テストの結果（平均正答率の順位）を気にするあまり、どうもおかしなことになっています。

ジャーナリストの前屋毅さんは、「全国学力テストは『建前』としては学習状況の把握が目的とされているが、その順位を都道府県、各学校が必死になって争っているのが現状だ。そのために、過去問題をやらせるなど学校が『対策』を講じているのは、もはや『常識』でしかない」と断言しています。[104]

久冨善之名誉教授は「『過去問練習のくり返し』を生徒にやらせるなど、教育や子どもの発達という観点からは、ほとんど無意味だと思われる取り組みが広く横行している」と指摘しています。[105]

事実、4月の2週間、約半数の授業が学力テスト対策に費やされている学校もあります。[106]クラス替えなどもあって、心機一転頑張ろうという4月に、黙って過去問を解くという時間が1日何時間も続くのです。

子どもたちを「過去問漬け」「テスト漬け」にするのが「教育」なのでしょうか。ある小学校の先生は「平均点や順位に縛られ、『過去問をやらせるのが当たり前』という風潮になってきているのがとても嫌でたまりません」という声を寄せてくれました。

一方で、順位にそれほどプレッシャーがかかっていない地域、学校では、別の問題が起きています。せっかくテストをしても、教員のなかには、たいした反省をすることもなく、過ごす人もいます。全国学力テストは、小6と中3の4月に実施されます。学年も変わっていますし、公立学校では異動も頻繁ですから、小6、中3の学級担任や教科担任にとっては、やや他人事なのです。

しかも、結果が返却されるのが7月頃。想像してみればわかります。3か月近くも前のテストを返されても、当の児童生徒の多くも、真剣に向き合いません。

かくして、50億円もかけているのに、骨抜きになる学校も多数あるのです。

104 前屋毅「おかしいのは文科省か学校か」2016年4月26日 http://bylines.news.yahoo.co.jp/maeyatsuyoshi/20160426-00057042/
105 久冨善之(2017)『日本の教師、その12章――困難から希望への途を求めて』新日本出版社 P68
106 内田良「全国学力テスト 直前に過去問くり返し 子ども・教員に負担 継続か、廃止か、抽出式か」Yahoo!ニュース2019年12月30日

## 順位に躍起になり、本質から目を背ける学校、教育行政

さて、読者のみなさんとぜひ考えたいのは、本来の学校教育の果たすべきことはなんだったのだろうか、という点です。学力テストをしても平均点に遠く及ばない子の学力を、どうしたら付けられるのか、そこにプロの知恵を絞ることにも、学校の役割、教師の本分があるのではないでしょうか。とにかく**過去問をやらせて慣れさせて、多少点数が上がったとしても、その子は本当にハッピーだと言うのでしょうか？**

しかも、不正まで起きている地域もあります（中日新聞2017年2月12日）。那覇市の中学校では、不登校や授業を欠席しがちな5人程度の解答用紙を除外して送ったと報じられています。当日、生徒らは受験したのですが、テスト終了後の担任らの会議で「平均点を下げる」などの声が上がり、欠席扱いにしました。群馬県の小学校では、情緒学級に通う児童の解答を全体データに反映させなかったそうです。鹿児島県の小学校では、普通学級の低学力の児童2人を別室で受験させ、教諭が付き添って問題文をかみ砕いたり、答えを教えたりした例もありました。

あまりにも都道府県別順位を上げることに執着して、自分たちが不正までやっていることを問題視しなくなっている。だとしたら、恐ろしいことです。こんな組織では、教職員

も子どもたちも育ちません。

本書を通じて提案しているのは、日本の教育が真に必要なところ（子どもたちの好奇心や思考力、創造性が高まる授業等）に時間と予算をかけていくことです。

ところが、**全国学力テストは、そういう本質的なことを学校現場や教育行政から遠ざけ、過小評価させ、ともかくテスト対策をしなければというド短期思考にさせてしまっています**。厳しい言い方をすれば、本来の仕事を阻害する、ジャマモノでしかないのです。

## 小学校1年生から、就活のまねごと？

2020年4月から「キャリア・パスポート」なるものが始まるのは、ご存じですか？

これは、キャリア教育に関わる活動について、学びのプロセスを記述し振り返るという趣旨のものです。図6－13は高校生向けのキャリア・パスポートの様式例です。文科省が示しているもので、参考に過ぎませんが、おそらく多くのところでこれに似たものが行われることでしょう。

高校生用の様式例を見ると、人間関係形成力、自己理解力、課題対応能力、キャリアプランニング能力などに分けて、成長できたところと成長したいところを記入する欄があり

## 図6−13　キャリア・パスポートの例（高校生向け、一部抜粋）

| | |
|---|---|
| **一年を見通し、振り返る** | **○年** |

記入日　　年　　月　　日

○ 1年のはじめに、自分のどんな力を伸ばしたいかを考えよう。
（表紙裏の「高校生のみなさんへ」の中にある「高校生活でさらに伸ばしてほしい能力」等を参考にしてください。）

| 人間関係形成・社会形成能力 | 自己理解・自己管理能力 | 課題対応能力 | キャリアプランニング能力 |
|---|---|---|---|
| | | | |
| 〈理由〉 | 〈理由〉 | 〈理由〉 | 〈理由〉 |

○ 1年間を振り返って、一番心に残っていることをまとめよう。　記入日　　年　　月　　日

| | なにが | | どうして（理由） |
|---|---|---|---|
| （授業） | | ➡ | |
| （行事） | | ➡ | |
| （部活等） | | ➡ | |

○ 1年間を振り返って、自分自身の成長をまとめよう。

| | 人間関係形成・社会形成能力 | 自己理解・自己管理能力 | 課題対応能力 | キャリアプランニング能力 |
|---|---|---|---|---|
| 成長できたところ | | | | |
| 成長したいところ | | | | |

○ 将来の自分自身を想像しよう。

| | どんなふうになっていたいか | そのために今から何をするか |
|---|---|---|
| 1年後の私 | | |
| 30歳の私 | | |

| | |
|---|---|
| （　　　　　　）からのメッセージ | |
| 先生からのメッセージ | 先生からのメッセージを読んで気づいたこと、考えたこと |

出所）文部科学省「『キャリア・パスポート』例示資料等について」

ます。

果たして、高校生がこうした力の振り返りをどれほどできるでしょうか。大人でさえ、「自己理解力やキャリアプランニング能力があるか?」と聞かれても、答えに窮する人も少なくないでしょう。

企業への就職活動などのときに行う自己分析にも似ていますね。**「就活ごっこ」をやらせている**ようにも見えます。

「30歳の私」を想像しようという欄もありますが、これもどこまで意味があるものなのか、私には理解できません。

そして、最大の問題は、小学1年生からキャリア・パスポートは記入し、卒業後も中学校、高校と引き継ぐとしていることです。紙で引き継ぐようですし、機微な情報も含みますから、学校側はたいへん神経を尖らせて、厳重に保管しなければなりません。

読者のみなさんも想像してみてください。小学校の低学年のときなどに書いたことを、高校生になって読み返したいと思いますか?

もちろん、小学生向けの様式は、高校生版のような細かいものではありません。「がっこうでがんばったこと」を書いたり、「ともだちとなかよくできましたか」「わからないことは、しつもんできましたか」などの質問に回答したりすることが想定されています。

しかし、こうしたものは、どれほど意味があるのでしょうか。学級活動や道徳の時間などで、こういうシートを活用する学校があってもいいとは思います。しかし、問題は、国が全国の小学校等に半ば強制的にやらせようとしていることです。意味のあるものならまだいいのですが、効果もあやしく、かつ学校側の負担を増やすのですから、文科省ならびにキャリア・パスポートを提案、了承した有識者の現場感覚は、疑わしいと思います。

しかも、「ともだちとなかよくできましたか」の欄で「できなかった、悲しかった」と書いた場合、その情報を紙で残して、高校生になるまで学校に保管されるのです。児童生徒本人にとっても、迷惑千万です。

## 誰ひとり「全体最適」を考えられていない

学習指導要領上求められる教育内容はどんどん増える、全国学力テストも10年以上大した効果があるかアヤシイまま続ける、キャリア・パスポートなる書類仕事をまた増やす。こういう「仕事」を文科省はしているのですから、過労死ラインを超えてまで働いている教員、あるいはさまざまな課題のある子どもたちに日々丁寧に対応している教員の方たちは、「文科省は何を考えているんだ！」と腹立たしい気持ちになると思います。

なぜこんな事態になるのか、「ビルド&ビルド」になるのかと言えば、ひとつの理由は、縦割りの弊害です。

縦割りがよくわかる例が中学校や高校での宿題です。各教科の先生が、よかれと思って、宿題を出します。しかし、自分の担当外の教科でどれほど宿題が出てくるかはわかっていないし、調整もしていない。その結果、受け取る生徒の側は消化不良を起こすほどの大量の宿題になってしまう。こういう事態が起きることがあります。

同じ話が教育政策や文科省にも言えます。学習指導要領の案を作っているのは、各教科等の専門家です。キャリア・パスポートについては、キャリア教育の専門家が関わっています。**それぞれが別々に考えていて、トータルで学校がどうなるか、負担はどうなるかをあまり深く考えていません。**部分最適になったとしても、全体最適にはなりません。全国学力テストやキャリア・パスポートは部分最適にすらなっていませんが。

言い換えれば、文科省も有識者、専門家も、**「集団無責任体制」のまま教育政策は決められてきました。**誰も全体最適やトータルな負担を重く考えずに、自分たちの得意なところだけを見て、決定してきたのですから。

しかも、何か弊害や副作用が起きても、政策決定に深い関わりのある文科省の官僚や有識者は、最前線の当事者ではないので、大したダメージを受けません。小学生が毎日6時間も授業を受けて「6時間目はだるい、やる気が出ない」とぼやこうが、先生が毎年4月に過去問漬けで学級づくりがうまくいかず、学級崩壊しかかろうが、学習指導要領や全国学力テストに携わる専門家や文科省の役人たちに直接的な被害はありません。リスクテイクしない人たちが、政策を決めてしまっているのです。[107]

何か問題が生じても、彼らは「それは、小学校等の教員がちゃんとやらなかったからだ」とか「理念はよかったが、学校現場が付いていけなかった」などと他人事にして、責任を取ろうとしません。

さらに申し上げると、何かを削る、やめるとなると、強い反対や抵抗にあうケースもありますが、何か教育的な活動を増やすことには、それほど大きな反対は起きませんでした。教科書から「聖徳太子」の人物名が消えることに強固に反対する人は大勢いますが（厩戸皇子は残したとしても）、算数でいまだソロバンの単元があることに、「もうソロバンは実社会でほとんど使わないのだから、扱うのをやめましょうよ」と勇気を持って行動する人は少ないのです。

こうした無責任な縦割りが続くなかで、学校現場では「ティーチャーズ・クライシス」

が深く進行する事態になってしまいました。いい加減、「欲ばりな学校」を続けるのは、やめませんか？

## チームワークを駆使して、業務の最適化を図る

ここで、読者のみなさんに誤解してほしくないことがひとつあります。

それは、**「欲ばりな学校」をやめると言っても、何かをやめたり、減らしたり、時短を進めたりすることだけでもいけない**、ということです。

最終的な目標は、減量ではなく、生産性アップです。何かをやめて減らした分、必要なところには、人手も予算も時間もかけていくことで、教育の質を上げていくわけです。そうしないと、「クライシス2．教育の質が危ない」や、「クライシス5．信頼されない教師たち」といった危機的状況は改善しません。

保護者や社会から見ても、「今後はこれをやめます。あれもやめます。ご家庭でよろしくお願いします」ばかりでは、「じゃあその分、学校は何をやってくれるんだ！」という

107　教育政策について論じたものではありませんが、リスクテイクしない人が決めることの弊害については次の書籍が参考になります。ナシーム・ニコラス・タレブ著、望月衛監訳、千葉敏生訳（２０１９）『身銭を切れ――「リスクを生きる」人だけが知っている人生の本質』ダイヤモンド社

反応になるでしょう。

学校の役割をスリムにしていくこととともに重要なのは、教師は、そのコア業務である**授業とその準備、いじめ対策といった重要な問題解決に、もっとエネルギーと情熱と時間を傾けられるようにする**ことです。

ただし、そのうえでひとつ条件があります。それは、授業の改善や学校の問題解決などに、**チームで取り組む**ということです。

さまざまな学校でのいじめの重大事態の放置や、神戸の教員間暴力事件などに現れているように、学校内であまりにも情報が共有されていない問題、それから、個々の教員に責任が重くのしかかり、半ば放置されていること、あるいは、学校のチームワークが良好とは言えない現実があります。

神戸市立東須磨小の問題を調査した第三者委員会の報告書では、職場でのコミュニケーション不足を問題視して、こんな指摘をしています。

> 事情聴取して感じたのは、「自分のことで手一杯」で他のことに干渉したくない、問題を増やしたくない、と考える教員が実に多いという点である。業務に余裕のない

今日の教員の状況が、見て見ぬふり（放置）に寄与した部分もあると言わざるを得ない。

この言葉は、神戸の件に限らず、学校組織の特性として、非常に重要な指摘だと思います。学校のなかで育成が機能していない、という問題とも関連します。風通しをよくして、チームワークのよい学校にしていくことは、問題を起こりにくくする（あるいは早期の対処ができるようにする）ことに加えて、子どもたちの学力向上の面でも重要です。

ニューヨーク市の公立小学校4、5年生の教師1000人以上、130校を対象にした調査によると、教師たちが頻繁にコミュニケーションし、教師間に信頼や親近感がある場合に、算数の到達度は高い成績になりました（経済的なニーズ、出席状況、子どもの特別支援の状況も勘案した上で分析[108]）。この論文のタイトルは「The Missing Link in School Reform」と題されています。教育改革において、これまで見過ごされてきた「ミッシン

108 Carrie R. Leana (2011) "The Missing Link in School Reform" Stanford Social Innovation Review.
より厳密に言うと、最も算数の到達度が高いのは、教師が算数を教えることを得意としており、かつ同僚との強い関係性をもつ場合でした。逆に、算数を教えるのが苦手な教師で、かつ同僚との関係性も弱い場合は、最も点数が低い結果でした。興味深いのは、算数を教えるのが苦手な教師であっても、職場で強い関係性を有している場合は、平均的な到達度にいくことがわかったことです。

グリンク」とは、教師個人の力量、頑張りのみに注目・依存したり、個々の教師をバッシングをしたりすることではなく、教職員間の関係性をよくすることです。[109]

これまで見てきた5つのクライシスを踏まえると、個人任せでは危ういことは自明でしょう。たとえば、4月に学級担任や教科担当の先生が発表されたとき、「あの先生にあたってよかった」「あの先生だと不安だ」というように、アタリ、ハズレを言う保護者や子どもをよく見かけますが、私はこの差をなるべく小さくしたい、と考えています。これは、「脱個人勝負、脱個業」と言い換えてもいいと思います。

## 私が忘れられない「ある授業」の話

組織的な、チームワークのある授業づくりの例として、具体的な話をしたいと思います。

私は、数年前、横浜市立中川西中学校で見学した授業が忘れられません。図6－14の写真、4～6時間目が「ダイソン」となっていますね。掃除機で有名なダイソンの出前授業です。

はじめにジェームズ・ダイソン財団のスタッフの方がジェームズ・ダイソン氏の物語を